Bausteine für Familiengottesdienste
Lesejahr A

Veröffentlichungen von Willi Hoffsümmer im gleichen Verlag

Für die Gottesdienstgestaltung
Anschaulich verkündigen. 30 Ideen zur kreativen Gottesdienstgestaltung (1998); Bausteine für Familiengottesdienste. Die Evangelien der Sonn- und Feiertage in Symbolen, Geschichten, Spielen und Bildern – Lesejahr A (^{3}1998); – Lesejahr B (^{3}1997); – Lesejahr C (^{2}1995); Bausteine für Familiengottesdienste. Besondere Anlässe im Kirchenjahr in Symbolen, Geschichten, Spielen und Bildern (1996); Seniorengottesdienste 1: 177 Gottesdienste für ältere Menschen und andere Altersgruppen (^{2}1991); Seniorengottesdienste 2: 166 Gottesdienste für ältere Menschen und andere Altersgruppen (1994); 111 Bausteine für Gottesdienste mit 3–7jährigen und religiöse Feiern im Kindergarten (^{5}1995); Gottes Spur in der Schöpfung. 200 Ideen für Feriengottesdienste und Freizeiten (^{2}1993); 2 x 11 Bußfeiern mit Gegenständen aus dem Alltag (^{4}1995); 3 x 7 Bußfeiern mit Gegenständen aus dem Alltag (^{2}1996); Umkehr. 25 Bußfeiern mit Gegenständen aus dem Alltag (1996)

Zeichen- und Symbolpredigten
Anschauliche Predigten für Kinder-, Jugend- und Familiengottesdienste (^{5}1993); 144 Zeichenpredigten durch das Kirchenjahr. Mit Gegenständen aus dem Alltag (^{7}1998); 99 Kinderpredigten. Mit Gegenständen aus dem Alltag (^{4}1996); 133 Kinderpredigten. Mit Gegenständen aus dem Alltag (^{9}1996); 122 Symbolpredigten durch das Kirchenjahr. Für Kinder, Jugendliche und Erwachsene (^{3}1994); 88 Symbolpredigten durch das Kirchenjahr. Für Erwachsene, Jugendliche und Kinder (^{2}1995)

Geschichtensammlungen für die Gemeindepraxis
Kurzgeschichten 1: 255 Kurzgeschichten für Gottesdienst, Schule und Gruppe (^{17}1998); Kurzgeschichten 2: 222 Kurzgeschichten ... (^{11}1998); Kurzgeschichten 3: 244 Kurzgeschichten ... (^{8}1997); Kurzgeschichten 4: 233 Kurzgeschichten ... (^{5}1996); Kurzgeschichten 5: 211 Kurzgeschichten ... (^{4}1998); Geschichten als Predigten (^{3}1995); In Geschichten das Leben spiegeln. Band 1. 140 Geschichten ... (1997)

Geschichtensammlungen als Bildband – das besondere Geschenk
Geschichten wie kostbare Perlen (^{7}1998); Geschichten wie Spiegel des Herzens (^{4}1995); Geschichten wie Wegweiser (^{3}1997); Geschichten wie offene Türen (^{3}1998); Geschichten wie Brücken zum Leben (^{4}1998); Geschichten wie Brunnen in der Wüste (1995)

Bücher zu den Sakramenten – mit Geschichten
Geschichten zur Taufe. Topos Taschenbuch 210 (^{3}1997); Bußgeschichten. Topos Taschenbuch 99 (^{6}1993); Kommuniongeschichten. Brot fürs Leben. Topos Taschenbuch 79 (^{18}1998); Firmgeschichten. Hinführung zur Firmung für Jugendliche und Gruppenleiter. Topos Taschenbuch 126 (^{9}1998); Geschichten zum Sakrament der Ehe. Topos Taschenbuch 166 (^{5}1998); Geschichten für Kranke. Topos Taschenbuch 188 (^{3}1994); Brot in unserer Hand. Mein Erstkommunionbuch (1997)

Für Gruppen und Schule
33 Gruppenstunden für Ministranten, geeignet auch für Schule, Kinder- und Jugendarbeit (^{6}1998); 27 Modelle für Gruppenstunden und Religionsunterricht (^{2}1997); Religiöse Spiele für Gottesdienst und Gruppen. Band 1 (^{6}1994); Religiöse Spiele für Gottesdienst und Gruppen. Band 2 (^{4}1993); 77 religiöse Spielszenen für Gottesdienst, Schule und Gruppe (^{3}1994); 9 x 9 Spielszenen für Gottesdienst, Schule und Gruppe (^{2}1998)

Glaubensvermittlung
Von der Schöpfung, Gott und Jesus erzählen. 100 Ideen für 3–7jährige (^{3}1998); Glaube trägt. Kleiner Katechismus für junge und erwachsene Christen (^{9}1998)

Gesamtauflage: über 900 000

Willi Hoffsümmer

Bausteine für Familiengottesdienste

Lesejahr A

Die Evangelien der Sonn- und Feiertage in
Symbolen, Geschichten, Spielen und Bildern

Matthias-Grünewald-Verlag · Mainz

Den Benediktiner-Mönchen in Maria Laach, bei denen ich oft Gastfreundschaft, Gebet, Stille und eine schöne Natur erfahren darf, im 100. Jahr der Wiederbesiedelung

Zeichnungen von Karl Heinz Hamacher, Bergheim–Paffendorf

3. Auflage 1998

© 1992 Matthias-Grünewald-Verlag, Mainz
Das Werk einschließlich seiner Teile ist urheberrechtlich geschützt. Jede Verwertung außerhalb der engen Grenzen des Urheberrechtsgesetzes ist ohne Zustimmung des Verlags unzulässig und strafbar. Das gilt insbesondere für Vervielfältigungen, Übersetzungen, Mikroverfilmungen und die Einspeicherung und Verarbeitung in elektronischen Systemen.
Umschlag: Harald Schneider-Reckels und Iris Momtahen unter Verwendung der Zeichnungen von Karl Heinz Hamacher
Satz: Studio für Fotosatz, Ingelheim
Druck und Bindung: Wagner, Nördlingen
ISBN 3-7867-1637-4

Inhalt

Hinführung. 9
Hinweise. 10
Bücher und Zeitschriften, die häufig zitiert werden 11

Advents- und Weihnachtszeit

Bilderzyklen zur Adventszeit 13
1. Advent: Seid wachsam! 17
2. Advent: Bereitet dem Herrn den Weg! 19
3. Advent: Johannes der Täufer im Gefängnis 21
4. Advent: Maria und Josef sagen JA zum „Gott mit uns" 22
Weihnachten: Geburt des Herrn 24
2. Weihnachtstag: Steinigung des hl. Stephanus 26
Sonntag in der Weihnachtsoktav: Fest der Heiligen Familie 28
1. Januar: Oktavtag von Weihnachten – Hochfest der Gottesmutter
   Maria – Neujahr – Welttag des Friedens 32
2. Sonntag nach Weihnachten: Das Licht leuchtet in der Finsternis 35
Erscheinung des Herrn: Die Verehrung durch die Sterndeuter. 36
Sonntag nach dem 6. Januar / 1. Sonntag i.J.: Taufe des Herrn 38

Fasten- und Osterzeit

Bilderzyklen zur Fastenzeit 40
Aschermittwoch: Masken ablegen! 44
1. Fastensonntag: Versuchungen in der Wüste des Lebens 45
2. Fastensonntag: Die Verklärung Jesu 46
3. Fastensonntag: Das Gespräch am Jakobsbrunnen 48
4. Fastensonntag: Die Heilung eines Blinden und der Streit der Juden 50
5. Fastensonntag: Die Auferweckung des Lazarus 52
Palmsonntag: Einzug Jesu in Jerusalem und Leidensgeschichte 54
Gründonnerstag: Einsetzung des hl. Abendmahls 56
Karfreitag: Leiden und Sterben Christi 58
Ostern: Auferstehung Jesu 60
Ostermontag: Die Emmausjünger 63
2. Sonntag der Osterzeit (Weißer Sonntag): Der ungläubige Thomas 65
3. Sonntag der Osterzeit: Erscheinung des Auferstandenen am See 67
4. Sonntag der Osterzeit: Jesus, die Tür zu den Schafen 68

5. Sonntag der Osterzeit: Jesus ist der Weg, die Wahrheit und das Leben 69
6. Sonntag der Osterzeit: Trostworte an die Jünger 72
Christi Himmelfahrt: Der Auftrag des Auferstandenen 73
7. Sonntag der Osterzeit: Aus dem Abschiedsgebet des Herrn 75
Pfingstsonntag: Erfüllung und Vollendung von Weihnachten und Ostern. . . 76
Pfingstmontag: Der Geist der Wahrheit. 79

Sonntage im Jahreskreis

2. Sonntag i.J.: Jesus – das Lamm Gottes 82
3. Sonntag i.J.: Berufung der Jünger. 83
4. Sonntag i.J.: Acht Seligpreisungen 86
5. Sonntag i.J.: Vom Salz und vom Licht 88
6. Sonntag i.J.: Von der Versöhnung 91
7. Sonntag i.J.: Gewaltlosigkeit und Feindesliebe 93
8. Sonntag i.J.: Sorge um das Reich Gottes 96
9. Sonntag i.J.: Sein Haus auf Felsen bauen 98
10. Sonntag i.J.: Auf der Seite der Sünder 99
11. Sonntag i.J.: Die gute Nachricht weitertragen 101
12. Sonntag i.J.: Vom furchtlosen Bekennen und Vertrauen. 103
13. Sonntag i.J.: Von der Nachfolge 105
14. Sonntag i.J.: Jesus zieht uns an. 106
15. Sonntag i.J.: Das Gleichnis vom Sämann 108
16. Sonntag i.J.: Das Unkraut im Weizen 110
17. Sonntag i.J.: Von der Perle und dem Schatz im Acker 113
18. Sonntag i.J.: Die Speisung der Fünftausend 115
19. Sonntag i.J.: Jesu Gang auf dem Wasser 117
20. Sonntag i.J.: Die Sammlung aller Völker beginnt. 120
21. Sonntag i.J.: Petrus erhält die Schlüssel 122
22. Sonntag i.J.: Leid gehört zur Nachfolge 124
23. Sonntag i.J.: Von der geschwisterlichen Zurechtweisung – weil Jesus unsere Mitte ist. 126
24. Sonntag i.J.: Unbegrenzte Versöhnlichkeit. 128
25. Sonntag i.J.: Die Arbeiter im Weinberg 129
26. Sonntag i.J.: Das Gleichnis von den ungleichen Söhnen 131
27. Sonntag i.J.: Das Gleichnis von den bösen Winzern 133
28. Sonntag i.J.: Gleichnis vom königlichen Hochzeitsmahl 135
29. Sonntag i.J.: Die Frage nach der kaiserlichen Steuer 137
30. Sonntag i.J.: Das Hauptgebot 139
31. Sonntag i.J.: Wort gegen die Pharisäer 141
32. Sonntag i.J.: Gleichnis von den zehn Jungfrauen 143

33. Sonntag i.J.: Gleichnis von den anvertrauten Talenten. 146
Christkönigssonntag: Vom Weltgericht 147

Weitere Hochfeste

Fronleichnam: Hochfest des Leibes und Blutes Christi 150
Dreifaltigkeitssonntag: Die Welt wird durch ihn gerettet 151
Allerheiligen (Allerseelen): Miteinander verbunden! 153

Vorschläge, die sich für alle Sonntage eignen. 157

Schriftstellenregister zu den Evangelien der Sonn- und Feiertage
im Lesejahr A 160

Hinführung

Dieses arbeitsaufwendige Buch durfte ich in der Abtei Maria Laach in dem Zimmer beginnen, in dem Dr. Konrad Adenauer, der spätere Bundeskanzler, sich von 1933-1934 vor den Nazis schützte, die ihn als Oberbürgermeister von Köln abgesetzt hatten.

Der Leseordnung verpflichtet. Dieses Buch schrieb ich nicht in erster Linie, um den Benutzerinnen und Benutzern eine bessere Aufteilung der nun schon fast tausend Kurzgeschichten und der vielen Symbolpredigten an die Hand zu geben, es reizte mich vielmehr, so viele anschauliche Versuche einmal auf die festgeschriebene Ordnung der Sonntagsevangelien zu übertragen. Viele Vorbereitungsteams werden von ihrem Seelsorger auf die Leseordnung verpflichtend festgelegt. Manchmal wird aber auch vorschnell auf eine gute Idee ausgewichen, ohne mit der Auslegung des Evangeliums genug gerungen zu haben.

Rezeptbuch? Um dem Vorwurf eines Rezeptbuches zu entgehen, habe ich die Gedanken in der Regel so kurz skizziert, daß sich jeder einzelne und jedes Team die Mühe machen muß, dem Vorschlag die Seele einzuhauchen und die eigenen Glaubenserfahrungen einzubringen. Nur so kann der Funke zünden! Hier liegt aber auch eine Gefahr des Mißbrauchs, solch eine Anschauung nur als „Aufhänger" oder gar schon bei der Einleitung verpuffen zu lassen. Sie soll vielmehr der „rote Faden" in der Verkündigung sein.

*Anschaulichkeit für die **ganze** Gemeinde.* Wir meinen oft, wir müßten nur den Kindern die Botschaft des Evangeliums in Bildern und Gleichnissen verkünden, damit etwas „rüberkommt". Tatsache ist aber, daß auch Erwachsene immer weniger zuhören können. Es ist ein Gebot der konkreten Nächstenliebe, auch der Erwachsenengemeinde, die ja in der Regel sonntags die überwiegende Mehrheit darstellt, die gute Nachricht so zu vermitteln, daß sie „Brot für die Woche" hat und sich an die Aussage der anschaulichen Verkündigung werktags gut erinnern kann. Wenn das gelingen soll, ist es aber Vorbedingung, daß möglichst viele Sinne angesprochen wurden. Haben Sie z. B. den Mut, Symbole bei der Predigt in die Hand zu nehmen!

Ich würde mich freuen, wenn dieses Buch Ihnen eine zeitsparende und phantasieanregende Hilfe wird. Herzlichen Dank an alle, die mir immer wieder Vorschläge zuschicken. Danke auch denen, die dieses Manuskript wieder kritisch begleiteten: Gerhard Dane, Köln-Worringen, und Hildegard Görke, die auch wieder die Schreibarbeiten übernahm.

Willi Hoffsümmer

Hinweise

Familiengottesdienste. Darunter verstehe ich TeilnehmerInnen *jeden* Alters. – Machen wir es uns zum Grundsatz: Selbst wenn nur wenige Kinder anwesend sind, sollten wir sie wenigstens an einer Stelle im Gottesdienst gewinnend ansprechen. Und wenn wir uns nur bei ihnen bedanken für ihr Stillhalten bei einer Predigt, mit der sie wirklich nichts anfangen konnten.

Auf drei Bände ist dieses Werk angelegt, entsprechend der Lesejahre A – C. Wenn Sie in diesem Band für das Lesejahr A schon Hinweise auf B und C finden, dann werden Sie bitte nicht ungeduldig: Die Bücher sollen rechtzeitig in den darauffolgenden Jahren erscheinen.

Entschuldigen Sie, daß die erwähnten *Kurzgeschichten* nicht abgedruckt sind. Aber die vielen Tausende, die diese vier Bände besitzen, wären erbost, wenn sie die Geschichten hier noch einmal vorfänden, da sie dieses Buch erheblich dicker und damit teurer machen würden. Entschuldigen Sie auch, daß ich unter der Überfülle der *Bilder,* die es gibt, nur auswählen konnte und hier selbst mit dem Überblick ringe. Ich wählte besonders Postkarten, die zwar etwas kosten, aber „bleibenden Wert" haben, weil sie jeder mitnehmen kann, um sich zu erinnern oder sie weiterzuschicken.

Und jetzt gutes Gelingen!

Bücher und Zeitschriften, die häufig zitiert werden

„Behnke 1"   =   Behnke/Bruns/Lorentz/Ludwig, Kinder feiern mit,
                    Lesejahr A, Bernward-Verlag, Hildesheim 1983;
„Behnke 2"   =   wie oben, Lesejahr B, Bernward-Verlag, Hildesheim 1984;
„Behnke 3"   =   wie oben, Lesejahr C, Bernward-Verlag, Hildesheim 1982;
„Behnke E"   =   wie oben, Ergänzungsband, Bernward-Verlag, Hildesheim
                    1984;
„Höntges"   =   Hans Albert Höntges, Freude an Gott, Predigten,
                    Spielszenen und Gebete für Gottesdienste mit Kindern,
                    Herder Verlag, Freiburg 1992;
„Hoffsümmer"   =   Meine Bücher finden Sie unter ihrem Titel hinter
                    „Stendebach";
„Laubi/Dirnbeck"=   Werner Laubi/Josef Dirnbeck, Lese- u. Spielszenen zur
                    Bibel, Patmos Verlag Düsseldorf und Verlag Ernst
                    Kaufmann, Lahr 1990;
„PuK"   =   Der Prediger und Katechet, Erich Wewel Verlag,
                    München;
„Roos"   =   Klaus Roos, Habt ihr keine Ohren, um zu hören?
                    Matthias-Grünewald-Verlag, Mainz 1990;
„Schnegg 1"   =   Matthias Schnegg, Damit es Freude macht, 68 Spielmodel-
                    le, Herder Verlag, Freiburg 1980;
„Schnegg 2"   =   Matthias Schnegg, Wir spielen und feiern, 83 neue
                    Spielmodelle, Herder Verlag, Freiburg 1984;
„Schnegg 3"   =   Matthias Schnegg, Spiele im Hause des Herrn, Herder
                    Verlag, Freiburg 1991;
„Spendel 1"   =   Stefanie Spendel, Der Vater liebt uns alle, Gottesdienste
                    für Familien, Lesejahr A, Friedrich Pustet Verlag,
                    Regensburg 1983;
„Spendel 2"   =   Stefanie Spendel, Leben und Freude durch Gottes Wort,
                    Gottesdienste für Familien, Lesejahr B, Friedrich Pustet
                    Verlag, Regensburg 1984;
„Spendel 3"   =   Stefanie Spendel, Der Geist läßt uns leben, Gottesdienste
                    für Familien, Lesejahr C, Friedrich Pustet Verlag,
                    Regensburg 1985;
„Stendebach 1" =   Franz Josef Stendebach/ Klaus Roos (Hg.), Predigthilfen
                    für alle Sonntage und Hochfeste, Lesejahr A, Matthias-
                    Grünewald-Verlag, Mainz 1989;
„Stendebach 2" =   wie oben, Lesejahr B, Matthias-Grünewald-Verlag, Mainz
                    1990;
„Stendebach 3" =   wie oben, Lesejahr C, Matthias-Grünewald-Verlag, Mainz
                    1991;

Hoffsümmer, Willi, Matthias-Grünewald-Verlag, Mainz:

„Kurzg. 1"	=	Kurzgeschichten 1, 255 Kurzgeschichten für Gottesdienst, Schule und Gruppe;
„Kurzg. 2"	=	Kurzgeschichten 2, 222 Kurzgeschichten für Gottesdienst, Schule und Gruppe;
„Kurzg. 3"	=	Kurzgeschichten 3, 244 Kurzgeschichten für Gottesdienst, Schule und Gruppe;
„Kurzg. 4"	=	Kurzgeschichten 4, 233 Kurzgeschichten für Gottesdienst, Schule und Gruppe;
„Geschichten als Predigten"	=	Geschichten als Predigten. Für Gottesdienst, Schule und Gruppe;
„Anschauliche"	=	Anschauliche Predigten für Kinder-, Jugend- und Familiengottesdienste;
„133"	=	133 Kinderpredigten. Mit Gegenständen aus dem Alltag;
„144"	=	144 Zeichenpredigten durch das Kirchenjahr. Mit Gegenständen aus dem Alltag;
„99"	=	99 Kinderpredigten. Mit Gegenständen aus dem Alltag;
„122"	=	122 Symbolpredigten durch das Kirchenjahr. Mit Gegenständen aus dem Alltag für Kinder, Jugendliche und Erwachsene;
„177"	=	Seniorengottesdienste 1, 177 Gottesdienste für ältere Menschen und andere Altersgruppen;
„77"	=	77 religiöse Spielszenen für Gottesdienst, Schule und Gruppen;
„Spiele 1"	=	Religiöse Spiele 1 für Gottesdienst und Gruppen;
„Spiele 2"	=	Religiöse Spiele 2 für Gottesdienst und Gruppen;
„2 x 11"	=	2 x 11 Bußfeiern. Mit Gegenständen aus dem Alltag;
„3 x 7"	=	3 x 7 Bußfeiern. Mit Gegenständen aus dem Alltag;
„KiBö"	=	Kindermeßbörse; Redaktion Willi Hoffsümmer; erscheint vierteljährlich beim Verlag Kindermeßbörse GbR, D-31137 Hildesheim.
„KiJu", seit 1989:		
„FaJu"	=	Familien- und Jugend-Gottesdienste; Redaktion Willi Hoffsümmer; monatliche Mappe beim Verlag Bermoser + Höller GmbH, Karl-Friedrich-Str. 76, D-52072 Aachen.

Ausführliche Texte aus der „KiBö" können Sie mit genauen Angaben bestellen beim Verlag Kindermeßbörse, Hoher Turm 5, D-31137 Hildesheim.
Zusendung von Kopien aus „KiJu" bzw. „FaJu" sowie „PuK" sind möglich über meine Adresse: Pfr. Willi Hoffsümmer, Glescher Str. 54, D-50126 Bergheim-Paffendorf. Bitte entsprechend der Anzahl der gewünschten Kopien und für das Briefporto Briefmarken beilegen.

ADVENTS- UND WEIHNACHTSZEIT

Bilderzyklen zur Adventszeit
(In den Lesejahren A bis C möglich)

Vorbemerkung: Die Adventskalender machen für Kinder sicher einen Teil des Reizes aus, den die Adventszeit ausübt. Dieser Brauch kann in die Kirche getragen werden: Jeden Sonntag wird auf ein großes Grundmotiv ein Bild geheftet, das in der Regel das Sonntagsevangelium illustrieren soll. Da aber von den zwölf möglichen Sonntagen der Adventszeit in den drei Lesejahren alleine sechsmal(!) Johannnes d.T. Thema ist, darf hierbei ausnahmsweise das Bindende des Sonntagsevangeliums etwas in den Hintergrund treten! Die Bilderfolgen prägen sich ein und können leicht wiederholt werden. Mit ihnen läßt sich auch in den wöchentlichen Schulmessen gut arbeiten.

Hinweise: 1. Siehe auch die Bilderzyklen zum Advent der Lesejahre B und C. 2. Im folgenden mehr thematische Reihen.

I. Grundmotiv: Eine große Wurzel
Die Zeichen werden jeden Sonntag nacheinander zugefügt.
1. *Erster Advent: Ein Barbarazweig* (= Fest der hl. Barbara): Die vielen Knospen deuten die Vorsätze und Chancen der Umkehr an. *Lesung:* Jes 35,1-6: Freuen soll sich das dürre Land.
2. *Zweiter Advent: Ein Tannenzweig:* Der immergrüne Zweig wird auf den (wieder-) kommenden Christus gedeutet, den Johannes d. T. verkündet. *Evangelium:* Mt 3,11-12.
3. *Dritter Advent: Eine brennende Kerze* (= Fest der hl. Luzia): Ein Licht steht gegen die Nacht des Unglaubens und der Resignation. *Evangelium:* Joh 1,6-8: Joh. d. T. gab Zeugnis für das Licht.
4. *Vierter Advent: Eine blühende Rose:* Das Reis aus der Wurzel Jesse. *Lesung:* Jes 11,1.10. – *Evangelium:* Lk 1,26-38: Der Dornstrauch „Maria" sagte ja zur Rose. So können wir Weihnachten singen: Es ist ein Ros entsprungen (GL 132).
5. *Weihnachten:* Die Krippe steht vor der Wurzel.

II. Grundmotiv: Eine Mauer aus Gasbetonsteinen
So viele Mauern umgeben uns! – Die Mauer wird jeden Sonntag mehr „auseinandergezogen".
1. *Erster Advent: Eine Mauer der Kälte* (= Herzenskälte) trennt Menschen. *Evangelium:* „Bereitet den Weg!" (Mt 3,1ff). Eine Kerze und ein Tannenzweig vor oder auf der Mauer.

2. *Zweiter Advent: Eine Mauer der Gewalt trennt die Menschen. Evangelium:* „Wenn dich einer zwingen will, eine Meile mit ihm zu gehen, geh zwei mit ihm" (Mt 5,40-47). Kerzen werden in Lücken der Mauer gestellt, die schon einen Riß zeigt.
3. *Dritter Advent: Mauern der Vorurteile trennen. Evangelium:* „Nach dem Maß, mit dem ihr meßt, wird euch gemessen" (Mt 7,1-5). In den größer werdenden Lücken stehen noch mehr Teelichter oder hängen Tannenzweige; in der Mauerlücke leuchtet eine Blume.
4. *Vierter Advent: Eine Klagemauer der Ungerechtigkeiten trennt. Evangelium:* „Seht, die Jungfrau wird ein Kind bekommen" (Mt 1,18-25). Noch mehr Blumen, Lichter und Tannenzweige in den größeren Lücken. Im Spalt der Mauer steht die leere Krippe, in die an *Weihnachten* das Kind gelegt wird. (Dazu ein ausformulierter Zyklus von Ulrich Hinzen in „KiJu" Nov. 78, „Mauern trennen".)

III. Grundmotiv: Große Erdkarte mit Konturen der fünf Erdteile
Jesus kam für alle Menschen. (Die Weltkarte ist eventuell aus Karton, die Erdteile ausgeschnitten und mit Transparentpapier in den Farben der Olympischen Ringe versehen [= blau für Australien, gelb für Asien, schwarz für Afrika, grün für Europa und rot für Amerika]; so können sie auch je nach Thema von hinten erleuchtet werden. Möglicherweise werden Gäste aus diesen Ländern eingeladen, die Lieder aus ihrem Land beitragen.)
Oder: Von Betlehem (= Stern) sind Fäden zu allen Erdteilen gezogen. –
1. *Erster Advent: Asien (und Australien)*
Evangelium: Mt 24,42-44: Seid wachsam! Helfen, bevor es zu spät ist. Thema „Adveniat" oder Einsatz der Mutter Teresa für Notleidende.
2. *Zweiter Advent: Amerika*
Evangelium: Lk 3,10-18: Mehr teilen. Helder Camara = Die Kirche auf der Seite der Armen. *Oder* Nordamerika: Martin Luther King = Gewaltloser Kampf für Rechte der Menschen. Hier *Evangelium:* Joh 15,9-13.
3. *Dritter Advent: Afrika*
Evangelium: Mt 11,1-5: Den Armen wird das Evangelium verkündet. Hier Mission in Afrika beleuchten. Sr. Emmanuelle: Mutter der Müllmenschen in Kairo. (Wir brachten das Beispiel unserer Patengemeinde in Rwanda.)
4. *Vierter Advent: Europa*
Evangelium: Lk 1,26-38: Wenn Europa wie Maria „Ja" sagt zu Gottes Botschaft, kann der steinige Acker wieder Blumen tragen. Beispiel: Roger Schutz, Taizé-Bewegung.
Weihnachten: In den Stern wird ein Krippenbild geklebt.

Ähnlich: Auf ein großes, altes Wagenrad, notfalls aus Styropor nachgebildet, werden Puppen mit der typischen Kleidung der Erdteile befestigt. Weihnachten wird dann auf die Nabe des Rades das Christuszeichen geheftet oder das

Kind aus der Krippe gelegt. Die Speichen zeigen sehr schön an, daß die Botschaft vom Erlöser in alle Welt „rollen" soll.

IV. Grundmotiv: Sonne mit fünf Strahlen

Wenn Jesus in N.N. (= Ortspfarrei einfügen) geboren wird, dann ...

1. *Erster Advent: ... werden unsere Ohren hellhöriger.*
   Evangelium: Mt 24,42-44: Seid wachsam! Oder
   Evangelium: Mk 7,31-37: Heilung eines Taubstummen. – Jeden Sonntag werden nun in die entsprechenden Felder, die die Sonnenstrahlen bilden, gemalte Bilder oder Fotografien gehängt, die aufzeigen, was das für uns am Ort bedeuten kann.
2. *Zweiter Advent: ... sehen unsere Augen neu.*
   Evangelium: Mt 3,1-12: Die nötige Umkehr einsehen. Oder
   Evangelium: Lk 18,35-43: Die Heilung eines Blinden.
3. *Dritter Advent: ... öffnen sich unsere Hände.*
   Evangelium: Lk 3,10-18: Mehr teilen. Oder
   Evangelium: Mk 3,1-5: Heilung des Mannes mit der verdorrten Hand.
4. *Vierter Advent: ... sind wir h e r z licher zueinander.*
   Evangelium: Lk 6,36-38: Seid barmherzig! –
   Man sieht nur mit dem Herzen gut. Versteinertes Herz. Sterntaler.
5. *Weihnachten:* Die Krippe wird vor die Sonne gesetzt. (nach Ulrich Hinzen)

V. Grundmotiv: Menschen wie Wegweiser

Sie stehen auf dem Weg nach Betlehem wie Wegweiser oder deuten auf einen Stern, der in ihrer Mitte angebracht ist.

1. *Erster Advent: Abraham.* Im Licht des Glaubens weitersehen.
2. *Zweiter Advent: Jeremia.* Für das Licht auch Dunkelheiten ertragen (z.B. Jer 38,1-13: in der Zisterne).
3. *Dritter Advent: Johannes d. T.:* Für das Licht Zeugnis geben.
4. *Vierter Advent: Maria.* Zum Licht JA sagen.

VI. Grundmotiv: Eine Tür

(einen Türstock vom Schreiner ausleihen und in den Altarraum setzen)
Macht hoch (= auf) die Tür: GL 107.

1. *Erster Advent: Eine offene oder geschlossene Tür.*
   Szenen, die aufzeigen, wie schlimm eine zugeknallte Tür nach einem Streit sein kann (siehe „Spiele 1", S. 30f) und wie befreiend ist eine offene Tür, wenn ich Zuflucht vor einem Gewitter oder Rettung bei einem Arzt suche. *Evangelium:* Mt 24,42-44: Haltet eure Tür für den Menschensohn (auch für den Nächsten) offen.
2. *Zweiter Advent: Die Tür der Wahrheit.*
   Durch die Tür darf nur der Reine eintreten (Offb 21,21.25.27); vgl. Märchen von Frau Holle: Der Eintretende wird mit Gold *oder* Pech und

Schwefel überschüttet. Vgl. auch die drei magischen Tore von Michael Ende, „Die unendliche Geschichte", S. 89-101: Das zweite „Zauber-Spiegel-Tor" offenbart das innere Wesen eines jeden Menschen. *Evangelium:* Mt 3,1-12: Kehrt um, bereitet dem Herrn den Weg.

3. *Dritter Advent: Jesus ist die Tür.*
   Evangelium: Joh 10,7-10: Ich bin die Tür. – Hinter dieser Tür ist jeder gerettet und findet das Leben in Fülle. Wir können jetzt schon ganz anders leben, wenn wir wissen, daß uns im Tod diese Tür offensteht. (In der Auferstehung hat Jesus die Tür zur Unterwelt zerbrochen. Pfingsten ist das Fest der „offenen Türen".)

4. *Vierter Advent: Maria hatte eine offene Herzenstür für Gott: Sie sagte „Ja".*
   Evangelium: Mt 1,18-24: Auch Josef sagte ja zu Maria. Unsere Antwort: Ja sagen zu dem, was Gott mit uns vorhat.

5. *Weihnachten:* Die Krippe steht in der geöffneten Tür.

Hinweis: Zum Symbol „Tür" siehe auch Lesejahr B, 1. Advent, Symbol 4.

1. Advent
Seid wachsam!

Evangelium: Mt 24,37-44 (längere Fassung 29-44 möglich): Seid wachsam! Ihr
 kennt nicht den Tag.
(*L 1:* Jes 2,1-5: Der Herr führt alle Völker zusammen; *L 2:* Röm 13,11-14a:
Steht auf vom Schlaf!)

Vorüberlegungen: Für die Welt wie für jeden einzelnen kommt die Stunde der
entscheidenden Begegnung mit dem Herrn. Davor brauchen wir nicht in
ständiger Hochspannung zu leben. Wir sollen uns aber bemühen, geduldig und
treu den Willen Gottes zu erfüllen.

Hinweis: Der Gedanke des Wachens findet sich auch am 1. Advent der
Lesejahre B und C sowie am 32. Sonntag i.J. in diesem Buch.

Symbolpredigten
1. Endlich aufwachen! Einen *Wecker* am Mikrofon klingeln lassen. Woran
 erinnern wir uns jetzt bei diesem unangenehmen schrillen Geräusch? – So
 schrill und plötzlich, heißt es im Evangelium, wird auch Christus
 wiederkommen. Darum laßt euch jetzt schon wecken! Für manches, was
 uns interessiert, stellen wir freiwillig den Wecker früh: z. B. für eine
 Sportübertragung, für eine Bergwanderung, fürs Angeln oder auch für
 Nachrichten über einen Krieg ...! Sollte uns das letzte entscheidende
 Ereignis unseres Lebens nicht interessieren? – Alle „Wecker" der
 Menschheit haben sich unsympathisch gemacht, auch die Propheten. Die
 mächtige Gestalt des Johannes d. T., den wir im Advent öfter vor Augen
 haben, ist auch so ein „Wecker". Bei ihm können wir an den folgenden
 Sonntagen hören, wie wir uns auf den „Tag des Herrn" vorbereiten sollen.
2. Der wichtigste Termin. Der „Götze" *Terminkalender* hält uns in Schach
 (dazu „Kurzg. 1", Nr. 188). Aber unsere Terminkalender stimmen alle
 nicht: Von der Ewigkeit her gesehen, existiert nur die Zeit, die mit Liebe
 gefüllt ist. Darum demjenigen Liebe zeigen, der mir *gerade* begegnet. Die
 Tat der Liebe ist immer die wichtigste, die *jetzt* gefordert ist, denn der
 wichtigste Tag im Jahr ist immer der *heutige.* Wenn wir so unseren Weg
 gehen, sind wir jeden Augenblick für den Anruf Gottes und sein plötzliches
 Kommen bereit.
3. Über den Horizont hinausschauen. Mit einem *Fernglas* sehen wir
 deutlicher, was entfernt vor uns liegt. Propheten waren Menschen, die
 Ausschau hielten und in Erwartung blieben – wie Johannes d. T. Advent
 ist die Zeit, im Glauben Ausschau zu halten und mit dem Wiederkommen
 Christi zu rechnen.
 Dazu „Kurzg. 2", Nr. 4. (Siehe dazu auch unten „Bild".)
4. Zum jährlichen „Symbol" kann auch werden,

- daß der (oder die) älteste Anwesende, der also schon am längsten Hoffnung und Glaube weitergibt, die erste Kerze am Adventskranz feierlich entzündet und dazu das Feuer vom *ewigen Licht* nimmt;
- daß die *Adventskränze* für die Wohnungen am Freitag oder Samstag vor dem 1. Advent in einem kurzen Wortgottesdienst gesegnet werden.

Kurzgeschichten

A: Wachsam sein!

1. Im Talmud sagt ein Rabbi seinen Schülern: „Tu Buße einen Tag vor deinem Tod!" Ein Schüler fragt: „Weiß denn der Mensch, an welchem Tag er sterben muß?" Der Rabbi antwortet: „Eben darum kehre er *heute* um, vielleicht muß er morgen sterben. So lebt er alle Tage die Umkehr."
2. Der verpaßte Zeitpunkt: Bd. 2, Nr. 15 oder Bd. 3, Nr. 6 oder Bd. 4, Nr. 7.
3. Der Gärtner wartet jeden Tag auf seinen Herrn: Bd. 4, Nr. 1.
4. Warten, wie der Blinde wartet: Bd. 2, Nr. 5.
5. Nur ein einziger „Teufelslehrling" bestand die Prüfung, und zwar der, der den Menschen einreden will, immer alles auf morgen zu verschieben: Bd. 3, Nr. 2.
6. Die Entscheidung (Gevatter Tod). Siehe „Geschichten als Predigten", S. 63-66.
7. Autounfall schildern: Wie schnell „meine Stunde" da sein kann. Siehe „PuK" 1/87, S. 4.
8. Bei Sturm sofort in See stechen: Bd. 3, Nr. 1.
9. Zu diesem Thema paßt auch die Parabel vom Adler: Leute hatten einen jungen Adler aus seinem Nest gestohlen, um ihn in ihrem Garten an eine Stange zu ketten. Anfangs wehrte sich der Vogel gegen seine Fesseln, doch mit der Zeit ergab er sich in sein Schicksal.
Eines Tages entdeckte er hoch oben einen seiner Artgenossen. Dieser näherte sich ihm mit jedem Tag. Schließlich streifte er ihn mit seinen Flügeln. Durch diese Berührung wurde in dem jungen Adler eine Kraft lebendig, aufgrund derer er sich von der Stange losriß und in den Himmel davonflog (Rudolf Stertenbrink).
(Werdet wach! Was fesselt uns? Wir können uns besonders im Advent vom „Flügel aus der Höhe" streifen lassen.)
10. Die Koffer sind gepackt: Bd. 3, Nr. 238.

B: Kostet die Zeit aus!

1. Den Augenblick leben: Bd. 3, Nr. 174;
2. Keine Zeit?: Bd. 3, Nr. 175;
3. Gegen ein Maschinenherz: Bd. 2, Nr. 162;
4. Zeit in Ewigkeit verwandeln: Bd. 2, Nr. 147;
5. „Wohin gehst Du?": Bd. 2, Nr. 145;
6. Das Wichtigste: Bd. 2, Nr. 146;

7. Wenn ich stehe, dann stehe ich: Bd. 1, Nr. 178;
8. Der Götze Terminkalender: Bd. 1, Nr. 188.

Spiele
1. Das Licht der Hoffnung. Mit der ungelöschten Kerze kann die erste Kerze am Adventskranz entzündet werden: „133", Nr. 3;
2. Ausrede „Später habe ich dazu Zeit!"": „Spiele 1", S. 154f;
3. Die Kurzgeschichte unter A, Nr. 4, oder B, Nr. 3, spielen;
4. Der König kommt!: „Höntges" Nr. 38 (hier zu „Christkönig").

Bild
Dia oder Holzschnitt „In Erwartung" = Menschen mit einem Fernrohr halten Ausschau; Walter Habdank, Kösel-Verlag, München 1980, S. 112-116.

2. Advent
Bereitet dem Herrn den Weg!

Evangelium: Mt 3,1-12: Bereitet den Weg. / Bringt Früchte, die Umkehr zeigen. / Die Axt ist schon an die Bäume gelegt. / Er wird euch mit Feuer taufen.
(*L 1:* Jes 11,1-10: Das Reis aus dem Baumstumpf; *L 2:* Röm 15,4-9: Christus rettet alle Menschen.)

Vorüberlegung: Mit dem Kommen Jesu ist das „Himmelreich", d. h. die Herrschaft Gottes, angebrochen. Jetzt kann der Mensch sich in der Umkehr ganz zu Gott hinwenden.

Hinweis: Ähnliche Thematik am 2. und 3. Advent im Lesejahr B wie auch am 2. und 3. Advent im Lesejahr C. Zu „Feuer" und „Hl. Geist" (Vers 11b) siehe auch Pfingsten.

Symbolpredigten
1. Den geraden Weg zu Gott finden. Eine *Autokarte* mit gut sichtbarem Straßennetz. Die eingezeichnete Autobahn zeigt uns den geradesten Weg von einer Stadt zur anderen. Aber um sie so zu bauen, mußten Hügel abgetragen, Täler mit Brücken überspannt und langwierige Verhandlungen mit Grundstückseigentümern geführt werden. Jetzt haben wir einen schnellen und bequemen Weg. – Den kürzesten Weg zu Gott weist uns Johannes d.T., indem er auf Jesus Christus zeigt. Aber wer ihm folgen will, muß zunächst Hügel (= Neid, Streit, Stolz) abtragen, Brücken (= Versöhnung, Vertrauen) bauen und manches unternehmen, auch in seinem Terminkalender, um den Weg zu Gott und den Nächsten zu begradigen. Der Advent lädt uns dazu ein.

19

2. Bereitet den Weg. Der Pr kommt als „Johannes d. T." mit *Hacke, Spaten* und *Besen*. Mit der Hacke können wir die Stolpersteine der Lieblosigkeiten herausholen oder den verhärteten Boden am Rande des Weges auflockern, damit dort neues Leben blühen kann. Mit dem Spaten gelingt es uns, Schlaglöcher der Nachlässigkeiten auszubessern und die Gräben der Unversöhnlichkeit zuzuschütten. Mit dem Besen kehren wir den Dreck anderer Leute weg und was „Schuld" alles entzweigeschlagen hat. So erleichtern wir als „Straßenarbeiter Gottes" uns und anderen, daß Gott kommen kann und seine Herrschaft erkennbarer wird. Es erfordert die Haltung des Dienens, die Johannes d. T. vorlebte.

3. Eine neue Chance. Die Axt ist schon an die Bäume (= Menschen) gelegt, die keine guten Früchte bringen. Es ist wie mit dieser *Yuccapalme,* die als Stumpf (vgl. 1. Lesung) wie zum Wegwerfen aussah. Er erhielt eine neue Chance, wurde eingepflanzt und schlug so wunderbar aus, daß wir ihn als erfreulichen Anblick auf die Fensterbank stellen (auch der „Feigenbaum" in Lk 13,6-9 bekam noch eine Chance). So kann es jedem Menschen ergehen, der mit leeren Händen dasteht, aber dennoch Gott vertraut. Wir brauchen deshalb nie einen Menschen aufzugeben und wenn er uns noch so „kaputt" erscheint. Auch das Königtum seit David erstickte in Mord, Ehebruch und Götzendienst, und doch wuchs aus diesem „Stumpf" der Retter der Welt.

Kurzgeschichten

A: Den richtigen Zeitpunkt verpassen
1. Die Krippe war leer: Bd. 4, Nr. 7;
2. Briefe an die Mutter: Bd. 3, Nr. 8;
3. Mein Stock: Bd. 3, Nr. 6;
4. Den Zeitpunkt zur Rückkehr verpaßt: Bd. 3, Nr. 198;
5. Noch einmal zurück: Bd. 3, Nr. 235;
6. Der „gute Mensch" am Höllentor: Bd. 4, Nr. 228;
7. Das „Kängeruh" hat den Beutel zu voll: Bd. 4, Nr. 2.

B: Zeit für die Umkehr nutzen
1. Sich verwandeln lassen: Bd. 3, Nr. 172;
2. Plötzlich siehst du alles ganz anders: Bd. 4, Nr. 233;
3. Die „Krankheit" durch Dienen besiegen: Bd. 3, Nr. 124.

Spiele
1. Das Leben Johannes d. T.: "77", Nr. 4;
2. Johannes ruft zur Umkehr auf: „77", Nr. 5;
3. Johannes würde heute scheitern? (Anspielszene): „77", Nr. 6;
4. Warten auf den Erlöser: „Höntges" Nr. 3;
5. Der Zweig aus der Wurzel Jesse (eher zur 1. Lesung): „Höntges" Nr. 6.

Bilder
1. Johannes der Täufer: Dia Nr. 12 und Farbholzschnitt von Thomas Zacharias, Kösel-Verlag, München.
2. MISSIO Leuchtbox-Folie Nr. F 2/2 von der Benediktinerin Lioba Munz, Missio, Aachen

3. Advent
Johannes der Täufer im Gefängnis

Evangelium: Mt 11,2-11: Johannes d. T. im Gefängnis: Bist du der Messias? / Jesu Antwort: Blinde sehen ... / Johannes ein Schilfrohr? / Der Größte, aber der Kleinste im Himmelreich.
(*L 1:* Jes 35,1-6a.10: Gott selbst wird kommen, um euch zu retten; *L 2:* Jak 5,7-10: Macht euer Herz stark, der Herr kommt.)

Vorüberlegung: Es gibt damals wie heute keine „Beweise": Niemand *muß* an Jesus, den Christus, glauben; aber glücklich der Mensch, der sieht und hört und begreift.

Symbolpredigten
1. Über das Dienen groß werden. Eine noch verhüllte *Christophorusfigur.* Jesus bescheinigt Johannes d. T., der Größte gewesen zu sein; er war ja in aller Munde, und Tausende strömten zu ihm hinaus. Jetzt hockt er klein und zusammengekauert im Gefängnis, und bald wird ihm der Kopf abgeschlagen werden. Er war der Größte, weil er Jesus, den König, ankündigte und letztlich ihm diente, von dem er doch wußte, daß er nicht einmal seine Schuhriemen lösen durfte.
Unter diesem Tuch ist auch ein starker Mann verborgen, der dem mächtigsten König dienen wollte (die Figur zeigen). Ihr kennt die Geschichte? („Kurzg. 1", Nr. 6). Er war am größten, als er bereit war, sich klein zu machen, und jeden durch das Wasser trug. Dabei wurde er sogar noch einmal untergetaucht (= getauft). Wie oft haben *wir* schon geträumt, die Größten zu sein? Wer lernt, seine Kräfte in den Dienst der anderen zu stellen, ist im Reiche Gottes, das schon begonnen hat, erst groß. (Vgl. „Christkönig" in diesem Buch, 2. Spiel.)
2. Glücklich, wer nicht gleich die gesamte Größe des Gottesreiches erwartet. Eine *Schale mit sprießender Saat* steht im Altarraum. Sie wird mit dem ersten Sprießen der Wintersaat auf den Feldern verglichen: Es gibt so viele positive Ansätze in unserer Welt, die hoffen lassen, daß das Reich Gottes sichtbarer zum Durchbruch kommt (Gerhard Dane).
3. Zu Mt 11,5: „Blinde sehen wieder": siehe 4. Fastensonntag in diesem Buch oder 30. Sonntag i. J., Lesejahr B; zu „Lahme gehen": siehe 7. Sonntag i.J.,

Lesejahr B; zu „Aussätzige werden rein": siehe 6. Sonntag i.J., Lesejahr B oder 28. Sonntag i.J., Lesejahr C; zu „Taube hören": siehe 23. Sonntag i.J., Lesejahr B; zu „Tote stehen auf": siehe 5. Fastensonntag in diesem Buch oder 13. Sonntag i.J., Lesejahr B oder 10. Sonntag i.J., Lesejahr C.

Kurzgeschichten

zu A: Beitragen zum kleinen Anfang des Gottesreiches:
1. Der Engel verkauft nur den Samen: Bd. 1, Nr. 199.
2. Ein Mann pflanzt unermüdlich Bäume und verändert so einen gesamten Landstrich: Bd. 1, Nr. 5.

zu B: Wer groß sein will, muß dienen:
Siehe 31. Sonntag i.J. in diesem Buch, Kurzgeschichten C.

Bild

Postkarte RKW 8686, Reinhard Kawohl Verlag, D–46485 Wesel, zeigt Hände, die ein kleines Bäumchen mit Wurzeln halten. Jeweils 12 Karten mit Aufschrift lieferbar.

Spiele
1. Die Sterndeuter aus dem Morgenlande halten als „Blinde" Ausschau nach dem Licht (von Willi Fährmann): siehe „KiBö" Nr. 75, S. 4-6;
2. Kurzszenen aus dem Gemeindeleben (oder auf Folien gemalte Bilder) zeigen auf, wo in kleinen Anfängen etwas Hoffnungsvolles wächst, das zum Wachsen des Reiches Gottes beiträgt.

4. Advent
Maria und Josef sagen JA zum „Gott mit uns"

Evangelium: Mt 1,18-24: Josef, der Sohn Davids, will die schwangere Maria verlassen. / Ein Engel stimmt Josef um: Das Kind ist vom Hl. Geist, der „Immanuel".
(*L 1:* Jes 7,10-14: Die Jungfrau wird empfangen; *L 2:* Röm 1,1-7: Das Evangelium von Jesus Christus.)

Vorüberlegung: Gott greift als Schöpfer und Retter ein, um den Immanuel, den „Gott mit uns", sichtbar werden zu lassen. Josef wird der gesetzliche Vater des Messias. Das Wort „Jesus" bedeutet: „Jahwe rettet".

Symbolpredigten
1. Der Schlüssel zum Leben. Ein großer *Schlüssel.* Josef ist der „Sohn Davids", und Jesus wird der „Schlüssel Davids" (vgl. GL 772,4; GL 112, 5.

Str.) genannt, der die „Tür" zum Himmelreich geöffnet hat. Jesus als der einzig passende Schlüssel hat die Türen zu Gott und den Menschen wieder aufgeschlossen (Offb 1,16-18). Sein „Schlüssel" ist kein Rezept, sondern ein Weg: aufrichten, heilen, vergeben, Gemeinschaft stiften, kurz „Gott mit uns" sein. Am Anfang dieser rettenden Tat steht das Ja von Maria und Josef. – Auch heute sagen viele Menschen ja zu Christus als dem Schlüssel zum Leben und setzen dann Großartiges in Bewegung (Beispiele!). Petrus bekam diesen Schlüssel symbolisch überreicht (Mt 16,13-20, daher die zwei gekreuzten Schlüssel im Papstwappen), damit die Kirche – das sind wir alle – hilft, diese Welt zu öffnen und den Menschen einen Zugang zu Gott zu erschließen.

2. Ein Stern ging auf. Ein großer *Stern* (ein kleiner für jeden?). Weil Maria und Josef (letzterer nach „Rippenstoß durch den Engel") ja sagten zum Plan Gottes, ging der Stern Jesus über allen Menschen auf, damit das „Gott ist mit uns", der „Immanuel", spürbar und sichtbar wurde. Wer diesen Stern entdeckt, der hebt wieder voll Hoffnung den Kopf, dessen Augen bekommen Glanz, der kommt aus seiner Nacht heraus und sagt davon auch anderen weiter. – Jedesmal, wenn heutzutage einer ja sagt und das Ja auch durchhält, geht ein kleiner Stern auf ... So kann über jedem Haus ein Stern stehen, der vom Jesus-Stern sein Licht bekommt. – Klebt oder hängt euren Stern zu Hause gut sichtbar auf, daß er uns an den Stern erinnert, der uns Hoffnung und Licht brachte.

Kurzgeschichten
1. Eine schöne Geschichte, dem Jungen „Manuel" den „Immanuel" nahezubringen, steht in „PuK" 1/90, S. 39f (Ebner/Mai);
2. Weil Ochs und Esel zum Dienen ja sagten, stehen sie der Krippe am nächsten: Bd. 2, Nr.12;
3. Um richtig Weihnachten zu feiern, muß man sich erst versöhnen: „Geschichten als Predigten", S. 76-78.

Spiele
1. Ein Christbaum wird kurz vor Weihnachten geschmückt; dabei werden Lametta, Kerzen ... gedeutet: Siehe „111", S. 27-30, *oder* „133", S. 24f, *oder* „KiBö" 91-3, S. 17f;
2. Es war kein Platz für Jesus in Betlehem: „77" Nr. 17. Weil dieses Spiel ziemlich hart ausfällt, aber gleichzeitig die heutige Situation gut aufzeigt, paßt es besser am 4. Advent als an Heiligabend;
3. Die Krippenfiguren werden an die (noch leere) Krippe gestellt. In einer Art Sprechspiel wird zu jeder Figur gesagt, warum sie da steht. Hier kann besonders das Ja von Maria und Josef, das im Evangelium erzählt wird, betont werden: Siehe „122" Nr. 5; auch „99" Nr. 7, und mehr für jüngere Kinder „111" Nr. 23 (kurz) und Nr. 24 (ausführlicher);

4. Ähnlich wie unter 3.: Die Geschichte von Weihnachten nur mit Kerzen erzählt: „122" Nr. 6. Für den 4. Advent müßte der Text noch leicht auf „vorweihnachtlich" umgeschrieben werden.

Bild
Farbholzschnitt oder Dia Nr. 20 „Inkarnation" von Th. Zacharias in: „Farbholzschnitte zur Bibel", Kösel-Verlag, München 1974. (Vgl. „PuK" 1/90, S. 49.)

Weihnachten
Geburt des Herrn

Am Heiligen Abend:
Evangelium: Mt 1,1-25 (Kurzfassung möglich): Stammbaum Jesu und wie Ev. am 4. Advent in diesem Buch.
(*L 1:* Jes 62,1-5: Der Herr hat an dir seine Freude; *L 2:* Apg 13,16-17.22-25: Jesus, der Retter.)
In der Heiligen Nacht:
Evangelium: Lk 2,1-14: Heute ist der Retter geboren.
(*L 1:* Jes 9,1-6: Ein Sohn ist uns geschenkt; *L 2:* Tit 2,11-14: Die Gnade Gottes ist erschienen.)
Am Morgen:
Evangelium: Lk 2,15-20: Die Hirten finden das Kind.
(*L 1:* Jes 62,11-12: Die Rettung kommt; *L 2:* Tit 3,4-7: Gott hat uns gerettet.)
Am Tag:
Evangelium: Joh 1,1-18 (Kurzfassung möglich): Das Licht leuchtet in der Finsternis.
(*L 1:* Jes 52,7-10: Alle sehen das Heil; *L 2:* Hebr 1,1-6: Gott hat zu uns gesprochen durch den Sohn.)

Vorüberlegung: Gott ist uns in seinem Sohn nahegekommen, um uns zu sagen, daß er da ist und er uns liebt.

Hinweis: Siehe auch „Weihnachten" der Lesejahre B und C.

Symbolpredigten
1. Das erste und zweite Kommen Christi. Die harte *Krippe,* eigentlich die erste Kreuzwegstation im Leben Jesu, und dahinter ein *festlich geschmückter Christbaum,* bei euch zu Hause noch mit Kugeln und Lametta und Äpfeln ... üppig herausgeputzt, das paßt doch nicht zusammen? – Die Krippe zeigt das erste Kommen Christi damals in Armut, damit die Armen und Abgeschriebenen glauben können, daß er auch für sie gekommen ist. Der Christbaum weist auf sein zweites Kommen hin – am Ende der Zeit mit Königsmacht und der Herrlichkeit

des Himmels. Er weist auf den Paradiesbaum hin, dessen tödliche Früchte (= Apfel im Lateinischen malum = das Böse) so verwandelt sind, daß wir wieder davon essen können.

2. Erkennungszeichen: *Windeln!* (Lk 2,12) „Ihr werdet ein Kind in Windeln finden", tut der Engel den Hirten kund. Die müssen geschockt gewesen sein. Sie warteten doch auf einen mächtigen Retter wie einst König David, der die verhaßte Besatzungsmacht der Römer aus dem Lande treibt – wie uns bei dem Wort „König" auch schnell eine goldene Krone, ein Zepter, ein kostbares Schwert und hohe Rangabzeichen einfallen. Nein: Windeln! Jetzt ahnen sie, es muß ein anderer König sein, einer „von unten", der Angst und Schmerz empfindet. Vielleicht einer, der mit den Waffen des Lächelns umgeht, mit einer Umarmung, der einfach Mensch ist, so sehr, daß es schon über seinen Windeln unangenehm in die Nase steigt. An den Windeln können sich die Geister schon scheiden. Und was sagt die Bibel? Die Hirten glaubten! (Ausführlicher in „122" Nr. 7.)

3. Der Stromkreis der Liebe. Wir haben eine *elektrische Weihnachtskerzenkette* vor Augen und wissen aus Erfahrung: Drehe ich an einer Kerze, so schalte ich den gesamten Stromkreis aus, und es bleiben auch die anderen Kerzen dunkel. – In dem Kind in der Krippe fließt der Strom der Vergebung Gottes. Und dieses Kind wird uns einmal ein Gebet beibringen, in dem es heißt: „Vergib uns unsere Schuld, *wie auch wir* vergeben unseren Schuldnern." An Weihnachten, das ein Fest des Friedens ist, kann ich das Weitergeben der Liebe Gottes neu überdenken.

4. Jesus = der rettende Strohhalm. *Der Strohhalm* in unseren Händen soll uns in Zukunft an eine Geschichte erinnern („Kurzg. 3" Nr. 9 erzählen): Ein Hirt hat sich aus der Krippe einen Strohhalm als Andenken mitgenommen. Er möchte nicht vergessen, daß Gott auch den einfachen Menschen braucht und Gottes Liebe zum Menschen unzerstörbar ist – wie auch ein geknickter Strohhalm als solcher nicht „kleinzukriegen" ist, selbst wenn ich ihn noch so oft falte oder zerknülle. Auch ich bin berufen. Gott braucht jeden, auch jeden, der meint, mit leeren Händen dazustehn oder klein und wertlos zu sein. So wurde Jesus für alle Menschen der rettende Strohhalm.

Kurzgeschichten
1. Der Glaube an das Kind hilft, Lasten zu tragen: Bd. 4, Nr. 13;
2. An Jesus glauben zu können, ist ein Geschenk: Ein Hirt kommt auf Umwegen zum Glauben: Bd. 2, Nr. 14;
3. Siehe oben: Jesus, der rettende Strohhalm: Symbol Nr. 4;
4. Wir stehen in der Gefahr, an Weihnachten nur noch das leere Tragetuch (= ohne Jesus) zu feiern: Siehe „Stendebach 1", S. 27.

Spiele

1. Provokatives Sprechspiel zu Weihnachten: „Spiele 1", S. 68-70;
2. Ein Hirtenspiel: „Spendel 1", S. 33-35;
3. Singspiel zur Geburt Jesu auf die Melodie „Ihr Kinderlein kommet" in „Behnke E", S. 10f, unter Umständen kombinieren mit S. 16f, dort steht die Fortsetzung.

Im übrigen gibt es eine *unübersehbare Anzahl* von Heiligabend- und Heilignacht-Spielen: Siehe „Spiele 1", „77" und alle „KiBö's" zu Advent/ Weihnachten.

Bilder

1. Anbetung des Kindes: Folgende im Kunstverlag, D-56653 Maria Laach: Nr. 5696 (Stephan Lochner); Nr. 5594 (Flügel des „Dominikaner"-Altars, Freiburg i. Br.); Nr. 5624 (Maria mit Jesuskind vor der Rasenbank: Stephan Lochner). Moderner: Nr. 5434 (Anbetung der Hirten: Beate Heinen); Nr. 5280 (Weihnachten hinter Stacheldraht: Beate Heinen); Nr. 5453 (Maria und das Kind im Weihnachtsfeuer: Beate Heinen); Nr. 5298 (Flucht: Beate Heinen). Die Bilder von Beate Heinen sind auch als Dias erhältlich.
   Verkündigung an die Hirten: Nr. 5987 (Lat. Stundenbuch, Paris); Nr. 4910 (Bayer. Staatsbibliothek, München); moderner: Nr. 5415 (Beate Heinen).
2. Farbholzschnitt „Bethlehem" von Walter Habdank in „Bilder der Hoffnung", Paul Neuenzeit (Hg.), Kösel-Verlag, München 1980, als Dia, Wandbild und Handbild zu beziehen.

2. Weihnachtstag
Steinigung des hl. Stephanus

Evangelium: Mt 10,17-22: Sie werden euch auspeitschen. / Habt keine Sorgen, was ihr reden sollt. / Kinder werden sich gegen die Eltern auflehnen. / Um meines Namens willen hassen sie euch. / Wer standhaft bleibt, wird gerettet.
(*L 1:* Apg 6,8-10; 7,54-60: Stephanus wird gesteinigt.)

Vorüberlegung: Zu allen Zeiten gibt es Menschen, die von der gleichgültigen Duldung bis hin zur brutalen Verfolgung den ganzen christlichen „Aberglauben" aus der Welt schaffen wollen. Aber in den Verfolgten wird Gottes Kraft offenbar: Sie haben den längeren Atem.

Hinweis: Siehe auch „2. Weihnachtstag", Lesejahre B und C und „Palmsonntag", ebenso „Karfreitag" der Lesejahre A bis C. Grundsätzlich können heute auch Themen vom vorigen Kapitel genommen werden.

Symbolpredigten

1. Wenn die Liebe gesteinigt wird. Mit solchen handlichen *Steinen* wurde Stephanus getötet, obwohl sein Leben als Diakon vom Dienst an den Bedürftigen geprägt war – wie bei Jesus; und wie er wird er vor Gericht geschleppt. Selbst Fromme (bei Jesus Pharisäer, bei Stephanus Saulus) glaubten, gottgefällig zu handeln, als sie sie mundtot machten. So können auch heute Menschen, die Jesus nachfolgen wollen, von Steinen des Neides, der Vorurteile, der Mißverständnisse tödlich getroffen werden. Aber unsere Haltung und überzeugende Liebe können nachdenklich machen und Bekehrung bewirken – so wie Saulus zum Paulus wurde. – So ein Stein kann für uns zur Auszeichnung werden, weil wir Christus ähnlich werden, der oft vor der Steinigung stand.

2. In der Diamantenschleiferei des Lebens. Diesen *geschliffenen Diamanten* habe ich mir von einem Juwelier ausgeliehen. Seht ihr, wie er funkelt? Schon ein Rohdiamant ist wertvoll – wie auch jeder Mensch seit seiner Geburt. Damit wir unser unverwechselbar Eigenes und Kostbares erhalten, hinterläßt das Leben seinen Schliff – hier mal und da mal. Besonders tiefe Schliffe berühren uns unangenehm, weil sie weh tun können: Krankheiten, Prüfungen, Ablehnungen. Beim letzten Wort bin ich schon bei dem, was Stephanus erfahren mußte, von dem wir in der Lesung gehört haben. Er wurde regelrecht verfolgt und zu Tode gesteinigt. Das aber hat ihn besonders wertvoll werden lassen in unseren Augen und in den Augen Gottes. Er wurde zum kostbaren Diamanten, der das Licht Gottes nach allen Seiten funkeln läßt. Laßt uns beten um Gottes Beistand, daß wir in der Diamantenschleiferei des Lebens und der Nachfolge Christi nicht zersplittern.

Sprechspiel

Fünf Steine auf Stephanus (nach W. Fährmann): „KiBö" 87-3, S. 19f (den Schlußsatz vorziehen!).

Kurzgeschichten (mit „härterem" Inhalt)

1. Gott schreibt auf krummen Zeilen gerade: Bd. 3, Nr. 13;
2. Der Engel, der an der Krippe nicht mitsingen wollte: „Geschichten als Predigten", S. 19ff;
3. Der Findling: Bd. 4, Nr. 15;
4. Das Jesuskind von Ostrowice (für Jugendliche und Erwachsene!): Bd. 4, Nr. 17;
5. Der alte und der neue Mensch: Bd. 3, Nr. 14;
6. (K)eine Weihnachtsgeschichte: Bd. 3, Nr. 12;
7. Weihnachten in Brasilien: Bd. 4, Nr. 19.

Bilder

1. Postkarte Nr. 5429 „Krippe und Kreuz", auch als Dia, von Beate Heinen im Kunstverlag, D–56653 Maria Laach: Das Kind liegt in einem Futtertrog wie in einem Sarkophag; die Höhle ist zugleich das Felsengrab, und das Kreuz in der Ferne zeigt an, was Jesus erwartet. Stephanus war der erste, der es zu spüren bekam (ausführlicher in „177", Nr. 8).
2. Dia oder Farbholzschnittabdruck „Stephanus" von Thomas Zacharias, Kösel-Verlag, München 1974.

Sonntag in der Weihnachtsoktav
Fest der Heiligen Familie

Evangelium: Mt 2,13-15.19-23: Nimm das Kind und flieh!
(*L 1:* Sir 3,2-6.12-14: Ehre den Vater, und achte die Mutter; *L 2:* Kol 3,12-21: Die Liebe ist das Band, das alles zusammenhält.)

Vorüberlegung: Jesus steht unter Gottes Schutz und erfährt die sorgende Liebe der Eltern. Seine Rückkehr aus Ägypten will sagen: Wie damals Israel vor einem neuen Anfang stand, als es Ägypten den Rücken kehrte, so beginnt in Jesus ein neuer Abschnitt der Heilsgeschichte.

Hinweise: 1. Es liegt nahe, heute auf die Problematik der Familien einzugehen, wenn dafür auch im Januar ein eigener Familien-Sonntag eingesetzt ist. 2. Siehe auch „Fest der Heiligen Familie" der Lesejahre B und C.

Symbolpredigten

1. Die Spannkraft von Glaube, Hoffnung und Liebe. Diese große *Notizzettelklammer* (oder Wäscheklammer), welche die beiden Plastik-(Holz-)teile zusammenhält, kann uns einiges über eine Familie sagen: Die erste Spannkraft, die Mann und Frau zusammenhielt, war die Liebe; es hatte „gefunkt". Dann kam die Hoffnung hinzu, daß sie ein Leben lang in guten und bösen Tagen einander vertrauen können („Trauung" kommt von trauen, vertrauen). Danach traten beide vor den Altar im Glauben, daß Gott ihren Bund mit hält und trägt. In dieser Spannkraft von Glaube, Hoffnung und Liebe fanden die Kinder Geborgenheit, ein Nest, Halt. (Wenn die Spannkraft zu sehr nachläßt oder die Feder rostet, fallen die Kinder als erste heraus: über 100.000 pro Jahr allein in den alten Bundesländern.)
2. Auf Zerreißproben vorbereiten. *Zwei Springseile*, eins ist in der Mitte fast durchgescheuert. Im Evangelium hörten wir: Flucht nach Ägypten, dort Asylanten; danach wieder zurück, um einen neuen Anfang zu wagen. – Auch heute kommen auf Familien viele Zerreißproben zu: Umzüge wegen

des wechselnden Arbeitsplatzes, kleine Kinder, Untreue ... Zerreißproben gibt es aber auch schon für Kinder: Leistungswettkampf in der Schule; Schlüsselkind, weil beide Elternteile arbeiten müssen; Versuchungen durch Video ... Darum kommt es darauf an, innerlich stark zu sein. Denn dieses Seil hier (Pr zeigt das durchgescheuerte) zerreißt unter Belastungen. Wie werde ich (Pr zeigt das andere Seil, das in der Mitte besonders stark ist) „innerlich stark"?: Ich wachse in der Geborgenheit und Liebe einer Familie auf; es gibt Menschen, denen ich vertrauen kann, die mir etwas zutrauen und mir nicht alle Schwierigkeiten aus dem Weg räumen. Mein Herz hält sich auch am unsichtbaren Gott fest (Religion heißt: Sich festhalten an einem anderen), der in guten und bösen Tagen mitgehen will. – Ihr seht: Dieses Seil ist aus vielen Fäden gedreht, die es stark machen. Die Fäden heißen: Vertrauen, Glauben, Liebe, Hoffnung, Geduld, Verzicht. Sie halten uns bei Zerreißproben.

3. Mit Gottvertrauen. Ein großer, roher *Wanderstock*. Früher schlugen damit manche Väter ihre Kinder und glaubten, dadurch gute Erziehung zu leisten. Aber nicht den Stab über sie brechen: Es ist zu billig, auf vergangene Zeiten einzuprügeln. – Solch einen Stab benutzte Josef sicher auf der Flucht von Betlehem nach Ägypten, nach Israel und wieder nach Galiläa. Auch heute gibt es dieses immer neue Aufbrechen-Müssen: Umzug wegen einer neuen Arbeitsstelle, das Umziehen zu altgewordenen Eltern, die Kinder siedeln an den Studienort ... Bei so viel Mobilität von Josef lernen: Im Vertrauen auf Gott, „dein Stock und dein Stab, sie geben mir Zuversicht" (Ps 23), ging der gläubige Israelit seinen Weg. Im Vertrauen auf Gott brechen wir auch ins neue Jahr auf ... (Eventuell für die Kinder Haselnußstöcke bereithalten: Schnitzt eurem Vater als Geschenk die Zahl des neues Jahres auf diesen Wanderstock! Vielleicht auch gegen ein kleines Entgelt für ein Flüchtlingsprojekt anbieten.) (Gerhard Dane, Köln.)

Kurzgeschichten
A: Geborgenheit in einer Familie finden
1. Wie man einen Menschen bekehrt: Bd. 2, Nr. 45;
2. Lieben, bis es weh tut: Bd. 2, Nr. 38;
3. Das „innere Pünktlein" muß da sein: Bd. 4, Nr. 20;
4. Der Achtzehnjährige: Bd. 2, Nr. 40;
5. Verwandelnde Liebe: Bd. 3, Nr. 18;
6. Der zittrige Großvater Bd. 1, Nr. 32.

B: Zerreißproben in einer Familie
1. Wenn sich meine Eltern streiten: Bd. 1, Nr.24;
2. Die Geschichte von der fetten Katze: Bd. 1, Nr. 26;
3. So können die sich ändern: Bd. 1: Nr. 31;

4. Was Liebe vermag: Bd. 2, Nr. 21;
5. Das Verschüttete: Bd. 2, Nr. 22;
6. Lieben Sie Ihre Frau?: Bd. 3, Nr. 23;
7. Mütter von Töchtern – Töchter von Müttern: Bd. 3, Nr. 32;
8. Das Netz des Fischers: Bd. 4, Nr. 24;
9. Die Schlafwandler: Bd. 4, Nr. 40.

C. Richtig erziehen

1. Eine Parabel für Erzieher: Bd. 3, Nr. 28;
2. Niemals Gewalt: Bd. 3, Nr. 21;
3. Der richtige Erziehungsstil: Bd. 4, Nr. 32;
4. Die Ohrfeige: Bd. 2, Nr. 39;
5. Durch Beispiel: Bd. 3, Nr. 20;
6. Der diebische Knabe und seine Mutter: Bd. 2, Nr. 35;
7. Antiautoritär: Bd. 2, Nr. 36;
8. Lob des Ungehorsams: Bd. 1, Nr. 27;
9. Keine Zeit?: Bd. 3, Nr. 24;
10. Der Brief einer Mutter an ihre ungläubigen Kinder: „Geschichten als Predigten", S. 29-33;
11. Der freigebige Baum: „Geschichten als Predigten", S. 33-36.

Spiele

1. Flucht nach Ägypten: „77", Nr. 18 (Schattenspiel);
2. Die drei Söhne: „Kurzg. 1", Nr. 29;
3. Drei Söhne sind eine Freude: „Kurzg. 1", Nr. 30;
4. Wenn Eltern sich streiten: „77", Nr. 26;
5. Familienleben: „77", Nr. 25;
6. Keiner hat Zeit für das Kind: „PuK" 1/80, S. 92;
7. Frieden – Unfrieden in der Familie: „KiBö" 89-3, S. 28f;
8. Familie – eine Kirche im kleinen: „KiBö" 89-3, S. 28;
9. Nach Vers 14 des Evangeliums: „Maria und Josef" mit Wanderstab gehen zur Krippe, nehmen das Kind heraus und „fliehen" durch den Mittelgang. Von dort kommen sie nach Vers 21 wieder zum Altar zurück.
   Glaubensbekenntnis: Wir glauben an den obdachlosen Gott ..., an den Menschensohn, der „nicht weiß, wohin er sein Haupt legen soll". *Fürbitten* durch Menschen jeden Alters, die jeweils ein Land vertreten, in dem große Flüchtlingsprobleme herrschen.

Bilder

1. Äneas flieht aus dem brennenden Troja. (Hier fließen mehr allgemein menschliche Erfahrungen ein.) Die nebenstehende Tuschezeichnung von Ernst Alt zeigt sehr deutlich die Pyramide der Generationen: Äneas muß die ganze Last des Lebens tragen mit dem Vater auf dem Rücken, der ihn

behindert, und auch das Kind ist zunächst „Klotz am Bein". Aber er ist bereit, sie zu tragen und für sie sein Leben einzusetzen, weil sie das Glück seines Lebens ausmachen. – Anchises, der Vater, schaut zurück und kann sich nicht trennen von seinem Lebenswerk und seiner Heimat, die in Trümmer sinken. Das lähmt und fixiert ihn. Aber er hat ein Recht, jetzt von dem Sohn (und der Gesellschaft) getragen zu werden, dem er all seine Kräfte geschenkt hatte. Askanios, das Kind, schaut erwartungsvoll nach vorne. Noch braucht es das „Bein" des Vaters, aber bald wird es unternehmungslustig zu neuen Ufern aufbrechen. Die Pyramide der Generationen: Irgendwann wird jeder einmal getragen, irgendwann trägt und handelt jeder, irgendwann ist jeder eine Last.

2. Die Postkarte Nr. 5412, auch als Dia, im Kunstverlag, D-56653 Maria Laach, „Hl. Familie" von Beate Heinen gibt sehr schön die Geborgenheit wieder, die Maria und Josef dem Kind schenken.

3. Die Postkarte Nr. 5481 „Josef und die Menschwerdung Gottes", auch als Dia, Zeichnung von Beate Heinen 91, Kunstverlag, D-56653 Maria Laach, zeigt auch Josef auf der Flucht nach Ägypten: Beachte die ausführliche Bildbetrachtung im Lesejahr B, 2. Weihnachtstag, Bild.

4. Zum Thema der sieben Schmerzen Mariens: Postkarte Nr. 5758, im Kunstverlag, D-56653 Maria Laach, zeigt eine Pieta (Maria mit dem toten Jesus auf ihrem Schoß).

5. Viele andere Darstellungen, z. B. die tausendjährigen Holztüren von St. Maria im Kapitol, Köln.

1. Januar
Oktavtag von Weihnachten – Hochfest der Gottesmutter Maria – Neujahr – Welttag des Friedens

Evangelium: Lk 2,16-21: Die Hirten fanden Maria, Josef und das Kind. / Die Beschneidung.
(*L 1:* Num 6,22-27: Der Aaronitische Segen; *L 2:* Gal 4,4-7: Wir sind freigekauft.)

Vorüberlegung: Durch die Beschneidung wurde Jesus in die Ordnung des Alten Bundes hineingestellt. Sein Name Jesus = „Jahwe rettet" deutet aber an, was er sein wird: Der Retter, der die Welt heilen wird (= Heiland).

Hinweis: Siehe auch „1. Januar" der Lesejahre B und C. Auch das Thema „Weihnachten", der Lesejahre A bis C ist möglich.

Symbolpredigten
1. Die Mitte suchen. Ein gemalter gewaltiger, kreisförmiger Wirbel (= *Taifun), in dessen Mitte ein Bild von Maria mit dem Kind eingeklebt ist.* Ein

asiatisches Sprichwort lautet: „Im Herzen des Taifuns kann ein Kind schlafen": Wenn es gelingt, das „Auge" des Taifuns zu erreichen, ist man (vorübergehend) außer Gefahr. Wir wissen aus dem verflossenen Jahr, was an Katastrophen und Dunkelheiten möglich ist; wer weiß, was uns im neuen Jahr begegnet; aber wir können uns zur Mitte, zu Jesus, flüchten. So viele haben es schon in ihrem Leben erfahren (auch Maria), daß sie bei Gott und Jesus Christus die Unbegreiflichkeiten und Stürme des Lebens aushalten können. Aber die kilometergroße Mitte des Wirbelsturmes wandert: Täglich neu diese Mitte suchen!

2. Das Licht leuchtet in der Finsternis. *Der geschmückte Weihnachtsbaum* im Altarraum wird zum Gleichnis: Wir übersehen beim Glanz der Kerzen, wie „feindlich" so ein Fichtenbaum an sich ist. Denn er duldet unter sich kein Pflänzchen; vom zurückschnellenden Ast des Vordermannes kann ich empfindlich im Gesicht getroffen werden; schwiwrig ist es, die Fichte zu schlagen, zusammenzurollen, wegzutransportieren. Und wenn sie nach ihrem Glanz wieder aus dem Zimmer geschafft werden soll, ärgert sie uns bis zuletzt ... Wir empfinden sie als regelrecht „feindselig" – wie auch manche Mitmenschen nur „mit Handschuhen" auszuhalten sind; denn wir ärgern uns noch über sie, wenn sie längst wieder fort sind, weil ihre „spitzen Nadeln" nachwirken. Aber im Lichte von Weihnachten sieht der Baum festlich und „friedlich" aus: Im „Licht des göttlichen Kindes" besehen, darf es für uns keine Feindschaften mit Menschen geben, wohl Auseinandersetzungen; denn um eines billigen Friedens willen darf nichts unter den Teppich gekehrt werden. (Nach einer Idee von Heinz Bußmann, Lübeck.)

3. Macht Frieden möglich. Ein *Aufkleber* mit diesen Worten (bei Pax Christi, Windmühlenstr. 2, D-6000 Frankfurt/ Main 1, bestellbar) zeigt ein Stück Stacheldraht (= Abgrenzung, Spaltung, Herzenskälte), aus dem eine Rose (= Wille zur Versöhnung, Überbrückung und Liebe) wächst (wie im ehemaligen KZ Auschwitz-Birkenau). Das Wort „Macht" steht auf dem Aufkleber gegen das Wort „Frieden". Auf welche Seite schlagen wir uns bei Auseinandersetzungen im neuen Jahr?

4. Mutter Maria. Eine *Monstranz* ist wie eine große Sonne, die das Entscheidende, was sie uns zeigen will, ganz klein in der Mitte trägt, nämlich die Hostie. Bei so viel Glanz ist die geweihte Hostie leicht zu übersehen. Die Monstranz möchte aber unsere Augen zu ihrer eigentlichen Mitte führen, sie ist ja ganz für diese Mitte da. – Ähnlich ist das mit der

Mariendarstellung auf dieser *Ikone* (oder Bild): Unser Blick fällt zuerst auf die groß abgebildete Maria. Aber er darf nicht an ihr hängenbleiben. Ihre Hand zeigt auch meistens auf den, der Segen und Vergebung für uns bereithält: Maria will uns zu ihrem Sohne führen. Sie war wie eine Monstranz ganz für ihn da.

Kurzgeschichten

A: Zu Neujahr
1. Auch das neue Jahr verkauft nur Samen, keine Früchte: Bd. 1, Nr. 199;
2. Richtig mit der Zeit umgehen: Bd. 3, Nr. 175;
3. Die Augenblicke auskosten: Bd. 3, Nr. 174;
4. Ohne Hast Stück für Stück die Straße des neuen Jahres kehren: Bd. 1, Nr. 204.

B: Zum Friedenssonntag
1. Friede ist möglich: Bd. 4, Nr. 137;
2. Die Brücke: Bd. 2, Nr. 135;
3. Eisblöcke tauen auf: Bd. 1, Nr. 165;
4. Wie der Kaiser seine Feinde vernichtete: Bd. 2, Nr. 132;
5. Noch eine einzige „Schneeflocke" zum Frieden fehlt vielleicht: Bd. 3, Nr. 151;
6. Die Tür leise schließen: Bd. 3, Nr. 150;
7. Das „Haus des Friedens" hat die Türklinke innen: Bd. 3, Nr. 147.

Und *viele* andere unter dem Stichwort „Krieg – Frieden" in meinen Kurzgeschichten-Bänden 1 bis 4.

C: Saatkörner des Vertrauens säen
1. Versuch es mit Freundlichkeit: Bd. 1, Nr. 154;
2. Ab und zu einmal lächeln: Bd. 2, Nr. 187;
3. Die Blume in der Wüste: Bd. 2, Nr. 171;
4. Jeden Tag ein wenig: Bd. 1, Nr. 205;
5. Die kleine Leuchte: Bd. 4, Nr. 173;
6. Ein Bäumchen pflanzen: Bd. 4, Nr. 182.

Spiele

1. Ein Kind auf der Leiter: Frohe Botschaft für das neue Jahr: „Spiele 2", S. 8f;
2. Sprechspiele mit 12 Kerzen = 12 Monate mit je einer Feststellung und Fürbitte: „KiBö" 87-3, S. 28f.; „KiBö" 80, S. 30; „KiBö" 91-3, S. 25f; „Wir freuen uns auf die Predigt", S. 36 (letzteres vergriffen, aber Spiel bei mir zu bestellen).
3. Friedensgespräche: „77", Nr. 59;
4. Viele der angegebenen Kurzgeschichten sind spielbar.

2. Sonntag nach Weihnachten
Das Licht leuchtet in der Finsternis

Evangelium: Joh 1,1-18 (Kurzfassung möglich; wie „Weihnachten am Tag"): Im Anfang war das Wort. / Das Licht leuchtete in der Finsternis. / Die Seinigen nahmen ihn nicht auf.
(*L 1:* Sir 24,1-2.8-12 [und länger]: Die Weisheit Gottes faßte Wurzel; *L 2:* Eph 1,3-6.15-18: Die Sohnschaft hat Gott für uns vorausbestimmt.)

Vorüberlegung: Unser Gott ist ein sprechender Gott: Durch das „Wort" entstanden Licht und Leben und in Jesus die Brücke zum Menschen. Wer das Licht auf unserem Weg (= Jesus) annimmt, kommt zu Gnade und Herrlichkeit.

Hinweis: Siehe auch „2. Sonntag" der Lesejahre B und C sowie „5. Sonntag i.J." in diesem Buch; ebenso „Weihnachten am Tag": Lesejahre A bis C.

Symbolpredigten
1. Licht für die Welt: Die *Kerze* (oder das *Teelicht*) in unseren Händen erinnert uns an unsere Taufkerze, die vom Licht der Osterkerze entzündet wurde. Hier liegt der Ursprung des Lichtes: Jesus als Licht in der Finsternis. – In einem dunklen Raum kann ich mich mit diesem Licht orientieren: Mit dem Licht des Glaubens an das „Wort Gottes zu uns" (Joh 1,1) in Jesus kann ich das Dunkel des Zweifelns und der Resignation überwinden. – Entscheidend ist, daß meine Kerze leuchtet, nicht wie verziert oder wie schön sie ist. – Langsam verzehrt sich das Wachs: Bin ich bereit, mich „verbrauchen" zu lassen, um anderen Wärme und Orientierung zu geben? Und wenn ich das Licht des Glaubens weitergeben will, damit die Welt noch heller wird, muß ich ganz nahe an den anderen herangehen. (Dazu eine Bußfeier in „Anschauliche", S. 128-133. Siehe in diesem Buch: 5. Sonntag i.J.)
2. Von der Sonne leben. *Ein Taschenrechner* (oder ähnliches) *mit Solarzellen:* Er „lebt" vom Licht. Ohne Licht kein Leben, von ihrem Ursprung her sind sogar Kohle und Öl gespeicherte Sonnenenergie. Wir Menschen brauchen zusätzlich „Sonne" im übertragenen Sinn: die Sympathie und das Lob der Mitmenschen, die Geborgenheit der Familie, das Vertrauen zu Menschen. Wir halten unsere Seele in die Sonne Gottes: in der Stille und Freude, im Gebet und im Gottesdienst. So deuten auch die Kerzen am Weihnachtsbaum auf das Licht, das in unsere Finsternis kam. Schön wäre es, wenn unser Zusammensein hier mit einer Sonne vergleichbar wäre, durch die wir unsere „Sonnenkollektoren" anfüllen, um sie in der Woche auszustrahlen. (Nach einer Idee von Renate John.)

Kurzgeschichten
1. Das Licht in der Finsternis: Bd. 1, Nr. 1;

2. Das Licht bewahren: Bd. 1, Nr. 4;
3. Das Licht weitergeben: Bd. 2, Nr. 106;
4. Geteiltes Licht brennt heller: Bd. 2, Nr. 13;
5. Die Halle der Welt mit Licht füllen: Bd. 4, Nr. 160.

Spiele
1. Anruf im Dunkel: „77", Nr. 3;
2. Alle dürfen wieder hoffen: „Spiele 1", S. 42-44 (nach Peter Spangenberg);
3. Licht durchbricht Mauern: „Spiele 1", S. 44-46.

Bild
Postkarte Nr. 5405, auch als Dia, von Beate Heinen im Kunstverlag, D–56653 Maria Laach, zeigt Jesus mit Maria mitten in der Sonne, umgeben von einer zerstörten Umwelt. Abbildung und genaue Besprechung in „177", Nr. 11.

Erscheinung des Herrn
Die Verehrung durch die Sterndeuter

Evangelium: Mt 2,1-12: Die Sterndeuter haben den Stern aufgehen sehen. / Sie fielen nieder. / Sie brachten Gold, Weihrauch und Myrrhe dar.
(*L 1:* Jes 60,1-6: Die Herrlichkeit des Herrn geht leuchtend auf über dir; *L 2:* Eph 3,2-3a.5-6: Auch die Heiden sind Miterben Christi.)

Vorüberlegung: Bereits zu Beginn seines Evangeliums sagt Matthäus, was er am Ende (Mt 28,18-20) wiederholen wird: *Allen* Menschen, auch Ausländern und Heiden, leuchtet der Stern.

Hinweis: Siehe auch „Erscheinung des Herrn": Lesejahre B und C.

Symbolpredigten
1. Wir warten auf den Stern. Ein großer *Stern* (oder das Dia mit dem Stern von Betlehem und der lateinischen Inschrift „Hier ist aus der Jungfrau Maria Christus geboren worden" – beim Verfasser zu beziehen, Anschrift siehe S. 12) führte die Sterndeuter zum Ziel. Auch wir brauchen immer wieder einen Stern, der uns aus der Nacht mancher Einsamkeit und des Zweifels „heimleuchtet". In Jesus leuchtet er deshalb, weil er uns die Schuld vergeben kann. Wenn wir uns von ihm führen lassen, werden wir selbst zum Stern im Schweif des großen Jesus-Kometen, der in mancherlei Not hineinleuchtet. (Nach Wilhelm Willms.)
2. Dem Stern folgen. (Sechs oder acht *Wegweiser*, die so vorgefertigt sind, daß sie zusammengesetzt einen großen *Stern* ergeben.) Um den Stern überhaupt zu entdecken und nicht wieder aus den Augen zu verlieren, mußten die Sterndeuter aus dem Morgenlande manches beachten, was wir

auf diese Wegweiser (die Kinder im Altarraum hochheben) geschrieben haben. Wenn wir den König dieser Welt finden wollen, müssen wir ähnliche Wegweiser beachten: wach werden (darum im Advent der Ruf: Seid wachsam!), suchen, sich aufmachen, mit anderen suchen, Vorsicht vor falschen Freunden (Herodes!) usw. (Zum Schluß legen die Kinder die Wegweiser zu einem großen Stern zusammen. Ausführlicher in „99", Nr. 12.)

Kurzgeschichten
1. Die Sterndeuter brachten damals Gold, Weihrauch und Myrrhe. Was würden wir dem Kind heute bringen?: Bd. 3, Nr. 15;
2. Der vierte König: Bd. 1, Nr. 12.

Spiele
Der Sternsinger wegen lohnt es sich heute, Spielerisches einzubringen. Da ist der Tisch reich gedeckt. Einer Sternsingergruppe das Spiel (in der Regel ca. 5 Min.) rechtzeitig zukommen lassen!
1. Das Evangelium pantomimisch begleiten oder spielen lassen;
2. Das Evangelium in verteilten Rollen: „77", Nr. 21;
3. Dreikönigsspiel (für Jüngere; Barbara Cratzius): „KiBö" 89-3, S. 26;
4. Eine Geschichte von Werner Reiser als Sprechspiel: „KiBö" 68, S. 6f;
5. Die Könige ahnen, was aus dem Kind werden wird: „KiBö" 80, S. 31f (*oder* „Spendel 2", S. 59-61);
6. Die drei Könige (kritischer; von Hans-Albert Höntges): „77", Nr. 22;
7. Die Könige kehren (unbekehrt) zurück: „77", Nr. 24.
Hinweis: Seit Jahren bringt „FaJu" jährlich zwei komplette Sternsinger-Gottesdienste in der November- und Dezember-Mappe, darin sind auch Spiele enthalten.

Bilder
Eine Überfülle an Postkarten, die die Anbetung der Könige zeigen. Darum nur aus dem Kunstverlag, D-56653 Maria Laach, in Auswahl: Nr. 5988 (Lochner), Nr. 5644 (Evangeliar aus Köln), Nr. 4992 (Taddeo di Bartolo), Nr. 5774 (Evangeliar Otto III.), Nr. 5693 (Altar eines Kölner Meisters), Nr. 5713 (Codex Aureus, drei Bildreihen), Nr. 4994 (Speyerer Evangeliar Heinrich III.), Nr. 5810 (Rußland); Nr. 5847 (Speyerer Evangeliar), Nr. 5853 (Evangeliar aus St. Peter, Karlsruhe), Nr. 5997 (Ortenberger Altar) und dreimal Beate Heinen, auch alle als Dia: Nr. 5463 (Jesus und Maria, auch mit Kronen, erhalten eine Erde, die gefährliche Risse zeigt), Nr. 5469 (Könige folgen in der belebten Großstadt dem Herrn) und Nr. 5354.

Sonntag nach dem 6. Januar / 1. Sonntag im Jahreskreis
Taufe des Herrn

Evangelium: Mt 3,13-17: Jesus (= „mein geliebter Sohn") wird von Johannes getauft.
(*L 1:* Jes 42,5a.1-4.6-7: Der Knecht Gottes wird das geknickte Rohr nicht brechen; *L 2:* Apg 10,34-38: Der Gesalbte Gottes heilte überall im Land.)

Vorüberlegung: Den Anfang macht Gott. Es ist sein Geschenk, daß der Himmel sich öffnet. Gott ist ganz nahe seinem geliebten Sohn – wie die Taube, im alten Orient Botin der Liebe, anzeigt. – Der Hl. Geist kommt herab wie an Pfingsten. Die Taufe Jesu am Jordan war – historisch und geographisch sicher – an der tiefsten Stelle der Erdoberfläche (= 400 m unter dem Meeresspiegel)!

Hinweis: Siehe auch „Taufe des Herrn" der Lesejahre B und C; es kann auch noch auf „Weihnachten" eingegangen werden.

Symbolpredigten

1. Zur *Taube:* Siehe „2. Sonntag i.J." in diesem Buch, Symbol 2.
2. Jesus stieg hinab, wo heute doch alles die oberste Stufe erklettern will. Auf einer *Haushaltsleiter* demonstriert der Prediger die heutige Manie, möglichst der Erste sein zu wollen, indem er immer höher klettert: Da weint eine Sportlerin, daß sie nur Zweite auf dem Treppchen geworden ist; da ist ein Kind mit einer „2" todunglücklich. Da warten ArbeitnehmerInnen auf die Beförderung ... Wenn die Leiter des „Erfolges" erklettert ist, weist der Pr auf Jesus hin, der immer nur hinabstieg (Pr steigt dabei Stufe um Stufe hinab): in der Geburt, in der Taufe, in der Fußwaschung, im Tod, bis ins Reich des Todes. Also selbst in der Stunde seines Triumphes dachte er zuerst an die Verlorenen und ging ins Reich der Vergessenen, der Ärmsten der Armen. Erst als Jesus so „ganz unten" angekommen war, wurde er für uns die sichere Leiter, auf der wir zum Leben mit Gott aufsteigen können (GL 182, 4. Str.); er erwartet uns „oben" als Christuskönig. (Ausführlicher in „99", Nr. 35.)

Kurzgeschichten

Menschen, die bereit sind, „nach unten" zu steigen, d. h. zu dienen, um so die Welt zu erlösen:

1. Die Frau, die am Spielplatz Scherben aufhebt: Bd. 1, Nr. 114;
2. Ein junger Erwachsener kniet nieder vor einem viel Jüngeren: Bd. 1, Nr. 118;
3. Gewaltlos überzeugen: Bd. 1, Nr. 159;
4. Die Schlüssel zum Himmel, die nur mit dem Blick „nach unten" zu finden sind: Bd. 3, Nr. 115;

5. Sich vor dem Sünder verneigen: Bd. 3, Nr. 121;
6. Durch Dienen erlösen: Bd. 3, Nr. 124.

Spiele
1. Eine Sprechszene, welche die damalige Zeit beleuchtet, bildet den Rahmen für das Evangelium: Siehe „Behnke E", S. 43-45;
2. Die angegebenen Kurzgeschichten sind zum Teil spielbar.

Bild
Die Taufe Jesu, zum Beispiel I. Wikland, Verteilbilder zum Kindergottesdienst: „Johannes tauft Jesus im Jordan", Verlag Ernst Kaufmann, Lahr, Bestell-Nr. 0369. Daran die Gedanken unter „Vorüberlegung" aufzeigen.

Weitere Anregungen
1. Heute legt sich die Taufe eines Kindes im Gottesdienst nahe, wobei besonders die Salbung mit Chrisam, d. h. das Auserwähltsein von Gott wie beim „auserwählten" Messias, hervorgehoben wird.
2. Heute sollten die Kinder oder alle nach der Predigt (etwa zum Credolied) Gelegenheit haben, vor dem Altar oder in der Reihe ihre Hand in Wasser zu tauchen; eventuell Jordanwasser beimischen.
3. Man kann auch ein Predigtgespräch versuchen oder eine Dialogpredigt zum Thema: „Soll man Kinder taufen?" Jesus war immerhin dreißig Jahre alt!
4. Man kann auch einen schönen Krug Wasser segnen, ähnlich wie in der Osternacht, und die Familien auffordern, von dort „das erste Weihwasser des neuen Jahres" in die Wohnung zu holen. (Punkt 2-4: Gerhard Dane, Köln.)

FASTEN- UND OSTERZEIT

Bilderzyklen zur Fastenzeit
(Nr. IV. – VI. auch in den Lesejahren B und C möglich)

Vorbemerkung: Die Adventszeit erhält ihre Spannung auch durch die Adventskalender, die langsam dem Fest entgegenfiebern lassen. Solche „Adventskalender" sind ebenfalls in der Kirche möglich: Jeden Sonntag – möglichst entsprechend dem Sonntagsevangelium – wird ein „Fensterchen" geöffnet bzw. ein neues Bild auf das übergroße Grundmotiv gesteckt. Diese Bilderfolge hat den Vorteil, daß die einzelnen Motive leicht wiederholt werden können und sich durch mehrmaliges Sehen tiefer einprägen. Sie können auch im Schulgottesdienst aufgegriffen werden.
Leider wird diese Form in der Fastenzeit selten praktiziert, was auch mit dazu beiträgt, daß Ostern und seine Vorbereitungszeit nicht den Stellenwert von Advent und Weihnachten hat. MISEREOR hat dieser Lücke mit den alle zwei Jahre neu erscheinenden „Hungertüchern" entgegengewirkt. Sie können den Bilderzyklus auch in Form eines Hungertuches anfertigen.

Hinweis: Siehe auch Bilderzyklen zur Fastenzeit der Lesejahre B und C.

I. Grundmotiv: Das Labyrinth (von Chartres)

Unser Lebensweg gleicht einem Labyrinth mit seinen verschlungenen Wegen. (Die hervorgehobenen Gegenstände werden jeweils aufgeheftet, zum Teil aufgezeichnet.)
1. *Erster Fastensonntag:* Ein *roter Faden* am Eingang des Labyrinths: Lang und beschwerlich die Wege, auf denen Versuchungen nach Reichtum, Ehre und Macht (= Evangelium Mt 4,1-11) lauern. Wer hinter Jesus hergeht, hat in seinem Wort und Brot den roten Faden, der zur Mitte führt.
2. *Zweiter Fastensonntag:* Wer auf einen Berg steigt, überschaut mehr Wege.
Auf dem Berg Tabor (= Evangelium Mt 17,1-9) läßt Jesus die Jünger gleichsam durch ein *Teleskop* schauen, was sie am Ende erwartet.
3. *Dritter Fastensonntag:* Um auf dem Wege nicht zu „verdursten", brauchen

wir die klaren Wasser der Lehre Christi. Wir machen Rast, um aus seinem *Brunnen* (= Evangelium Joh 4,5-42) zu trinken.

4. *Vierter Fastensonntag: Blindenbinde.* Jesus muß auch unsere Blindheit heilen (= Evangelium Joh 9,1-41), damit wir auf dem Wege mehr mit dem Herzen sehen und ihn als den Herrn der Welt erkennen.

5. *Fünfter Fastensonntag:* Jesus kann auf dem Weg zur Mitte und zum Ziel des Lebens selbst die bittersten Tränen trocknen (ein *Taschentuch),* wenn uns ein lieber Mensch genommen wird (= Evangelium Joh 11,1-45).

6. *Palmsonntag:* Ein klassischer *Palmzweig,* der zur Rute entblättert wird, erinnert uns an die Vergänglichkeit allen Ruhmes: Die heute „Hosianna" rufen, schreien morgen „Kreuzige ihn!" (Evangelium und Leidensgeschichte; vgl. „Palmsonntag", Lesejahr A, Symbol 1).

7. *Karwoche mit Karfreitag:* Ein *Dornenstrauch* wächst aus der Mitte des Labyrinths: Vor dem Ostern im Leben stehen oft die Dornen des Leides.

8. *Ostern:* Der Dornenstrauch steht jetzt als *Rosenstrauch* voll in Blüte: Die Liebe Gottes ist uns in Jesu Tod und Auferstehung aufgeblüht, als er die Ungeheuer Tod und Teufel, die die Mitte besetzt hielten, besiegt hat.

(Das Labyrinth-Motiv: Siehe auch Lesejahre B und C.)

II. Grundmotiv: Eine Leiter

Von Stufe zu Stufe werden Symbole geheftet, die die einzelnen Sonntage wie im Brennglas einfangen.

1. *Erster Fastensonntag:* Ein *Achtung(!)-Verkehrsschild.* Erkenne die Gefahren, Versuchungen und Hindernisse. (Oder: Schlinge aus einem dicken Seil = Achtung, Fußangeln!)

2. *Zweiter Fastensonntag:* Ein *Fernglas.* Erhalte dir den Weitblick für dein Ziel. Es warten großartige Aussichten mit Seiner Zukunft!

3. *Dritter Fastensonntag:* Ein *Wasserkrug.* Erfrische dich in der Hektik, und stille den Durst der anderen nach Liebe und Gerechtigkeit. (Oder: ein Wasserkanister: Spür doch Erfrischung in deinem Dürsten!)

4. *Vierter Fastensonntag:* Eine *Heilsonne.* Laß dich von deiner Blindheit heilen, um für andere „Lichtblick" zu sein. (Oder: ein Scheinwerfer. Klare Sicht für dich und mich.)

5. *Fünfter Fastensonntag:* Ein *Grablicht.* Die Dunkelheit unserer Grenzen erhellt Jesus. (Oder: ein hölzernes Grabkreuz und ein rotes Licht: Der Tod ist nicht mehr Endstation.)

6. *Palmsonntag: Grüne Zweige, mit Bändern geschmückt:* Wir feiern unseren König.

7. *Ostern:* Eine riesige *Sonne* umfaßt den obersten Teil der Leiter. (Nach Gerhard Dane, Köln, und St. Pankratius, D-50129 Bergheim-Glessen.)

III. Grundmotiv: Sonne

Jesus, die „Sonne der Gerechtigkeit" (= GL 644), befreit uns von ... Die große Sonne wird zunächst von einer gleich großen Scheibe zugedeckt, die in fünf Kreissegmente eingeteilt ist und einzeln von der Sonne weggenommen werden können. Auf den Segmenten, die die Sonne verdunkeln, stehen Begriffe oder sind Handlungen gezeichnet, die uns von Gott oder Menschen trennen können. Sonne und Scheibe sind hinter einem Kreuz angebracht. Das herabgenommene Segment wird anschließend an einen der Nägel gehängt, die an der Stelle der Wundmale Jesu ins Kreuz geschlagen sind.

Evangelium	Jesus befreit uns von ...	Darstellung auf dem Kreissegment
1. Versuchung Jesu	materiellen Abhängig-keiten	satter – hungriger Mensch
2. Verklärung Jesu	der Gottesferne	Ich-Mensch – Du-Mensch
3. Am Jakobsbrunnen	der Einsamkeit	einsamer Mensch – Mensch im Kreis
4. Blindenheilung	Krankheiten	Blindenbinde – ein Auge in einem Herzen
5. Auferweckung des Lazarus	dem Tod	Sarg – vom Grab weggewälzter Stein

6. Palmsonntag: Die Sonne ist zwar schon freigelegt, aber ein oder zwei überkreuzte Palmzweige verdecken sie noch.
7. Ostern: Die Sonne „geht auf" – vielleicht noch mit Strahlen versehen.

(Nach Familienmeßkreis, 50129 Bergheim-Glessen, mit Pfr. P. Schmedding.)

IV. Grundmotiv: Weg

Der Weg schlängelt sich einen Berg hoch. Auf dem Gipfel die drei Kreuze. Daneben das Felsengrab.

1. *Erster Fastensonntag: Ein Wegweiser:* Folge Jesus, der über die Versuchungen siegte!
2. *Zweiter Fastensonntag: Eine Bibel:* „Auf ihn sollt ihr hören!"
3. *Dritter Fastensonntag: Ein Quell:* Jesus führt uns zum klaren Quell des Lebens (= Wahrheit).
4. *Vierter Fastensonntag: Eine Fackel:* Jesus öffnet uns die Augen für sein Licht in allen Dunkelheiten des Lebens.
5. *Fünfter Fastensonntag: Ein Palmschößling,* der aus einer Kokosnuß wächst: Jesus, der Herr über Leben und Tod, verspricht auch uns ewiges Leben. (Vgl. Symbol 1 unter „5. Fastensonntag" in diesem Buch.)
6. *Palmsonntag:* Ein großes *I N R I* über dem Kreuz: Jesus, unser König.
7. *Ostern:* Das Grab ist offen. *Eine Sonne* steht dahinter: Christus lebt.

V. Grundmotiv: Ein Lattenzaun

Der Zaun aus sechs Latten steht als Symbol für das, was uns von Gott und den Menschen trennen kann. (Dieser Vorschlag berücksichtigt nicht die Evangelien vom Lesejahr A.) Auf den Latten stehen negative Begriffe wie: bequem, stur, unbeherrscht, lieblos ... oder Vorurteile, Unversöhnlichkeit, Gleichgültigkeit ... Sonntag für Sonntag wird eine Latte herausgerissen. Übrig bleibt schließlich eine Latte und die Querlatte, die zum Quer- und Längsbalken eines Kreuzes werden, das zu Ostern als Zeichen der Erlösung mit Blumen geschmückt wird.

Ähnlich: Eine Brücke bauen. Auf jedem der sechs Pfeiler steht ein Begriff.

VI. Grundmotiv: Menschen begegnen Jesus auf seinem Kreuzweg

An den fünf Fastensonntagen wird jeweils eine Kreuzwegstation besprochen:
1. Sonntag: 1. Station (Jesus vor Pilatus);
2. Sonntag: 4. Station (Jesus begegnet seiner Mutter);
3. Sonntag: 5. Station (Simon von Cyrene hilft);
4. Sonntag: 6. Station (Veronika reicht das Schweißtuch);
5. Sonntag: 12. Station (Maria und Johannes unter dem Kreuz).

Die Kinder erhalten jeweils Bilder zum Ausmalen, die sie zu einem Kreuz zusammenkleben. (Ausführlicher und Kopiervorlagen siehe „Behnke 1", S. 84-90.)

Weitere ausgeführte und abgebildete Bilderzyklen zur Fastenzeit finden Sie in meinem Buch „Anschauliche Predigten", S. 95-99, 102-106, 109f, 113-117; ebenso drei in meinem vergriffenen Buch „Wir freuen uns auf die Predigt", S. 71ff, die Sie bei mir bestellen können.

Aschermittwoch
Masken ablegen!

Evangelium: Mt 6,1-6.16-18: Nicht zur Schau stellen. / Die Linke soll nicht wissen, was die Rechte tut. / Nicht wie Heuchler. / In der Kammer beten. / Der Vater sieht ins Verborgene.
(*L 1:* Joël 2,12-18: Zerreißt eure Kleider, nicht eure Herzen; *L 2:* 2 Kor 5, 20-6,2: Versöhnt euch mit Gott.)

Vorüberlegung: Jesus bittet uns heute, alle Masken abzulegen, auch die frommen. Ganz echt und ganz ehrlich soll sich in diesen vierzig Tagen unsere Verbindung mit Gott erneuern lassen: durch Fasten (= leer werden für Gott), durch Beten (= Vertrauen zu Gott) und durch Almosengeben (= Teilen – Handeln wie Gott). Das Kreuz mit Asche ist ein Zeichen unserer Vergänglichkeit und gleichzeitig ein Zeichen der Hoffnung auf neues Leben.

Hinweis: Siehe auch „Aschermittwoch" der Lesejahre B und C.

Symbolpredigten
1. Absage an die falschen Götter. Kinder treten mit verschiedenen Masken auf, die sie vor ihr Gesicht halten (oder große Tüten mit Seh- und Sprechschlitzen): Ich bin der *Fernsehgötze:* Mich beten viele an ... Ich bin der *Angeber-Götze:* Ich lasse mich als Superstar verehren ... Ich bin der *Götze der Faust:* Ich lasse mir nichts gefallen ... So ähnlich auch der Rauchwaren-Götze, der Süßigkeits-Götze, der Böse-Wörter-Götze usw., je nach Alter. Die Masken werden verbrannt als Zeichen unserer Absage, und mit ihrer Asche wird das Bußkreuz erteilt. Um das Zeichen positiv zu setzen, können Schüler Vorsätze auf Zettel schreiben und sie nach Erhalt des Aschenkreuzes auf den Altar legen.
(Ausführliche Gottesdienste dazu in „KiBö" 88-4, S. 10-12; in „KiJu" Febr. 88: „Absage an die falschen Götter", in „PuK" 2/87, S. 181-184.)
2. Neues Leben aus Asche und Staub. Jeder erhält eine *Tulpenzwiebel* zum Einpflanzen, um sie am Ende der Fastenzeit, zum Osterfest, wieder mitzubringen: Wenn wir einmal in die Erde gelegt werden – und die Asche soll uns heute daran erinnern –, dann ist nicht alles zu Ende. Mitten in der Vorahnung des Todes dürfen wir voller Sehnsucht auf den Tag schauen, an dem wir vollendet werden.

Kurzgeschichten
1. Aus der Asche kann neues Leben entstehen: Der Phönix, Bd. 1, Nr. 58;
2. Was bleibt am Ende? Auch eine Kaiserin kommt nur durch die letzte Pforte, wenn sie eingesteht, ein sündiger Mensch gewesen zu sein: Bd. 4, Nr. 214;
3. Es gibt einen sicheren Weg ins Paradies, aber für den muß man sehr „sportlich" sein: „Geschichten als Predigten", S. 46-48.

Spiel
Pantomime für Jugendliche: Die Masken ablegen, mit denen wir oft hartherzig die Mitmenschen beurteilen. Gezeigt an der Bibelstelle: Jesus und die Sünderin: „77", Nr. 33.

1. Fastensonntag
Versuchungen in der Wüste des Lebens

Evangelium: Mt 4,1-11: Jesus behauptet sich in den drei Versuchungen.
(*L 1:* Gen 2,7-9; 3,1-7: Erschaffung und Sünde der Stammeltern; *L 2:* Röm 5,12-19: Gegen den Ungehorsam der Stammeltern setzt Jesus seine Hingabe an Gottes Willen.)

Vorüberlegung: Auch heute bedrohen uns die Versuchungen: „Genuß sofort", „Größenwahnsinn" und „Machtrausch". Jesus, der Gottessohn, entscheidet sich, ganz Mensch zu sein: Nicht vom Brot allein will er leben, nicht Macht und göttliche Ehre an sich reißen. Er nimmt seine menschlichen Grenzen an.

Hinweis: Siehe auch „1. Fastensonntag" der Lesejahre B und C.

Symbolpredigten
1. Zum Kern vorstoßen. Für jeden eine *Walnuß.* Wenn wir den drei Versuchungen (siehe Vorüberlegung) nachgeben, gelangen wir nur bis zur Schale. Wir stellen in unserer Umgebung ja schon fest, wie übergroßer Reichtum zum Fluch werden kann. Es gilt aber, zum Kern (= Gott, Mitmenschen, zum Ich-Selbst) vorzudringen.
2. Vom „Erfolg" des Fastens und Betens. Ein *schmutziges Körbchen* wird bei den Ausführungen öfter in einen Eimer mit Wasser getaucht: Schließlich ist das Körbchen (= unser Inneres) sauberer geworden: Jedes gute Buch, jeder positive Gedanke, jede Begegnung mit der Stille oder dem Gebet prägt und „reinigt" uns. (Vgl. „Kurzg. 4", Nr. 108.)
3. Leuchtkraft wiedergewinnen. Eine *Taschenlampe* brennt nicht mehr, weil die Batterien leer sind: In der Stille, im Gebet, im Verzicht ... kann ich sie wieder „aufladen".
4. Gewissensbildung. Ein *Kompaß* läßt uns den Weg auch in Nebel und Dunkelheit sicher finden. In der „Wüste", in Stunden der Stille und der Besinnung, gelingt es mir, die Stimme Gottes und unsere innere Stimme des Gewissens wieder deutlicher zu vernehmen.
5. Der Mensch braucht mehr. Eine *in Brot gebackene Bibel,* zu der die Kurzgeschichte Nr. 76 aus Bd. 4 erzählt wird, stellt anschaulich dar: „Der Mensch lebt nicht nur vom Brot, sondern von jedem Wort, das aus dem Munde Gottes kommt" (Mt 4,4). Zu diesem Wort Gottes hat er uns auch noch sein Brot des Himmels geschenkt, damit wir auf dem Weg durch die Wüste des Lebens nicht den Versuchungen erliegen.

6. Versuchung durch die Macht des Geldes. Einen *Tausendmarkschein* erzählen lassen: von Unrecht und Raffgier, aber auch von Gerechtigkeit und vom Loslassen-Können ...

Kurzgeschichten
A: Versuchungen
1. Das „Urgewissen" ist oft von Gleichgültigkeit und Bequemlichkeit überwuchert: Bd. 3, Nr. 83 (ähnlich Bd. 1, Nr. 247);
2. Eine kleine Isolierschicht, ein Fünfmarkschein, verhindert das Leuchten der Taschenlampe, auch wenn die Batterien gefüllt sind: Bd. 4, Nr. 81;
3. Nur „ein bißchen Silber" auf der Fensterscheibe, und schon sieht man nur noch sich selber: Bd. 1, Nr. 133;
4. Das Zerstörerische (Bd. 1: Nr. 149, 191, 250; Bd. 3: Nr. 6, 131, 142, 198, 199) und Heilende des Geldes (Bd. 1: Nr. 18, 192; Bd. 2: Nr. 112, 115; Bd. 3: Nr. 225, 241);
5. Das Erleben der Versuchung: Bd. 4, Nr. 44;
6. Die Schlafkrankheit der Seele: Bd. 4, Nr. 45;
7. Den lebensrettenden Weg finden: Bd. 4, Nr. 47.

B: Die Suche der Stille
1. Das Wesentliche der Religion: Bd. 4, Nr. 46;
2. Die Erfahrung der Stille: Man sieht sich selber: Bd. 2, Nr. 48;
3. Zwei Minuten Stille in einer Live-Sendung: Bd. 2, Nr. 50;
4. Das Fasten des Holzschnitzers: Bd. 2, Nr. 51;
5. Sich Zeit lassen: Bd. 1, Nr. 224;
6. Der Fischer am Strand: Bd. 1, Nr. 222.
(Siehe auch Symbol Nr. 5: Die eingebackene Bibel.)

Spiele
1. Zum Thema „Gewissen": Zwei Stimmen reden auf uns ein: „Spiele 1", S. 83f;
2. Zum Thema „Versuchungen": „KiBö" 89-4, S. 13f.

2. Fastensonntag
Die Verklärung Jesu

Evangelium: Mt 17,1-9: Die Verklärung Jesu. / Sein Gesicht leuchtete wie die Sonne.
(*L 1:* Gen 12,1-4a: Gott beruft Abraham; *L 2:* 2 Tim 1,8b-10: Gott hat dem Tod die Macht genommen.)

Vorüberlegung: Die Lichtwolke bestätigt Jesus als Sohn Gottes. Die Jünger erhalten einen „Vorgeschmack" des Himmels, der nach Leid und Tod beginnt.

Hinweis: Siehe auch „2. Fastensonntag" der Lesejahre B und C.

Symbolpredigten

1. **Mit Weitblick.** Mit einem *Fernglas* sehen wir deutlicher, was noch entfernt vor uns liegt. Jesus läßt in seiner Verklärung die Jünger „über den Horizont hinausschauen". (Vgl. „Kurzg. 2", Nr. 4.)
2. **Gott ist da.** Ein großer gezeichneter *Berg*, auf den – hinter einer *Wolke* hervor – *Licht*strahlen fallen. In dieser dreifachen Aussage wird überdeutlich gesagt: „Jesus ist Gottes Sohn. Ihm könnt ihr vertrauen!" Berg (= Gegenwart Gottes wegen seiner Unnahbarkeit, Größe und Majestät), Wolke (= Anwesenheit Gottes, wenn sie über der Bundeslade stand) und Licht (= Nähe Gottes im brennenden Dornbusch, Feuerflammen am Pfingsttag). (Vgl. auch „PuK" 2/75, S. 237.)
3. **Dein Reich komme.** Ein *großer Reißverschluß,* halb geöffnet, kann sehr gut im „Läufer" zeigen, wie zwei Welten (= Erde und Himmel) miteinander zu verbinden sind. Heute schauten die Jünger, was sich am Ende der Tage alles vollendet. (Vgl. „Anschauliche", S. 67-69.)

Kurzgeschichten

1. Wir sollen die Welt wie der Taumelkäfer mit seinen vier Augen gleichzeitig ansehen: den Grund des Tümpels nach Nahrung absuchen, aber zugleich auch den Himmel im Auge behalten: Bd. 1, Nr. 174;
2. Wenn wir „an Höhe gewinnen", können wir viel mehr Wege überblicken: Bd. 2, Nr. 151;
3. Siehe oben: Symbol 1.

Spiele

1. Das Evangelium mit Tüchern legen: Siehe „KiBö" 81, S. 10f;
2. Kerzenspiel zum Evangelium, bei dem die Jünger kopfschüttelnd weggehen: „KiBö" 89-4, S. 14.

Bilder

1. Verklärung Christi: Postkarte Nr. 5518 (Evangeliar Ottos III.) im Kunstverlag, D-56653 Maria Laach.
2. Der Holzschnitt „In Erwartung" von Walter Habdank, an sich für die Adventszeit gedacht, hat auch hier seinen Platz, zumal das Fernglas (siehe Symbol 1) darin eine Rolle spielt: Walter Habdank, Bilder der Hoffnung, 24 Holzschnitte zur Bibel, Bd. 1, Kösel-Verlag, München 1980, S. 112-116.
3. Wegen der Lichtstrahlung sind für dieses Evangelium Folien und Dias besonders geeignet, vor allem, wenn dabei das Licht von hinten kommt, die Quelle also unsichtbar ist wie bei einer transparenten Leinwand.

Weitere Anregungen

1. Es gibt Stunden im Leben eines Menschen, die besonders wichtig sind: „Sternstunden" (der Menschheit) – so der heutige Evangelienbericht im Leben der Jünger (ausführlicher „PuK" 2/78, S. 213).

2. Das Hemd des Glücklichen (vgl. „Kurzg. 1", Nr. 192): Dauerndes Glück kann man nicht wie ein Hemd überziehen, es muß auf dem Weg von Tabor nach Golgota erkämpft und erlitten werden. (Ausführlicher „PuK" 2/81, S. 193ff.)

3. Fastensonntag
Das Gespräch am Jakobsbrunnen

Evangelium: Joh 4,5-42 (Kurzfassung möglich): Das Wasser des Retters der Welt schenkt ewiges Leben.
(*L 1:* Ex 17,3-7: Gib uns Wasser aus dem Felsen; *L 2:* Röm 5,1-2.5-8: Die Liebe ist in unsere Herzen ausgegossen.)

Vorüberlegung: Gott selbst ist die Quelle und der Ursprung all dessen, was lebt; er ist auch die Kraft der Erneuerung für eine Welt, die „staubig und müde" geworden ist; besonders in der Taufe.

Symbolpredigten
1. Eine Pfahlwurzel zum „lebendigen Wasser" entwickeln. Ein kleiner *Ginsterzweig* für jeden. Der Ginsterstrauch, den es auch häufig in der Wüste gibt, kann seine Pfahl-wurzel bis in 5 m Tiefe ausstrecken. Er kann in einer Dürrezeit bis zu 95% seiner Nadelblätter verlieren, ohne ganz abzusterben. Wir stecken den Ginsterzweig für einige Zeit zum Palmzweig hinter das Kreuz, um uns an die Kraft des Wassers zu erinnern. (Ausführlicher in „99", Nr. 21; „177", Nr. 27; eine ausformulierte Bußfeier in „2 x 11", Nr. 4.)
2. Wie ein Brunnen sein. Eine gemalte *Brunnenschale* (oder Postkarte Nr. 243545, Fotokunst Groh, D-82237 Wörthsee) wird von einem Zulauf beschenkt (= von Gott und Menschen), darf dieses Wasser in sich speichern, um es dann weiterzugeben an alle, die trinken möchten. Nur so hält das Nehmen und Geben, das Geben und Nehmen die Welt lebendig und gesund. (Ausführlicher in „177", Nr. 62; dazu eine Bußfeier in „3 x 7", Nr. 16.)
3. Ähnlich wie unter 2. zeigt auch der *römische Brunnen* (siehe Grafik oben), daß wir letztlich das „Wasser", das Wichtigste im Leben, geschenkt bekommen, um es dann weiterzugeben:
   „Auf steigt der Strahl, und fallend gießt er voll der Marmorschale Rund,
   die, sich verschleiernd, überfließt in einer zweiten Schale Grund.
   Die zweite gibt, sie wird zu reich, der dritten wallend ihre Flut,

und jede nimmt und gibt zugleich und strömt und ruht."
(Conrad Ferdinand Meyer)

4. Lebendiges Wasser. Ein *römischer Brunnen*, wie er manchmal in Miniatur in Haushalten zu finden ist, steht im Altarraum: Das Wasser plätschert hörbar von Schale zu Schale. Kinder kommen nach der Meditation nach vorne und netzen Stirne oder/und Augen oder/und Mund mit Wasser. (Zur Gabenbereitung: In jeder Meßfeier mischen wir von unserem menschlichen Dasein einen Wassertropfen in Gottes Wein.) *Oder* Erfahrungen mit *Wasser*: Kinder trinken bedächtig ein Glas Wasser, oder aus einer Taufkanne wird hörbar (Mikrophon!) Wasser in eine Schale gegossen. (Gerhard Dane, Köln.)

5. Vom lebendigen Wasser. Aus der *Seitenwunde eines großen Kruzifixes „fließen" sieben Papierbahnen*, die jeweils mit einem Namen und/oder Symbol der sieben Sakramente bezeichnet sind. Jesus starb, um sich hinzugeben, damit wir in den Sakramenten „Wasser" (= Kraft) schöpfen können für ein lebendiges Christsein. (Bitte mit Fingerspitzengefühl gestalten, damit es nicht „platt" wirkt!)

6. Der lebendige Keim in uns stirbt nie ab. Die *„Auferstehungsblume"* (in großen Gärtnereien erhältlich), fälschlicherweise auch „Rose von Jericho" genannt, kann jahrtausendelang trocken liegen (man fand sie bereits als Beigabe in Pharaonengräbern); übergießt man sie dann mit Wasser, entfaltet sie sich schnell zu einer grünen Pflanze. So hinterläßt auch der Wasserguß beim Täufling ein unauslöschliches Merkmal: Wenn vielleicht dieses Kind jahrelang kein „Wasserguß des Glaubens" mehr erreicht, so kann der lebendige Keim in ihm nicht absterben. – Staunen über die Kraft des lebendigen Wassers, das Jesus uns schenken will! (Ausführlich in „122", Nr. 81; vgl. auch „Geschichten zur Taufe", S. 20.)

7. Mich dürstet! Ein echter *Schwamm* ist auf dem Meeresgrund gewachsen und dürstet ständig nach seinem Element, dem Wasser. Auch wir kommen aus dem Wasser und leben im Wasser (= in Gott; siehe „Kurzg. 1", Nr. 95) und tragen die Sehnsucht nach diesem Wasser in uns (dazu eine ausformulierte Bußfeier in „3 x 7", Nr. 4).

Kurzgeschichten

1. Der moderne Mensch steht in Gefahr, das „lebendige Wasser" für eine Fata Morgana zu halten: Bd. 1, Nr. 73;

2. Hunger und Durst nach Gott haben: Bd. 3, Nr. 90;

3. Staunen über das Wasser, das nicht aufhört zu fließen: Bd. 2, Nr. 196;

4. Die Wurzeln bis zu verborgenen Wasseradern treiben: Bd. 1, Nr. 42;

5. Märchen vom Wasser des Lebens: Siehe „Geschichten zur Taufe", S. 17-19 (nach H. Halbfas);

6. Gleichnis vom Wasser des Lebens, das überall Leben schafft, wohin es kommt: Bd. 4, Nr. 190.

Bilder

1. Jesus und die Samariterin am Jakobsbrunnen: Postkarte Nr. 5508 (Egbert-Kodex), Kunstverlag, D-56653 Maria Laach.
2. Holzschnitt von Thomas Zacharias „Aussendung des Geistes": Wohin das Wasser kommt, verändert es die Landschaft. Als Dia Nr. 23 in Th. Zacharias, Farbholzschnitte zur Bibel, Kösel-Verlag, München 1974.
3. In Gott münden wie ein Fluß ins Meer: Postkarte Nr. 23095150 bei Fotokunst Groh, D-82237 Wörthsee (Interpretation sieh „177", Nr. 158).
4. Siehe oben Symbol 2: Brunnenschale.

Weitere Anregung

Ein Deutungsgespräch des Evangeliums in „KiBö" 89-4, S. 16; eine Taufe.

4. Fastensonntag

Die Heilung eines Blinden und der Streit der Juden

Evangelium: Joh 9,1-41 (Kurzfassung möglich): Heilung des Blinden am Sabbat. / Ich bin das Licht der Welt. / Jesus ging ganz nahe. / Ich glaube, Herr! / Blinde werden sehend.
(*L 1:* 1 Sam 16,1b.6-7.10-13b: David wird zum König gesalbt; *L 2:* Eph 5,8-14: Christus, das Licht derer, die aufstehen.)

Vorüberlegung: Die Heilung des Blinden ist gleichnishaft, denn Jesus will allen Menschen die Augen öffnen. Geheilt sind wir erst, wenn wir Jesus als das wahre Licht der Welt erkennen.

Hinweis: Siehe auch die Heilung eines Blinden: 30. Sonntag i.J., Lesejahr B.

Symbolpredigten

1. Die innere Blindheit. Ein *Blindenstock oder* eine *Blindenbinde* weist uns auf eine der schlimmsten Behinderungen hin. Überlegt einmal: Nichts mehr sehen können!
   (Jetzt werden einigen Kindern die Augen verbunden; zunächst gehen sie alleine durch den Altarraum, dann von „guten Händen" geleitet.)
   Und doch ist die innere Blindheit noch schlimmer, z. B. blind sein dafür, daß ich letztlich alles geschenkt bekomme, daß Geld und Macht nicht die Hauptsache sind, daß es einen Sinn im Leben gibt. Der Mann im Evangelium kommt zum doppelten Sehen: zum äußerlichen und zum innerlichen, nämlich an Jesus zu glauben.
2. Ganz nahe gehen. Ein *postkartengroßes Blatt mit Blindenschrift* (z. B. über Blindenschriftdruckerei, Andreasstr. 20, D-33098 Paderborn, erhältlich) für jeden (oder eine übergroße Lupe). Um die Punkte der Schrift zu spüren, müssen wir mit unseren Fingerkuppen ganz dicht über das Blatt hinweggehen und Fingerspitzengefühl entwickeln. So wie kleine Kinder

auch ganz nahe gehen, um sich eine Blume oder einen Käfer anzusehen. Jesus ging an den Blinden auch ganz nahe heran, so nahe, daß wir sagen möchten: „Baah, mit Spucke über die Augen streichen!" Das finden wir ekelhaft, aber nur bei Fremden schreckt uns Speichel. (Jesus will dem Blinden ganz vertraut und nahe sein: Von innen her teilt er sich mit.) Die Antwort des Blinden: Der Geheilte wirft sich vor Jesus auf die Erde und sagt: „Ich glaube!" Diese beiden Haltungen lassen auch uns sehender werden: Ganz nahe gehen und uns „bücken" – vor Gott und den anderen (vgl. „Kurzg. 1", Nr. 82). (Ausführlicher in „122", Nr. 20.)

3. Mit dem Herzen sehen. *Ein Auge in einem Herzen* macht erst richtig sehend. (Ausführlicher „Behnke 1", S. 97f: vgl. dazu „Kurzg. 1", Nr. 122: Man sieht nur mit dem Herzen gut.)

Kurzgeschichten

1. Langsam sehend werden und Gott in den Gesichtern der Menschen erkennen: Bd. 1, Nr. 110;
2. Blindenheilung: Bd. 2, Nr. 27;
3. Die Augen waschen und wieder neu sehen können: Bd. 3, Nr. 58;
4. Der rettende Blick, der mich erkennen läßt, daß es andere noch schwerer haben: Bd. 1, Nr. 46 (Die Kreuzschau) und Bd. 3, Nr. 240 (Das Zauber-Senfkorn);
5. Ganz nahe gehen – beim aidskranken Mädchen: Bd. 4, Nr. 218;
6. Das Hinübergehen in einen anderen Raum, in dem wir sehen können (Die blinde Helen Keller): Bd. 4, Nr. 219;
7. Der Blinde, der nie den Versuch machte, der Zelle zu entkommen: „Stendebach 1", S. 69f;
8. Noch staunen können (= nicht blind sein für die Herrlichkeiten in der Welt): Bd. 2, Nr. 196;
9. Blinder und Lahmer helfen einander: Bd. 1, Nr. 217;
10. Siehe oben Symbole 2 und 3.

Spiele

1. Zum Evangelium in „KiBö" 81, S. 15f und „KiBö" 89-4, S. 16-18 und „Spendel 1", S. 106-108;
2. „Spiegelprozession" der Blinden, die nur sich selbst sehen: „Spiele 2", S. 56f *oder* Wilhelm Willms, Aus der Luft gegriffen, Butzon & Bercker, Kevelaer, S. 27;
3. Sehen und doch nicht sehen: Unterlassene Hilfeleistung: „Spiele 2", S. 51ff;
4. Kinder mit Zetteln auf ihren Augen: „Schnegg 2", S. 43ff;
5. Einige der angegebenen Kurzgeschichten sind spielbar.

Bilder

1. „Die Blindenheilung" von Beate Heinen 1989 (siehe Abbildung) zeigt sehr schön in der Gestalt Jesu die „Sonne", die sich auch in den Augen des Blinden spiegelt, den Jesus heilt: Postkarte Nr. 5462 im Kunstverlag, D-56653 Maria Laach.
2. „Blindenheilung" als Holzschnitt (schwarzweiß) von Walter Habdank in „Bilder der Hoffnung", hg. von Paul Neuenzeit, Kösel-Verlag, München 1980, zu beziehen als Wandbild, Dia und Handbild.
3. Postkarte SK 218, Sieger Köder, Frau am Jakobsbrunnen: Die Samariterin sieht auf dem Grund des Brunnens das Antlitz Jesu neben dem ihrigen. Schwaben-Verlag, D-73760 Ostfildern.

Weitere Anregungen

1. Das Evangelium kann auch unverkürzt für Kinder spannend sein, wenn es entsprechend gelesen wird, etwa mit verteilten Rollen oder gleichzeitiger pantomimischer Darstellung.
2. Der „klassische" Text von Wilhelm Willms: Als Jesus ganz nahe ging ... in seinem Buch „der geerdete himmel", Butzon & Bercker, Kevelaer 1974, Nr. 5.5.
3. Achte auf den Sabbat: Textverfremdung durch „Roos", S. 121.

5. Fastensonntag
Die Auferweckung des Lazarus

Evangelium: Joh 11,1-45 (Kurzfassung möglich): Auferweckung des Lazarus. / Die Grabhöhle war mit einem Stein verschlossen. / Die Binden wurden gelöst.
(*L 1:* Ez 37,12b-14: Ihr werdet lebendig; *L 2:* Röm 8,8-11: Der Geist dessen, der Jesus von den Toten auferweckt hat, wohnt in euch.)

Vorüberlegung: Diese Auferweckung ist das letzte und größte der sieben „Zeichen" Jesu, die Johannes berichtet. Schon jetzt gibt es Auferstehung und ewiges Leben für den, der an Jesus Christus glaubt.

Hinweis: Siehe auch Heilung der Tochter des Jairus: 13. Sonntag i.J., Lesejahr B, und Auferweckung des jungen Mannes von Nain: 10. Sonntag i.J., Lesejahr C.

Symbolpredigten

1. Das Zeichen des Sieges über den Tod. Eine *Kokosnuß* oder ein *Palmzweig*. Gott gibt uns viele Nüsse zu knacken, die größte ist der Tod. Für die Menschen früher war die Kokosnuß die härteste Nuß (obwohl eigentlich eine Steinfrucht), aus der eine Palme wächst. Auf uralten Grabmälern, auch auf vorchristlichen, wird der Palmzweig als Zeichen des Sieges den Verstorbenen (und den Märtyrern) in die Hände gelegt: Du hast für deinen guten Lebenskampf ewiges Leben verdient. Interessant, daß am nächsten Sonntag, dem Palmsonntag, die Menschen mit Palmzweigen in den Händen Jesus empfangen: Christus hat uns die harte Schale des Todes aufgebrochen. (Vgl. „99", Nr. 94.)

2. „Löst die Binden!" Eine Person sitzt mit hängendem Kopf und an Händen und Füßen mit Binden (= Fäden oder Kordeln) gehalten wie eine *Marionette*. Wir hängen im Leben an vielen Fäden: Am Leistungsfaden, am Trend-Faden, am Wohlstandsfaden ..., am schlimmsten ist der Schicksalsfaden, der uns zuletzt den Tod bereithält. Wer sich an Jesu Worte und Taten hält, wird befreit (= Fäden durchschneiden). (Ausführlicher in „122", Nr. 26.)
   Oder: Wir stellen einen „Lazarus" an den Ambo, der an Händen und Füßen gebunden, zugewickelt, „tot" ist. Wir überlegen, was uns lähmt, behindert, bindet und manchmal „tot" sein läßt. Das „Lazarus, komm heraus!" wird dann auf jeden von uns gedeutet: „N.N., komm heraus!" (Gerhard Dane, Köln.)

3. Das weiße Tuch. *Ein weißes Tuch* – eventuell für jeden. Wir meditieren, wo es uns im Neuen Testament begegnet. Heute im Evangelium als damalige Begräbnissitte, die vorsah, Hände und Füße mit Binden zu umwickeln und das Gesicht in ein Schweißtuch zu hüllen (Joh 11,44; ähnlich bei Jesus: Joh 19,40). Wir begegnen ihm im weißen Leibrock Jesu, den sie ihm vom Leib rissen (Joh 19,23). Es weist hin auf die mutige Veronika, die mit ihrem Schweißtuch Jesus Erleichterung brachte (christliche Tradition in der sechsten Kreuzwegstation). Es erinnert an das Leinentuch, mit dem Jesus seinen Jüngern die Füße abtrocknete (Joh 13,4f); Blinde tragen es über ihren Augen; der Mann ohne das hochzeitliche Gewand wurde in die äußerste Finsternis geworfen (Mt 22,13). Die wichtigste Stelle steht bei Johannes 19,3-8: Sie sahen und glaubten, daß Christus auferstanden war, als sie im Grab die Leinenbinden und das Schweißtuch Jesu fanden. Hier schließt sich der Kreis zum auferstandenen Lazarus, in dem wir erkennen können, was auf uns wartet. (Ausführlicher in „122", Nr. 31[3].)

4. Der *Stein* vom Grab wurde weggewälzt: Vom Stein vor Lazarus' Grab bis zum Stein vor dem Grabe Jesu: Siehe Ostern, Lesejahr A, Symbol 3.

5. Jesus weinte. *Ein Päckchen Papiertaschentücher* eventuell für jeden. Jesus verdrängte seine Tränen nicht. Schenk auch uns, besonders den Jungen

und Männern, die Gabe der Tränen! – Jesus zeigt anschließend an Lazarus, daß Gott die Tränen der Menschen trocknen will; in der Auferstehung seines Sohnes machte er es jedem kund. – Auch wir sollen Taschentücher bereithalten, um als verlängerte Arme Gottes durch unseren Beistand und unser mitfühlendes Wort die Tränen anderer zu trocknen und so die Botschaft Jesu weiterzugeben: „Weine nicht!" (Lk 7,13).

Kurzgeschichten
1. Seit Christi Auferstehung ist der Tod ein Engel mit einem Schlüssel: Bd. 1, Nr. 240;
2. So vertrauend, wie der Blinde auf den zurückkehrenden Helfer wartet, so können wir dem Ende des Lebens entgegensehen, weil dann die große Zukunft beginnt: Bd. 2, Nr. 5;
3. Märchen der Brüder Grimm vom „Gevatter Tod", verkürzt in „PuK" 3/81, S. 267f: Egal, wie groß mein Lebenslicht noch ist, in der Osterkerze ist uns ein neues Lebenslicht angezündet, das niemals erlöscht.

Bilder
1. Postkarte Nr. 4997 (Speyerer Evangeliar Heinrich III.) zeigt in drei Bildfolgen die Auferweckung des Lazarus, Kunstverlag, D-56653 Maria Laach.
2. Postkarte 2309584 im Groh-Verlag, D-82237 Wörthsee: Der Auferstehungssonne entgegen: Siehe „177", Nr. 165.

Palmsonntag
Einzug Jesu in Jerusalem und Leidensgeschichte

Einzug: Evangelium: Mt 21,1-11: Der König kommt auf einer Eselin. / Sie breiteten die Kleider aus. / Hosanna dem Sohne Davids.
In der Messe: Evangelium: Mt 26,14-27,66 (Kurzfassung möglich): Leidensgeschichte.
(*L 1:* Jes 50,4-7: Drittes Lied vom Gottesknecht; *L 2:* Phil 2,6-11: Weil sich Jesus erniedrigte, erhöhte ihn Gott über alles.)

Vorüberlegung: Das Evangelium dieser Messe erhielt am frühesten eine feste Gestalt. - Die Schriften der Propheten erfüllen sich an Jesus. Die Ereignisse beim Tod weisen auf die einmalige und umstürzende Macht dieses Todes hin.

Hinweis: Siehe auch „Palmsonntag" der Lesejahre B und C.

Symbolpredigten
1. Vom Palmzweig zur Rute. Während der Pr langsam einen großen

klassischen *Palmzweig* zerrupft, erzählt er die Leidensgeschichte vom „Hosianna" bis zur Stelle, die von der Geißelung und Kreuzigung Jesu durch die Soldaten berichtet. Dieser Abfolge vom „Hosianna" bis zum „Kreuzige ihn!" können wir oft genug in unserem Leben begegnen. In einer solchen Erfahrung komme ich Jesus ganz nahe und kann mir von ihm die Kraft geben lassen, Schweres auszuhalten. (Ausführlicher in „99", Nr. 24.)

2. Gleichnis eines Dornenzweiges. Für jeden einen 20 cm langen *Dornenzweig*, wie er am Ende des Winters vom Rosenstock geschnitten wird. Dieses Symbol der Verfluchung der Erde (Gen 3,17-19a) und der Gegenwart Gottes (Ex 3,1b-5a = der brennende Dornbusch) trägt Jesus in der Dornenkrone auf seinem Haupt: Damit hat er alle Maßstäbe dieser Erde umgekehrt. In Christus werden auch unsere Dornen-Erfahrungen erlöst.
Wir legen aus unseren Dornenzweigen eine große Dornenkrone im Altarraum. (Ausführlicher in „177", Nr. 43; dazu eine ausformulierte Bußfeier in „3 x 7", Nr. 2.)

3. Predigt mit einem *Palmzweig* oder einer Kokosnuß. Siehe in diesem Buch: 5. Fastensonntag, Symbol 1.

4. Durch Leid zum Heil. Eine *Perle,* eventuell für jeden: Siehe in diesem Buch: 17. Sonntag i. J., Symbol 1.

Kurzgeschichten
zum Thema: Durch Leid zum Heil:
1. Der Stein in der Palmkrone: Bd. 1, Nr. 42;
2. Aus vordergründigem Unglück wird Glück: Bd. 1, Nr. 77, und Bd. 3, Nr. 182;
3. Die Geschichte vom Bambus, der zerschlagen zum Segen wird: Bd. 1, Nr. 49;
4. Trotz Unglück an Gott nicht irre werden: Bd. 4, Nr. 109.

Spiele
1. Kinderpassion: a) „Spiele 1", S. 100-102; b) „Wir freuen uns auf die Predigt", S. 37-49: Weil vergriffen, senden wir es auf Anfrage zu. Adresse siehe Seite 12.
2. Die Karwoche mit Tüchern legen: „KiBö" 89-4, S. 28.

Bilder
1. Die Postkarte Nr. 7669 im Buch-Kunstverlag, D-82488 Ettal, zeigt eine Passionsblume, die in ihrer Blüte sehr vieles vom Leiden, Sterben und von der Auferstehung Jesu eingefangen hat – laut Volksmund. Ausführlicher in „99", Nr. 25.
2. Einzug in Jerusalem: Postkarte Nr. 5967 (St. Michaelis, Lüneburg) und Nr. 5823 (Egbert-Kodex), beide im Kunstverlag, D-56653 Maria Laach.

Weitere Anregungen

1. Ein Gottesdienst zu den drei Küssen im Neuen Testament, darunter der Judaskuß, in „KiJu" 2/89.
2. Ein Kreuz aus zwei ziemlich breiten Baubrettern. Dann werden noch fünf Baubalken, die den Armen, Beinen und dem Körper des Gekreuzigten entsprechen, mit den Aufschriften „ratlos", „einsam", „verraten", „verachtet" und „brutal" angeheftet. Dazu ein ausformulierter Gottesdienst in „KiJu" April 82: „Sein Kreuz tragen".

Gründonnerstag

Einsetzung des hl. Abendmahls

Evangelium: Joh 13,1-15: Jesus umgürtete sich mit einem Leinentuch, nahm die Schüssel und wusch den Jüngern die Füße. Er gab uns ein Beispiel. (*L 1:* Ex 12,1-8.11-14: Das Blut am Türpfosten rettete die Israeliten; *L 2:* 1 Kor 11,23-26: Der älteste Bericht über die Einsetzung des Abendmahles.)

Vorüberlegung: In der tiefen Erniedrigung wird Jesu göttliche Größe sichtbar. Was in der Fußwaschung angedeutet ist, wird am Kreuz noch deutlicher: die dienende Liebe und die Hingabe bis in den Tod.

Hinweis: Siehe auch „Gründonnerstag" der Lesejahre B und C und „Fronleichnam" der Lesejahre A bis C.

Symbolpredigten

1. Die Haltung des Dieners: Zweimal ist in der Leidensgeschichte von einer *Schüssel mit Wasser* die Rede: Pilatus wäscht seine Hände in Unschuld (Mt 27,24), und Jesus wäscht wie ein Sklave den Jüngern die Füße. Zwischen diesen beiden Möglichkeiten muß auch unser Handeln angesiedelt sein: Das Anti-Beispiel des Pilatus meiden und vom Beispiel Jesu „träumen". Jetzt aktuelle Beispiele. (Ausführlicher in „122", Nr. 31[2].)
2. Eine Mitte haben. *Ein altes Wagenrad.* Die Jünger erleben den Herrn in ihrer Mitte: Die dienende Liebe erlöst die Welt, und die Eucharistie hält uns zusammen. Von dieser Nabe unseres Glaubens aus tragen wir Speichen die Botschaft in die Felge, in unsere Gemeinschaft und in die ganze Welt. (Vgl. „144", Nr. 62.)
3. Was unsere Sehnsucht stillen kann. Ein großer runder *Spiegel* und eine *Konzelebrationshostie.* Wir möchten uns im Leben sehen lassen können und schauen deswegen oft in den Spiegel. Wir brauchen Anerkennung wie das tägliche Brot. Aber der Beifall und die Anerkennung der Menschen dringen meist nicht bis zur Seele, und wer nimmt uns unsere Schuld? Es gibt dieses Heilmittel, rund wie der Spiegel: Christus ruft uns in der Gestalt des Brotes zu: „Kommt alle zu mir, die ihr euch plagt ..." Es heilt

uns bis in die Seele, wenn wir in diesen Spiegel öfter hineinschauen. Wenn wir dieses Brot empfangen, erfahren wir uns zutiefst angenommen und geliebt: „Eine größere Liebe hat niemand ..." (Ausführlicher in „122", Nr. 38, nach Gerhard Dane.)

Kurzgeschichten

A: Hingabe:
1. Oschoo zeigt: Liebe kann das stärkste Eis tauen: Bd. 1, Nr. 60;
2. Das Brot des Glücks ist geteiltes Brot: Bd. 4, Nr. 73;
3. Das Brot der Liebe: Bd. 4, Nr. 71.

B: Brot stiftet Gemeinschaft:
1. Geteiltes Brot auf der Paßstraße: Bd. 2, Nr. 68;
2. Brot in deiner Hand: „Kommuniongeschichten", S. 31-33;
3. Die fünf Brote im Slum: Bd. 4, Nr. 70;
4. Geteiltes Brot verwandelt sogar Räuber: Bd. 4, Nr. 75.

Spiele
1. Die Apostel mit Jesus beim Abendmahl: „KiBö" 87-4, S. 24-26;
2. Sich gegenseitig die Füße waschen?: „KiBö" 85, S. 16-18 (für Jugendliche).

Bilder
1. Sieger Köder, Das Mahl mit den Sündern, als Postkarte Nr. 5435 im Kunstverlag, D-56653 Maria Laach (leider ist hier der ältere Bruder im Gleichnis vom verlorenen Sohn weggeschnitten), oder SV-Druck, D-73760 Ostfildern, oder im Schwabenverlag, Postfach 4280, D-73745 Ostfildern. Eine gute Erklärung in „FaJu" Febr. 90.
2. *Fußwaschung:* Nr. 5816 (Purpurkodex von Rossano) sowie Nr. 5776 (Evangeliar Otto III.), beides Kunstverlag, D-56653 Maria Laach.
   Fußwaschung und Abendmahl: Nr. 5849 (Speyerer Evangeliar) und Nr. 5586 (Evangeliar Heinrich III.), beides Kunstverlag, D-56653 Maria Laach.
   Abendmahhl: alle im Kunstverlag, D-56653 Maria Laach: Nr. 5653 (Evangeliar aus Köln), Nr. 5515 (Perikopenbuch, Franken, Wien), Nr. 5529 (Codex Graecus 54), Nr. 5957 (Martin Schongauer), Nr. 5676 (Altar eines Kölner Meisters).
3. *Abendmahl* als Dia oder Farbholzschnitt von Thomas Zacharias, Kösel-Verlag, München 1974. Den Farbholzschnitt gibt es auch als Folie.

Weitere Anregungen
1. Verfremdeter Text zur Fußwaschung in „Roos", S. 99ff.
2. Ein gut ausgeführter Vergleich zum Handeln Jesu im Abendmahlssaal siehe bei Ralph Sauer (Hg.), Handbuch zum Lektionar für Gottesdienste mit Kindern, Bd. I, S. 248f, Kösel-Verlag, München / Patmos Verlag, Düsseldorf 1981.

Karfreitag
Leiden und Sterben Christi

Evangelium: Joh 18,1-19,42: Leidensgeschichte.
(*L 1:* Jes 52,13-53,12: Viertes Lied vom Gottesknecht; *L 2:* Hebr 4,14-16; 5,7-9:
Der durch Leiden Gehorsam gelernt, wurde zum Urheber des ewigen Heiles.)

Vorüberlegung: Jesus geht bewußt und freiwillig in den Tod. Souverän steht er
Anklägern und Richtern gegenüber. Er wurde zum neuen Osterlamm, da er zu
der Stunde starb, in der im Tempel die Lämmer für das Paschalamm
geschlachtet wurden.

Hinweis: Siehe auch „Karfreitag" der Lesejahre B und C.

Symbolpredigten
1. Das Kreuz – unser Pilgerzeichen. Am *Kreuz* ist der Christ zu erkennen:
    Die Waagerechte (= Linie der Welt) umfaßt weitergedacht die ganze Welt.
    Aber von ihr ist kein Aufstieg möglich. Die Senkrechte (= Linie Gottes) hat
    in Christus diese Hoffnungslosigkeit durchkreuzt. Aus dem Minus der
    waagerechten Linie wird ein Plus. Im Kreuzpunkt der Welt- und
    Gotteslinie steht die Kirche, die in der Kraft Christi (und seinen
    Sakramenten) diese Welt heilen soll. Hier finden wir den „Aufstieg" zu
    Gott. (Nach Joachim Kardinal Meisner.)
2. Das Lied der *Violine.* Mit wie vielen Werkzeugen ist der Violinbauer dem
    Holze zu Leibe gerückt, um die schlanke, leicht gebogene Form dieses
    Musikinstrumentes anzufertigen! Das Holz wurde dem langsamen Tod
    unterworfen, um ganz neues Leben möglich zu machen. Darum könnte das
    Lied der Violine lauten: „Als ich noch in den Wäldern lebte, habe ich
    geschwiegen. Jetzt, da ich gestorben bin, singe ich!" So wurde auch Jesus
    dem schmerzvollen Prozeß unterworfen, der uns das große Halleluja
    möglich macht. – Ähnlich: eine *geschnitzte Christusfigur:* Viele „Späne"
    mußten fallen, bevor das Kunstwerk entstand. (Ausführlicher in „99", Nr.
    29, nach Hermann Josef Coenen.)
3. Er nahm das Leid auf sich. *Vier große Nägel,* die in Kreuzform auf den
    Altar gelegt werden, erinnern uns an die Wunden Jesu, die auch uns im
    Leben begegnen können: Der erste Nagel steht für die Kranken und deren
    oft furchtbare Krankheiten, der zweite für die Geißeln der Menschheit wie
    Hunger, Umweltkatastrophen usw., der dritte für Krieg und das Elend der
    Flüchtlinge, der vierte für Gleichgültigkeit und Unglaube. (Oder nach W.
    Willms: Einsamkeit, Heimatlosigkeit, Sinnlosigkeit, Friedlosigkeit und
    Gottverlassenheit.)
4. Er hat unsere Schuld getilgt. *Schuldscheine,* auf denen steht: „Ich bin
    schuldig", für jeden einen. In einer Gewissenserforschung, die besonders
    unsere Schuld durch „Unterlassen" aufzeigt, wird die Aussage unterschrie-

ben. Schließlich werden die Schuldscheine bei der Kreuzverehrung nach vorne gebracht und ans Kreuz geheftet (= in kleine Nägel gesteckt), denn Christus hat unsere Schuld am Kreuz getilgt (Kol 2,13b.14). (Ausführlicher mit weiteren Gedanken in „122", Nr. 26 [1]; dazu eine ausformulierte Bußfeier in „3 x 7", Nr. 12; vgl. auch in diesem Buch: 24. Sonntag i.J., Symbol 2.)

5. Gedanken zum *Dornenzweig:* Siehe „Palmsonntag" in diesem Buch, Symbol 2; zur *Perle:* Siehe in diesem Buch: 17. Sonntag i.J., Symbol 1.

6. Eine *Bibel* ohne Worte für jeden; sie besteht aus vier Blättern in den Farben Schwarz (= Angst, Grab, Trauer: auch wir werden immer wieder schuldig), Rot (= Blut, Liebe: Jesus hat sein Blut für uns vergossen), Weiß (= hell, rein, festlich: unsere Schuld ist vergeben), Gold (= Sonne, Herrlichkeit, Auferstehung: wir haben eine große Zukunft). (Ausführlicher in „122", Nr. 31.)

Kurzgeschichten

A: Sein Leben für andere hingeben

1. Pater Kolbe: Bd. 1, Nr. 57;
2. Ein Schwerverletzter opfert sich: Bd. 3, Nr. 53 (ähnlich Bd. 2, Nr. 58 und Bd. 3, Nr. 50 u. 51);
3. Weizenkörner in die Erde: Bd. 4, Nr. 59;
4. Sein Leben hingeben: Bd. 4, Nr. 55 – 57;
5. Eine Frau bewahrt ein Kind vor einem tollwütigen Tier. Längere Geschichte von W. Fährmann in „KiBö" 87-4, S. 29f;
6. Der Opfertod der alten Frau: „Geschichten als Predigten", S. 48ff.

B: Reifen im Leid

1. Sie trägt eine Perle in sich: Bd. 2, Nr. 54;
2. Reif werden im Leid – der Maler Renoir: Bd. 3, Nr. 48;
3. Ein geduldiger Ijob: Bd. 3, Nr. 49.

C: Vor Leid verstummen

1. Ein Mädchen überlebt querschnittsgelähmt: Bd. 4, Nr. 61;
2. Ein Grundschüler stirbt an Krebs: Bd. 4, Nr. 62;
3. „Gott" am Galgen: Bd. 1, Nr. 52.

Spiele

1. Sprechspiel zum Leid und Tod Jesu in „Spiele 1", S. 103-105;
2. Die Stimmung unter den Jüngern nach dem Tod Jesu: „Spiele 1", S. 107f;
3. Sprechspiel Passion in „77", Nr. 37;
4. Eine Szenenfolge des Kreuzweges gespielt in „KiBö" 88-4, S. 26f;
5. Schattenspiel am Karfreitag in „KiBö" 81, S. 25.

Bilder

1. Jesus im Garten Getsemani: Postkarte Nr. 5976 im Kunstverlag, D-56653 Maria Laach; dort auch: Geißelung Christi, Nr. 5977; sowie Dornenkrönung (eindrucksvoll: Flügelaltar Stiftskirche Bad Hersfeld) Nr. 5959; und Jesus am Kreuz (Egbert-Kodex) Nr. 5825; die Nr. 5265 (Sankt Galler Sakramentar) im Beuroner Kunstverlag, D-88631 Beuron; Nr. 2200 (Grünewald ohne Johannes d. T.) im Emil Fink Verlag, Stuttgart; hier auch Nr. 2391 (Grünewald mit Johannes d. T., Johannes und Maria).
2. Jesus vor Pilatus: Dia Nr. 15, Folie oder Farbholzschnitt von Th. Zacharias, Kösel-Verlag, München 1974.
3. Ecce homo: Holzschnitt (schwarzweiß) von Walter Habdank in „Bilder der Hoffnung", hg. von Paul Neuenzeit, Kösel-Verlag, München 1980, zu beziehen als Dia, Wand- und Handbild.

Weitere Anregungen

1. Kreuzweg für Schüler in „KiBö" 85, S. 18f.
2. Kreuzweg für Jugendliche in „KiBö" 87-4, S. 27.

Ostern
Auferstehung Jesu

Osternacht: Evangelium: Mt 28,1-10: Ein Engel wälzt den Stein weg. / Jesus ist auferstanden. / Die Frauen umfaßten Jesu Füße.

Am Tag: Evangelium: Joh 20,1-9 (oder Vers 1-18): Die Jünger laufen zum Grab. / Maria Magdalena weint und begegnet dem „Gärtner". / Halte mich nicht fest.

(*L 1:* Apg 10,34a.37-43: Wir haben mit ihm nach seiner Auferstehung gegessen und getrunken; *L 2:* Kol 3,1-4: Strebt nach dem, was im Himmel ist, *oder* 1 Kor 5,6b-8: Schafft den alten Sauerteig weg.)

Vorüberlegung: Über die Auferstehung Jesu gibt es keinen eigentlichen Bericht, auch Matthäus gibt nur an, was unmittelbar danach geschieht. Das leere Grab und die Begegnung mit dem auferstandenen Herrn werden zum Zeichen, wenn das Herz bereit ist, zu sehen und zu glauben.

Hinweise: 1. In einer Abendmesse ist auch das Evangelium Lk 24,13-35 möglich (die Emmausjünger).
2. Siehe auch „Ostern" der Lesejahre B und C.

Symbolpredigten

1. Halte mich nicht fest (Joh 20,17). Der *Schmetterling* (als Postkarte Nr. 7285 im Buch-Kunstverlag, D-82488 Ettal, für jeden?) ist in fast allen Religionen ein wunderbares Symbol des neues ewigen Lebens nach dem Tod. Was mühsam durch den Staub kroch, kann jetzt über alle

Hindernisse fliegen. Dieses Geheimnis ist auch nur mit dem Herzen zu erfassen: Wer es festhalten oder untersuchen will, zerstört es.

2. **Vom Garten und Graben.** Einen *Spaten* gibt Jesus Maria Magdalena, die ja meinte, den Gärtner vor sich zu haben, im Deckenfresko des Dom-Kreuzganges zu Brixen/Südtirol. Das Paradies war ein Garten, und wenn Jesus im Garten von Getsemani Blut schwitzt, beginnt hier die Erlösung, die die Vertreibung aus dem Paradies rückgängig macht. Jesus wird auch in einem Garten begraben: Ort der Auferstehung. Mit dem „Spaten" können wir das Werk der Erlösung fortsetzen: Wer glaubt, gräbt tiefer. Wir müssen gerade heute manchen Schutt wegräumen, manchen Stein wegschaffen, bevor wir wieder an das Urgestein der Osterbotschaft herankommen (Kirchenproblematik). Mehr moralisch: Im Weinberg ... des Herrn „graben", um „Fallgruben und Gräben" zuzuschütten und „verhärteten" Boden aufzulockern.

3. **Der Stein vom Grab ist weggewälzt.** Ein Stück von einem *Grabstein* oder Marmor soll uns an den Stein vor dem Grab erinnern. Die Tränen der Frauen konnten ihn nicht erweichen. Und der tausendfache Ruf „Warum?" bewegt ihn keinen Zentimeter fort. Da mußte ein Stärkerer kommen, um den größten Steinbrocken, der uns Menschen bedroht, wegzuwälzen. Jetzt ist der Weg in die Zukunft frei. Aber da liegen noch viele „Stolpersteine", über die wir fallen können: unsere Angst vor der Zukunft, unsere Zweifel, unser Versagen, unsere Engherzigkeit und Kleinkariertheit. Der größte Brocken ist weggewälzt, sollten wir jetzt nicht ... Gott kann auch aus diesen Bruchstücken unseres Lebens noch etwas bauen. (Nach einer Idee von Alfons Schäfer.)

4. Die Botschaft der *Osterkerze.* Sie brennt = Jesus lebt. Sie leuchtet = Jesus kann mich aus Dunkelheit und Angst führen. Sie wärmt = Jesus schenkt Vergebung und Freundschaft. Sie verzehrt sich = Jesus diente bis zuletzt; nur diese Haltung heilt mich und unsere Welt. Sie trägt das A und O: Ich will glauben an das ewige Fest, bei dem unser Leben ins Halleluja mündet. (Vgl. „99", Nr. 32, nach einer Idee von Michael Eschweiler.)

5. Auferstehungsfreude. Am Bild oder Modell eines *römischen Brunnens,* bei dem das Wasser von Schale zu Schale gelangt, wird aufgezeigt, wie die Botschaft von Jesu Auferstehung von den Frauen zu den Jüngern und in die Welt getragen wurde, was ja auch unsere Aufgabe ist. (Also „Echo" und Weiterführung zum Jakobsbrunnen, der am 3. Fastensonntag in diesem Lesejahr im Mittelpunkt stand.)

6. **Vom Duft über der Welt.** Eine *wohlriechende Salbe* oder ein *duftendes Öl:* Die Frauen gingen, um zu salben, aber sie konnten die Salbe für den Leichnam Jesu nicht verwenden, der Tote lebt. Wir haben die Auferstehung noch vor uns! Deshalb werden die Neugeborenen in der Kirche (= Getaufte) gesalbt. Auch weitere Sakramente gebrauchen als Zeichen der Erwählung zum Leben duftendes Öl. Jesus ist auferstanden: Das liegt wie

ein Duft über der Welt, die im Sterben ist. (Am schönsten wäre es
natürlich, wenn die Kinder heute auf der Stirn gesalbt würden, besonders
die Kommunionkinder, z. B. mit Katechumenenöl.) (Gerhard Dane, Köln.)

Kurzgeschichten

1. Den Raupen ist nicht klarzumachen, daß sie Schmetterlinge werden: Bd. 1, Nr. 56;
2. Der Blutegel krümmte sich vor Lachen: Bd. 1, Nr. 55;
3. Aus dem Wasserkäfer wird eine Libelle: Bd. 4, Nr. 67;
4. Maikäfer und Engerling: Bd. 3, Nr. 54;
5. Das Ei als Zeichen des neuen Lebens: Bd. 2, Nr. 62;
6. Die Ostergnade der Vergebung: Bd. 2, Nr. 63;
7. Die Kerze am Querholz: Besiege das Böse durch das Gute: Bd. 4, Nr. 65;
8. Die einfachste Sache (mit der Auferstehung): Bd. 4, Nr. 66.

Spiele

1. Warum ist die Osternacht anders?: „Spiele 1", S. 109;
2. Wer wälzt den Stein vom Herzen?: „Spiele 1", S. 112-115;
3. Osterevangelium als Spiel in „77", Nr. 39, und „Spiele 1", S. 109-111;
4. Tanz um die Osterkerze: „KiBö" 89-1, S. 3f;
5. Reigentanz um die Osterkerze: „KiBö" 87-1, S. 13;
6. Beispiel für ein erzähltes Osterevangelium: „Höntges", Nr. 18.

Bilder

1. Die Postkarte Nr. 5346 vom Kunstverlag, D-56653 Maria Laach oder die Postkarte Nr. 1887, Pinakothek, Barder Str. 29, D-80796 München, Tel. 28 99 65 00, zeigt Jona im großen Fisch: Seine Rettung ist Symbol für Tod und Auferstehung Christi: Der alles verschlingende Tod (= Fisch) muß sein Opfer wieder ausspucken = Auferstehung. (Vgl. „177", Nr. 49; dazu ein ausformulierter Gottesdienst in „FaJu" März 91: „Befreit zu neuem Leben".)
2. Postkarte mit einem Schmetterling; siehe Symbol 1.
3. Postkarte „Krippe und Kreuz": siehe „Ostermontag", Bild Nr. 1.
4. Postkarten mit Motiv: Engel zeigt ins leere Grab: Nr. 5546 im Kunstverlag, D-56653 Maria Laach (Sakramentar aus Köln) oder Nr. 5850 (Speyerer Evangeliar); Auferstehung Christi: Bruckmanns Bildkarte Nr. 282 (Matthias Grünewald), F. Bruckmann KG, München, Nr. 5626 Kunstverlag, D-56653 Maria Laach (Meister von St. Laurenz), Nr. 5969 (St. Michaelis, Lüneburg); Christus erscheint Magdalena; Nr. 5940 im Kunstverlag, D-56653 Maria Laach.

Weitere Anregung

Jahrhundertelang war das „Osterlachen" ein fester Brauch in den Kirchen, bis
es als „überlebtes Rankenwerk des Barock" im 19. Jh. verboten wurde. Aber

sollte nicht gerade am Osterfest gelacht werden? Hermann Kirchhoff gibt in den „Katechetischen Blättern" 2/92, S. 142f zwei Osterwitze preis – sicher eine Gratwanderung –, die mit Geburt/Tod, Wiege/Grab zu tun haben müssen:

Ein Vater geht mit seinem etwa vierjährigen Sohn zum Krankenhaus, wo die Mutter gerade entbunden hat. Der Kleine sieht das Neugeborene und kraust die Stirn. „Gefällt er dir nicht?" fragt der Vater. „Der hat ja keine Haare." Der Vater tröstet den Jungen: „Er wird wunderbares Haar bekommen – wie du." Aber der Bub nörgelt weiter: Der Bruder habe keine Zähne, das Gesicht sei voller Falten ... Und auf allen Trost des Vaters antwortet er schließlich: „Nein, Vater, du kannst reden, was du willst: Da haben sie uns einen Alten gegeben."

Beim Fußballspiel hat der Elefant die Maus klaftertief in den Boden getreten. Geschunden und mit gebrochenen Gliedern kommt die Maus aus dem Loch heraus. Sie wehrt die Entschuldigungen des Elefanten ab: „Hätte mir ja genauso passieren können!"

Ostermontag
Die Emmausjünger

Evangelium: Lk 24,13-35: Die Emmausjünger; *oder:* Mt 28,8-15: Jesus begegnet den Frauen.
(*L 1:* Apg 2,14.22-33: Gott hat Jesus auferweckt; *L 2:* 1 Kor 15,1-8.11: Das Evangelium ist der Grund, auf dem ihr steht.)

Vorüberlegung: Den Jüngern, denen mit dem Tod Jesu alle Hoffnung genommen wurde, „brannte das Herz", als Jesus ihnen den Sinn der Schrift erschloß; aber erst beim Brotbrechen „gingen ihnen die Augen auf".

Hinweis: Siehe auch „Ostermontag" der Lesejahre B und C.

Symbolpredigten
1. Unterwegs zu dir. Eine kleine Muschel = *Pilgermuschel* für jeden, wie sie oft auf dem Gewand des Apostels Jakobus abgebildet und auf dem „Jakobsweg" nach Santiago de Compostela unzählige Male zu sehen ist (ähnlich auf jedem alten Pilgerweg, wie z. B. nach St. Matthias in Trier).
    Wir sind Pilger wie die Emmausjünger auf dem Weg zum Ziel, an dem uns die Augen aufgehen werden. Unterwegs brauchen wir sein Wort, damit unser Herz brennt, und sein Brot, damit unsere Kräfte nicht erlahmen. Nicht von ungefähr ist die Muschel deshalb oft hinter oder über dem Tabernakel (= Brot für den Weg) dargestellt. Die Muschel als Reklame zeigt das auf weltlicher Ebene: Wir brauchen Tankstellen, um zum Ziel zu kommen. (Vgl. „177", Nr. 107.)

2. Sie erkannten ihn am Brotbrechen. Ein *Osterbrötchen* (= süßes Weckchen) für jeden vierten Teilnehmer, vielleicht mit einem eingekerbten Kreuzchen gebacken. Nach der Segnung werden sie verteilt; die Anwesenden werden eingeladen, sie entweder zu Hause bei einem Osterfrühstück oder – noch schöner – bei Osterbesuchen mit Kranken, Alten, Geh- oder „Glaubens"behinderten zu teilen. Wie die Emmausjünger beim Brotbrechen den Herrn erkannten, so kann das eucharistische Mahl und seine Gemeinschaft ein Vorgeschmack werden auf das Kommende und uns jetzt schon sehender machen. (Vgl. „177", Nr. 51, nach einer Idee von Gerhard Dane.)

3. Sich um Jesus scharen. Ein *gebackenes Osterlämmchen mit Siegesfahne* bedeutet: Opfer (= Blut des Lammes auf den Türpfosten rettete die Israeliten; das neue Lamm Jesus Christus schenkt uns ewiges Leben) und Sieg (= über Tod und Verzweiflung). Um die Fahne versammelten sich immer die Treuesten. Sie gab den Kämpfenden früher auch die Orientierung, in welche Richtung sie sich in Sicherheit bringen konnten. So ruft Jesus auch heute: Schart euch um mich, wenn ihr Satan, Sünde und Tod überwinden wollt. (Ausführlicher in „99", Nr. 34.)

4. Die Bibel ohne Worte mit vier verschiedenfarbigen Blättern: Siehe „Karfreitag" in diesem Buch, Symbol 6.

Kurzgeschichten

A: Brot stiftet Gemeinschaft
Siehe „Gründonnerstag" in diesem Buch unter „Kurzgeschichten" B.

B: Ein brennendes Herz?
1. Nach Gott dürsten: Bd. 3, Nr. 90;
2. Nach Gott verlangen: Bd. 3, Nr. 91.

C: Sonstiges
1. Spuren im Sand: Jesus geht mit und trägt uns: Bd. 1, Nr. 81;
2. Zuversichtlich weitergehen wie die Bärenraupe: Bd. 1, Nr. 59;
3. Kraft zum Bekenntnis aus der Auferstehung: Bd. 2, Nr. 64;
4. Aus Leid wächst Herrlichkeit: Bd. 4, Nr. 68.
Siehe auch die Kurzgeschichten unter „Ostern".

Spiele
1. Gespieltes Evangelium von den Emmausjüngern in „77", Nr. 40 und 41; auch „Spiele 1", S. 119-121;
2. Schattenspiel Emmausjünger in „KiBö" 88-1, S. 3-5, und Schattenspiel „Herr, bleibe bei uns" in „KiBö" 87-1, S. 11f.

Bilder
1. Postkarte Nr. 5425 „Krippe und Kreuz", auch als Dia, von Beate Heinen im Kunstverlag, D–56653 Maria Laach. Ausführliche Bildbetrachtung in

„177", Nr. 8. Das Bild zeigt sehr gut: Da, wo Jesus mitgeht, wird es „wärmer": Blumen und Bäume erblühen.

2. Postkarte Nr. 213544 von Fotokunst Groh, D-82237 Wörthsee, zeigt einen Weg durch blühende Wiesen, im Hintergrund eine Sitzbank: Wir sind auf der Wanderschaft durchs Leben und glauben, daß Jesus mit uns geht. Ausführlicher in „177", Nr. 123.

3. Postkarte Nr. 2536114 Fotokunst Groh, D-82237 Wörthsee, zeigt im Gegenlicht die untergehende Sonne über einem See und ein Boot, das angelegt hat. Darauf der Text: „Herr, bleibe bei uns, denn es will Abend werden, und der Tag hat sich geneigt" (Lk 24,29): Der Tag geht – wie unser Leben – einmal zu Ende. Wir dürfen im Leben und im Tod darauf vertrauen, daß Jesus bei uns bleibt – wie bei den Emmausjüngern. (Vgl. „177", Nr. 153.)

4. Postkarte Nr. 5291 „Der Auferstandene und die Emmausjünger" (Beate Heinen), Kunstverlag, D-56653 Maria Laach.

5. Holzschnitt „Emmaus" (schwarzweiß) von Walter Habdank in „Bilder der Hoffnung", hg. von Paul Neuenzeit, Kösel-Verlag, München 1980, zu beziehen als Dia, Wand- und Handbild.

2. Sonntag der Osterzeit (Weißer Sonntag)
Der ungläubige Thomas

Evangelium: Joh 20,19-31: Jesus trat in ihre Mitte. / Friede sei mit euch. / Er hauchte sie an: Empfangt den Hl. Geist. / Der ungläubige Thomas glaubt. (*L 1:* Apg 2,42-47: Sie hatten alles gemeinsam; *L 2:* 1 Petr 1,3-9: Wir haben eine lebendige Hoffnung.)

Vorüberlegung: Durch die Begegnung mit Jesus wird Thomas neu „entflammt". Der Glaube ereignet sich mehr im Hören und in der Begegnung („Erzähl mir von deinem Glauben!") als im Sehen. – Die Wunden werden zum Zeichen, an dem wir wiedererkennen können.

Hinweis: Siehe auch „Weißer Sonntag" der Lesejahre B und C; ebenso „Pfingsten" der Lesejahre A bis C.

Symbolpredigten
1. Er trat in ihre Mitte. An einem *alten Wagenrad* läßt sich das gut aufzeigen: Jesus, die Nabe, als Mitte der Jünger (= die Speichen), die angehaucht und gesandt werden, damit sie die Botschaft in die Welt (= Felge) bringen. Die Liebe zu Gott und Jesus wirkt sich in der Nächstenliebe nach außen aus. (Das Wagenrad als Postkarte Nr. 2301 301 bei Fotokunst Groh, D-82237 Wörthsee.)

2. Sich anstecken lassen. Diese *kleine Kerze* steht für Thomas oder uns: Ihr Wachs ist kalt und hart, weil Thomas auf Distanz blieb. Dann wagte er

sich wieder in die Gemeinschaft(!) der Jünger und kam Jesus ganz nahe, indem er seine Wundmale berührte: Erst, wenn ich mit dieser Kerze ganz nahe an die *Osterkerze* (= Christus) gehe, kann sie entzündet werden. Bleiben wir auf Abstand, oder lassen wir uns anstecken? An dieser Stelle und mit diesem Evangelium läßt sich das „Sonntagsgebot" sehr gut theologisch begründen: „Am ersten Tag der Woche ...!" (Nach Gerhard Dane.)

3. Auftauen durch Anhauchen. *Eiswürfel,* in die jeweils ein Schlüsselwort wie „Vertrauen", „Freude", „Frieden" ... wasserdicht in Folie eingefroren wurde, werden verteilt. Der Atem Gottes, mit dem Jesus die Jünger anhaucht, will wärmen, was erkaltet ist. So schmelzen auch die Zweifel des Thomas fort. Mit diesem „Heiligen Geist" können wir die Welt heilen und lebendiger machen und auch den Eispanzer (= Enttäuschung, Verbitterung, Kälte) in der Folie (= Alltag) schneller auftauen lassen. (Nach Franz Kohlschein.)

Kurzgeschichten

A: Jesus trat in die Mitte
1. Jesus als das innerste Pünktlein, das nicht fehlen darf: Bd. 4, Nr. 20;
2. Von der Mitte gehalten: Bd. 3, Nr. 190.

B: Selig, die nicht sehen und doch glauben
1. Der Betrunkene: Hast du es gut!: Bd. 1, Nr. 87;
2. Mit dem Herzen erst richtig sehen: Bd. 1, Nr. 122.

Spiele
1. Anspiel zum Evangelium: „KiBö" 87-1, S. 16;
2. Predigtgespräch zum ungläubigen Thomas: „KiBö" 91-1, S. 8f;
3. Evangelienspiel: „Spiele 1", S. 117f.

Bilder
1. Die Postkarte Nr. 7293 im Buch-Kunstverlag, D-82488 Ettal, zeigt eine Pusteblume: Der Wind (= Atem Gottes) muß kommen, um die Fallschirme mit den Samenkörnern (= Wort Gottes oder Jünger) in alle Welt zu bringen. „Er hauchte sie an!"
2. Postkarte mit einem Wagenrad: Siehe oben Symbol 1.
3. Ernst Alt: Christus und Thomas, Postkarte Nr. 5295 im Kunstverlag, D-56653 Maria Laach.
4. Martin Schongauer: Der ungläubige Thomas, Postkarte Nr. 5950 oder Nr. 5719 (Evangeliar aus Köln) im Kunstverlag, D-56653 Maria Laach.

Weitere Anregungen
1. Kopiervorlage „Behnke B", Nr. 13, ist für den Weißen Sonntag zum Ausmalen angegeben. Sie zeigt Geburt Jesu, Fußwaschung, Abendmahl, Tod Jesu und die Begegnung des Auferstandenen mit den Jüngern.

2. Wenn Sie ein Motiv zur Erstkommunion suchen, darf ich auf mein Buch hinweisen „Zwölf Erstkommunionfeiern. Festgottesdienst, Andacht und Dankmesse unter *einem* Symbol", Bergmoser + Höller Verlag, Aachen 1992, 128 Seiten. Folgende Symbole sind ausgearbeitet: Brot, Weinstock-Reben, Fisch, Wasser, Herz, Wagenrad, Raupe-Schmetterling, Regenbogen, Lebensbaum, Seerose, Biene, Schiff.

3. Sonntag der Osterzeit
Erscheinung des Auferstandenen am See

Evangelium: Lk 24,13-35: Die Emmausjünger; *oder* Joh 21,1-14: Erscheinung des Auferstandenen am See. / Brot und Fisch am Kohlefeuer. / Netz mit 153 Fischen.
(*L 1:* Apg 2,14.22-33: Petrus bezeugt, Jesus ist auferstanden; *L 2:* 1 Petr 1,17-21: Ihr wurdet losgekauft mit dem Blut des neuen Lammes.)

Vorüberlegung: Mit dem Bild des Schiffes Petri ist die Kirche gemeint: Jeder Verantwortliche in der Kirche verrichtet eine mühsame Arbeit, bei der aller Erfolg vom Wort und Willen Jesu abhängt. Jesus lädt uns immer wieder zum Mahl, um unsere Ratlosigkeit und Erfolglosigkeit zu unterbrechen.

Hinweis: Wenn Sie das Evangelium der Emmausjünger wählen, dann bitte unter „Ostermontag" der Lesejahre A bis C nachsehen.

Symbolpredigten
1. Geheimzeichen der Urchristen. Der *Fisch* (getöpfert, gemalt, ausgeschnitten, gebacken, eventuell für jeden) wurde zum Symbol, das vielseitig deutbar ist: als Zeichen der Eucharistie (im Evangelium Joh 21,13), wie es auch bei den fünf Broten und zwei Fischen in der Wüste (Mt 14,13-21) eine Rolle spielt (ähnlich Lk 24,36-42: Er aß ein Stück gebratenen Fisch). Wir empfangen dabei unseren Erlöser Jesus Christus (= griechisch: ICHTHYS = I (= Jesus), CH (= Christus), TH (= Gott), Y (= Sohn), S (= Erlöser). Fisch auch als Symbol für die Taufe: Wir, die Fische, die im Wasser (= in Gott) leben (vgl. „Kurzg. 1", Nr. 95), können jetzt hinter Christus, *dem* Fisch, herschwimmen. Schließlich: Fische leben gern in Schwärmen; Gemeinschaft schützt. Ist Jesus das Auge unseres Fischschwarmes (vgl. die Swimmy-Geschichte, z.B. in meinem Toposbuch: „Geschichten zur Taufe", S. 47-49), können wir uns ihm anvertrauen.
2. Geborgen im Netz. Jeder erhält einen ausgeschnittenen *Fisch,* auf den er seinen Namen schreibt. Sie werden im Altarraum auf eine Wand gesteckt. Nach dem Evangelium wird das über sie gespannte *Netz* herabgelassen. Früher kannte man nur 153 verschiedene Fischsorten. Darum, so sagen manche Bibelausleger, soll mit dieser Zahl gesagt sein: *Alle* Menschen sollen ins Netz Gottes gehen. (Vgl. „Schnegg 1", Nr. 27.)

3. Das Netz der Gemeinschaft. Jeder erhält einen ca. 1 m langen *Wollfaden*, aus dem später ein Netz geflochten wird: Wir sollen in der Kirche eine gute Gemeinschaft sein, die zum Netz wird, das keinen, der dazugehören möchte, durch die Maschen „sausen" läßt. Dabei kommt es auf jeden an! (Vgl. „177", Nr. 114.)

4. Sonntag der Osterzeit
Jesus, die Tür zu den Schafen

Evangelium: Joh 10,1-10: Die Schafe hören auf die Stimme des Hirten. / Ich bin die Tür zu den Schafen. / Wer durch mich hineingeht, ist gerettet./ Ich bin gekommen, damit sie das Leben in Fülle haben.
(*L 1:* Apg 2,14a.36-41: Gott hat Jesus zum Herrn und Messias gemacht; *L 2:* 1 Petr 2,20b-25: Ihr seid heimgekehrt zum Hirten eurer Seele.)

Vorüberlegung: Da Gott im Alten Testament der Hirt des Volkes war, tritt Jesus hier mit einem ungeheuren Anspruch auf: Er ist der einzige Weg und die rettende Wahrheit. Die Pharisäer und Schriftgelehrten bekommen als Diebe und Räuber ihren Denkzettel, der aber auch uns sagt, daß wir unter dem Gericht des Hirten stehen.

Hinweise:
1. Siehe auch „4. Sonntag der Osterzeit" der Lesejahre B und C mit der Thematik des Hirten. 2. Heute ist auch der Welttag für geistliche Berufe.

Symbolpredigten
1. Die Tür zu den Schafen. Eine *Tür* in einem Türstock (vom Schreiner ausleihen). Szenen oder Erlebnisse können anschaulich werden lassen, was eine offene oder zugeschlagene Tür im Leben bedeuten kann. Siehe dazu auch die Gedanken unter 32. Sonntag i.J. im diesem Buch, Symbol 2. Es gibt auch die Postkarte Nr. 2536153 von Fotokunst Groh, D-82237 Wörthsee, mit einem geöffneten schönen Tor und der Aufschrift: „Jesus Christus spricht: Ich bin die Tür." Wer das Angebot Jesu annimmt und durch die für jeden offene Tür tritt, ist gerettet. (Siehe auch „PuK" 3/84, S. 327; ebenso „Adventszyklen" VI.: Tür, in diesem Buch.)
2. Die Schafe folgen ihm. Folge mir nach. Viele *ausgeschnittene Fußabdrücke* liegen im Mittelgang und führen zum Altar. Vor dem Altar steht ein übergroßer Fußabdruck (= Jesus). Ein Säugling orientiert sich am Erwachsenen; an wem orientieren sich die „Großen", um den richtigen Weg zu gehen? Jesus sagt uns oft: „Folge mir nach!" (Mt 9,9; 16,24) Er verkündete: „Ich bin der Weg ...; niemand kommt zum Vater außer durch mich" (Joh 14,6). Wenn wir hinter Jesus hergehen, werden wir (einmal) das Leben in Fülle haben (Joh 10,10). Zusatzgedanke: Wer im Hochgebirge

den Weg zum Gipfel über ein Schneefeld suchen muß, ist für die Fußspuren dankbar, die der Hüttenwirt im Frühjahr gelegt hat, damit alle den richtigen Weg finden. (Nach Martin Auffarth, Heidelberg; ausführlicher als Taufpredigt in „122", Nr. 80.)

Kurzgeschichten

A: Auf die Stimme hören
1. Die Schafe hören auf die Stimme des richtigen Hirten: Bd. 4, Nr. 89;
2. Der Junge traut der Stimme des Vaters und springt: Bd. 1, Nr. 91;
3. Der Vater hört die Stimme seines Kindes: Bd. 3, Nr. 98.

B: Durch eine Tür eintreten
1. Auch schwarze Schafe sind geliebt: Bd. 4, Nr. 118;
2. Erfahrung eines Zuchthäuslers, eine Tür wieder selbst zu öffnen: Bd. 3, Nr. 3;
3. Gott wohnt überall, wo man ihn einläßt: Bd. 1, Nr. 84;
4. Die Türklinke zu dieser Tür ist innen: *Ich* muß sie öffnen: Bd. 3, Nr. 147;
5. Der Ire im Himmel: Bd. 1, Nr. 246.
Zur Thematik „Offene Türen" habe ich einen Bildband mit 20 Geschichten veröffentlicht: „Geschichten wie offene Türen", Matthias-Grünewald-Verlag, Mainz.

C: Wir als „kleine Hirten" (manchmal)
1. Der Wunsch des Hirten bleibt unerfüllt, aber überall, wohin er kommt, verändert er etwas zum Guten: Bd. 4, Nr. 148;
2. Manuel (auch als hinführende Geschichte zum „Lamm Gottes"): „KiBö" 90-4, S. 21.

Bild
Postkarte mit offener Tür: siehe oben Symbol 1.

Weitere Anregung
Schon Säuglinge reagieren auf vertraute (= trauen, vertrauen) Stimmen, selbst wenn sie nur auf Band gesprochen sind (= die vorgespielten Herztöne der Mutter beruhigen ein Kind). Auch Maria Magdalena erkennt den Auferstandenen an der Stimme.

5. Sonntag der Osterzeit
Jesus ist der Weg, die Wahrheit und das Leben

Evangelium: Joh 14,1-12: Im Hause meines Vaters sind viele Wohnungen. / Ich bin *der* Weg ... / Wer mich sieht, sieht den Vater. / Glaubt aufgrund meiner Werke.

(*L 1:* Apg 6,1-7: Sie wählten sieben Männer; *L 2:* 1 Petr 2,4-9: Ihr seid ein auserwähltes Geschlecht.)

Vorüberlegung: Die Jünger haben Angst, alleine gelassen zu werden. Jesus weist sie auf ihr Ziel, das sie durch ihn erreichen können.

Symbolpredigten

1. Ich werde euch zu mir holen: Mit dem *Fernglas* „über den Horizont hinausschauen"; vgl. Symbol Nr. 1 am 2. Fastensonntag in diesem Buch. Ähnlich die *bifokale Brille* (= mit der oberen Hälfte habe ich eine gute Fernsicht, mit der unteren Hälfte sehe ich in der Nähe deutlich): Jesus zeigt den Jüngern das Ziel, aber noch brauchen sie auch klare Augen für den Weg dahin. (Ähnlich „Kurzg. 1", Nr. 174: Der Taumelkäfer mit vier Augen.)

2. Wir sind unterwegs: Die *Pilgermuschel.* Siehe Symbol 1 unter „Ostermontag" in diesem Buch. Auf diesem Weg helfen uns Jesu Worte, sein eucharistisches Mahl und unser Zusammenkommen, um wieder neu hinter Jesus, *dem* Weg, hergehen zu können. Ähnlich *Fußabdrücke;* siehe „4. Sonntag der Osterzeit", Symbol 2.

3. Die Richtung finden. Bei einem *Kompaß* zeigt die Nadel immer nach Norden, ob wir uns im Wald, auf dem Meer oder im dichten Nebel befinden. Wenn wir unsere Lebensnadel immer auf Jesus ausrichten, der für uns Weg, Wahrheit und Leben sein will, dann finden wir auch in den Stürmen des Lebens, selbst im Abgrund des Todes, den Weg. Starke Magnetkräfte (= Versuchungen, Sünde, Schuld, Schicksalsschläge) können aber die Nadel eines Kompasses verziehen: Wichtig ist, meine „Ausrichtung" immer wieder zu überprüfen im Gespräch mit glaubenden Menschen, in Gebet und Gottesdienst.

4. Die Mitte finden. Ein *Labyrinth* (wie im Bilderzyklus Fastenzeit, Nr. 1, in diesem Buch) deutet auf das Labyrinth unseres Weges, in dem es die Mitte zu finden gilt. Der rote Faden zur Mitte ist die Ausrichtung auf die Worte und das Leben Jesu, der das Ungeheuer des Todes wie Theseus in der Mitte besiegt und uns für das ewige Fest einen Platz bereitet hat.

5. Was uns hält und schützt. *Ein Stück Seilhandlauf mit einem Seilträger* bietet beim Begehen einer Treppe Halt. Das große Seil besteht aus vier kleineren Seilen, die sich um „die Seele", ein mittleres Seil, schlingen. Die „Seele" könnten die drei göttlichen Tugenden „Glaube, Hoffnung und Liebe" oder das Hauptgebot der Gottes- und Nächstenliebe sein; die vier Seile die Kardinaltugenden (cardo = Türangel; Dreh- und Angelpunkt): Klugheit (sie wählt mit Liebe aus den Herrlichkeiten der Erde aus, was uns weiterbringen kann), Gerechtigkeit (sie sorgt für eine ausgewogene Verteilung der Güter *und* Lasten), Tapferkeit (sie kämpft auch unter Schwierigkeiten für alles, was gut und gerecht ist) und rechtes Maß (die goldene Mitte zwischen hemmungslosem Haben- und Genießen-Wollen

und Besonnenheit und Selbstbeherrschung). Wer könnte der Seilträger sein, der festen Halt gibt? Jesus Christus, der Weg, Wahrheit und Leben ist. Wenn wir uns von ihm in allem Bemühen „halten" lassen, finden wir in die „himmlischen Wohnungen" (Joh 14,2). (Ausführlicher in „122", Nr. 70, nach einer Idee von Renate John.)

6. Hilfen am Wege. *Verschiedene Verkehrszeichen* (bei der Straßenmeisterei oder dem Verkehrsamt ausleihen) hängen an Säulen, stehen im Altarraum. Auf dem Wege zur Stadt (= Christus ist der Weg zur Stadt Gottes) hängen hilfreiche Schilder, die auch im *christlichen* Umgang miteinander gelten: VORSICHT (= Nimm Rücksicht), GESCHWINDIGKEITSBEGRENZUNG (= Nicht alles tun, was machbar ist), KREUZUNG (= Achte auf andere; dabei das Schild so weit drehen, bis aus dem Kreuzungszeichen ein Kreuz wird), VORFAHRT ACHTEN (= Gott und den Mitmenschen höher stellen als sich selbst), ÜBERHOLVERBOT (= Nicht die Geduld verlieren, es schützt dich!), VERENGTE FAHRBAHN (= Krankheit ..., alles ist mühseliger), UMLEITUNG (= Das Überraschende bietet die Möglichkeit, Neues zu erfahren), STOP (= Denk doch mal nach in deiner Hetze, in der Zerstörung der Umwelt ...!), SACKGASSE (= Kehr um; hinter Jesus her!), PARKEN ERLAUBT (= Zeit zum Ausruhen, zum Gottesdienst). (Siehe auch „Höntges" Nr. 37: Gleichnis der Verkehrszeichen.)

Kurzgeschichten

A: Unterwegs sein
1. Nur auf Durchreise: Bd. 1, Nr. 201;
2. Heiterkeit eines Heiligen, der weitersieht: Bd. 2, Nr. 206;
3. Offene Tür für eine bleibende Wohnung im Himmel: Bd. 2, Nr. 216;
4. Bis zum Gipfel gehen: Bd. 2, Nr. 151;
5. Am Ziel erst wird es hell: Bd. 3, Nr. 41.

B: „Ich bin die Wahrheit"
1. Die Wahrheit mit Liebe sagen: Bd. 2, Nr. 186;
2. Auf der Suche nach der Wahrheit: Bd. 2, Nr. 152;
3. Giacomo kann die Wahrheit nicht verbergen: Bd. 3, Nr. 39;
4. Die Wahrheit nur im Unterbewußten: Bd. 4, Nr. 40;
5. Die Wahrheit kann warten: Bd. 1, Nr. 164.

Bilder
Wie „Ostermontag" in diesem Buch, Bilder 1 – 3.

6. Sonntag der Osterzeit
Trostworte an die Jünger

Evangelium: Joh 14,15-21: Wer mich liebt, hält die Gebote. / Ich werde euch den Geist der Wahrheit erbitten. / Ich lasse euch nicht als Waisen zurück. / Ich lebe, und auch ihr werdet leben. / Ich bin im Vater, ihr in mir und ich in euch.
(*L 1:* Apg 8,5-8.14-17: Durch Handauflegung empfingen sie den Heiligen Geist; *L 2:* 1 Petr 3,15-18: Christus wurde dem Geist nach lebendig gemacht.)

Vorüberlegung: Göttliche Kraft wird dem geschenkt, der bereit ist, den dreifaltigen Gott anzunehmen.

Symbolpredigten
1. Wer sich an Jesus hält, ist gehalten. Ein *Stabmagnet* (Hl. Geist) und *Kugeln aus Eisen:* Jesus ist der Magnet in der Hand Gottes, der in der Kraft des Hl. Geistes die Kugeln (= die Jünger) anzog. Wer sich mit dem Magnet verbindet, wird selbst magnetisiert und kann noch andere halten. (Beim Stabmagneten mit der Kugeltraube bietet sich beim Anblick Joh 15,1-5 das Weinstock-Reben-Gleichnis an.) Bei einem normalen Magneten können an die Kugeln (= Jünger) noch Stecknadeln gehängt werden = die Kraft des Magneten wirkt über die Kugeln weiter – in die ganze Welt hinein. Dazu auch die Kurzgeschichte in Bd. 4, Nr. 220, von der Kraft Gottes.
2. Sich auf Jesus ausrichten. Eine *Fernseh-(Zimmer-)Antenne* muß genau auf den Sender ausgerichtet sein, sonst stellt sich nur „Schnee" ein, und der Ton geht weg. Wir sind als Jünger Christi eigentlich Fernsehapparate Gottes, die ihre Antenne auf Jesu Wort und Leben ausrichten. Dann erhalten wir, was er uns versprochen hat: einen Beistand, den Geist der Wahrheit.
3. Den Weg der Gebote gehen (Joh 14,15.21). *Ein Paar Berg- oder Wanderschuhe* weckt Erinnerungen ... Der Wanderer weiß um die roten Wegmarkierungen (= Gebote) in den Bergen, die im Nebel (= Versuchung durch Bequemlichkeit) und Wolken (= Vielfalt der Meinungen in unserer Gesellschaft, oft an Mehrheiten orientiert) leichter den richtigen Weg finden lassen, wenn das Gipfelkreuz (= Jesus) erreicht werden soll.
4. Der Sieg über den Tod (zu Joh 14,19): Eine *Kokosnuß oder ein Palmzweig:* Siehe „5. Fastensonntag" in diesem Buch, Symbol 1.
5. „Ich lebe, und auch ihr werdet leben." *Zwei Blätter eines Baumes* unterhalten sich über das neue Leben nach dem Tod: Siehe „99", Nr. 97(2).

Kurzgeschichten
A: Geist der Wahrheit
Siehe „5. Sonntag der Osterzeit" in diesem Buch, Kurzgeschichten B.

B: Ihr werdet leben (Joh 14,19)
1. Cyprian gibt aus dem Wissen um das neue Leben dem Henker Goldstücke: Bd. 1, Nr. 239;
2. Der Tod ist ein Engel mit einem goldenen Schlüssel, wenn er für mich nicht das Letzte ist: Bd. 1, Nr. 240;
3. Franziskus geht heiter in den Tod, der „zweite Tod" erst wäre schlimm: Bd. 3, Nr. 229;
4. Johannes XXIII. hatte die Koffer gepackt – im Bewußtsein um den Weg „ins Paradies": Bd. 3, Nr. 238 (ähnlich Bd. 4, Nr. 222);
5. Das Gehen von einem Raum in den anderen: Bd. 4, Nr. 219.

Christi Himmelfahrt
Der Auftrag des Auferstandenen

Evangelium: Mt 28,16-20: Mir ist alle Macht gegeben. / Tauft alle. / Ich bin bei euch alle Tage.
(*L 1:* Apg 1,1-11: Himmelfahrt Jesu; *L 2:* Eph 1,17-23: Gott hat Christus auf den Platz zu seiner Rechten erhoben.)

Vorüberlegung: Am Anfang des Matthäusevangeliums steht die Verheißung: „Gott ist mit uns" (Mt 1,23), und am Ende steht die Versicherung Jesu: „Ich bin bei euch alle Tage." Aus dieser göttlichen Vollmacht heraus sendet Jesus auch die Jünger in alle Welt.

Hinweise: 1. Siehe auch „Christi Himmelfahrt" der Lesejahre B und C.
2. Wenn in diesen Entwürfen sehr betont wird, daß der Himmel „nicht oben" ist, bedeutet das keine Leugnung des „neuen Himmels", den wir erwarten.

Symbolpredigten
1. Jetzt schon am Himmel der „neuen Erde" bauen. Wir legen die beiden Hälften des geöffneten *Reißverschlusses* weit auseinander, wie auch manche meinen, Himmel und Erde lägen weit auseinander. Der „Läufer", das kleine Eisenstück in der Mitte, holt sie aber zusammen, und das sind wir: Wir können jetzt schon versuchen, mehr Gerechtigkeit und Frieden ... in die Welt zu tragen. Beispiele! (Ausführlicher in „Anschauliche Predigten", S. 67-69.) So erfuhren z. B. zwei Mönche auf ihrer Suche nach dem Himmel, daß er in ihrer Zelle beginnen kann: „Kurzg. 1", Nr. 252. – *Beide* „Welten" im Auge behalten: „Kurzg. 1", Nr. 174, das Gleichnis vom Taumelkäfer.
2. Symbole oder symbolisierte Zeichen zum Thema „Tauft alle Menschen": Von der *Osterkerze* her *Kerzen* entzünden für alle Erdteile; dazu der Liedruf: „Christus, das Licht ..." (Melodie der Osternacht). Wie beim Stafettenlauf den *Stab* (= Botschaft) *weitergeben;* oder die Kinder gehen

mit Schildern der Erdteile nach dem Evangelium in alle Himmelsrichtungen. Die *Strahlen der Sonne* werden *über eine Weltkarte* gelegt. Ein *Wagenrad* (Christus die Mitte, wir die Speichen) rollt durch den Mittelgang (= in alle Welt). Ein *Missionsrosenkranz* (= in den Farben der Erdteile) wird gezeigt und ein „Ave" für jeden Kontinent gebetet.

3. Taufbefehl. *Ostertaufwasser* wird in eine Schale gegossen: Kinder benetzen damit die Stirn und wiederholen die Worte des „Taufbefehls", der tatsächlich nach bald 2000 Jahren in unseren Gemeinden noch etwas gilt.

4. Die Botschaft Gottes in die Welt tragen. Ein *Brief:* Wer hat nicht schon beglückende und bedrückende vom Postboten erhalten? Ich bin wie so ein Brief: Gott hat mich ins Leben gerufen, um seine Botschaft der Liebe in die Welt zu tragen ... (Vgl. „144", Nr. 124.)

Kurzgeschichten

A: Der Himmel ist nicht oben
1. Ich habe dich geschaffen, die Not zu wenden: Bd. 4, Nr. 116;
2. Mein Plan sind meine Jünger auf Erden: Bd. 3, Nr. 69;
3. Bauleute des Reiches Gottes: Bd. 4, Nr. 87;
4. Ein dienender Mensch steht schon höher als der Himmel: Bd. 2, Nr. 222;
5. Siehe die angegebenen Kurzgeschichten unter „Symbol 1";
6. Jetzt kann der Himmel beginnen: Bd. 4, Nr. 232.

B: Er ist mitten unter uns
1. Die Weisung des Rabbi: Bd. 4, Nr. 85;
2. Die Frau im Lift: Bd. 4, Nr. 111.

Spiele

1. Gutes Anspiel zum Thema „Himmel" in „77", Nr. 45;
2. Wie die Musik unsichtbar im Raum ist, so ist uns auch Jesus unsichtbar nahe;
3. Sechs Kinder schauen nach dem Verlesen des Evangeliums (besser noch wie am Ende der 1. Lesung geschildert) „nach oben", weil ja Jesus ihren Blicken entschwand. Die Gemeinde singt den Refrain des Liedes „Schaut nicht hinauf, der Herr ist hier bei uns ..." (siehe etwa „Troubadour für Gott", Kolping-Bildungswerk, Sedanstr. 25, D-97082 Würzburg, Nr. 211). Dann geht das 1. Kind ans Mikrophon und spricht die 1. Strophe des Liedes „Jesus wohnt in unserer Straße ..." (ebd. Nr. 7). Jetzt wieder den Refrain, dann spricht das 2. Kind die 2. Strophe usw. Eine kurze, treffende Predigt zum Thema: Der Himmel ist nicht oben! (Vgl. „Behnke E", S. 77f);
4. Kinder bilden einen großen Kreis um die Osterkerze und tanzen einen Reigen zum Gedanken: „Ich bin bei euch alle Tage."

Bilder
Postkarten 5720, 5828 oder 5982 im Kunstverlag, D-56653 Maria Laach:
Himmelfahrt Christi (Tafelmalerei um 1418). Oder Postkarten Nr. 6543, 7475,
7514 im Buch-Kunstverlag, D-82488 Ettal.

7. Sonntag der Osterzeit
Aus dem Abschiedsgebet des Herrn

Evangelium: Joh 17,1-11a: Der Sohn soll allen Menschen ewiges Leben
schenken. / Vater, verherrliche deinen Sohn! / Ich bitte für alle, die du mir
gegeben hast.
(*L 1:* Apg 1,12-14: Sie verharrten einmütig im Gebet; *L 2:* 1 Petr 4,13-16: Freut
euch, daß ihr Anteil am Leiden Christi habt.)

Vorüberlegung: Jesus bittet den Vater darum, daß die Kreuzeshingabe Frucht
bringe. – Es hat uns etwas „gebracht", daß Jesus am Kreuz hingerichtet
wurde.

Symbolpredigten
Das *Haiti-Misereor-Hungertuch* wird aufgehängt: Es zeigt große Früchte, die
aus dem Kreuzbaum wachsen, viel größere, als es der Paradiesbaum zuließ.
Von diesen Früchten können *alle* Menschen beim ewigen Fest satt werden, bei
dem es keine Unterschiede mehr gibt zwischen Arm-Reich, Schwarz-Weiß ...
(siehe oben rechts auf dem Hungertuch).
Wo die Anbringung des Hungertuches nicht möglich ist, können ausgeschnittene Früchte an ein Kreuz gehängt werden unter dem Thema: „Was der
Kreuzbaum durch Jesus Christus wachsen ließ". Die Früchte werden mit
Begriffen behängt, die erarbeitet wurden: Vertrauen, Frieden, Versöhnung,
der Himmel ist offen ...

Kurzgeschichten
zum Vers „Ich bitte für alle, die du mir gegeben hast":
1. Aus der Kraft, die Christus gibt, werden sie wie Weizenkörner in die Erde
    gelegt: Bd. 4, Nr. 59;
2. Mut zum Bekenntnis aus der Kraft Christi: Bd. 2, Nr. 78 (ähnlich Bd. 2,
    Nr. 64-66);
3. Die Kraft aus Christus ist unbesiegbar: Bd. 4, Nr. 77;
4. Die Kraft Christi hat mich umgewandelt: Bd. 4, Nr. 80.

Weitere Anregung
An diesem Sonntag in der Pfingstnovene können wir vom „einmütigen Gebet"
sprechen (vgl. auch 1. Lesung). Jesus, unser „Vorbeter", schlägt uns vor, wie
und für wen und um was wir beten (Apg 1,14). Dazu folgende Symbolpredigt:

Beten in den Sackgassen des Lebens. Ein *Sackgassen-Schild*, das *später* – um das Symbol positiv werden zu lassen – mit einer Straße *überklebt* wird, die nach rechts oder links abbiegt, oder einem Kreuz, das die Gasse öffnet.

Die Jünger befanden sich zwischen Himmelfahrt und Pfingsten in einer Sackgasse, wie wir sie sicher auch schon erlebt haben: allein gelassen, freudlos, ohne Zukunftsperspektiven. Die Jünger lebten im „Niemandsland" zwischen „nicht mehr" und „noch nicht". In dieser Notlage scheint ihr einziger Halt zu sein: Sie bleiben, setzen sich zusammen und beten. Dann brauchte nur noch der Funke des Hl. Geistes überzuspringen, und ein Ausweg, ja eine neue Straße war da. (Jetzt das Schild überkleben oder ein anderes davorstellen.) Ausharren, sich zusammensetzen und beten: So können auch wir die Sackgassen des Lebens öffnen und neu aufbrechen. (Vgl. „122", Nr. 40.)

Pfingstsonntag
Erfüllung und Vollendung von Weihnachten und Ostern

Vorabend: Evangelium: Joh 7,37-39: Wer Durst hat, trinke. / Ströme von lebendigem Wasser werden fließen.
(*L 1:* Gen 11,1-9: Turmbau von Babel und drei Alternativ-Lesungen; *L 2:* Röm 8,22-27: Die Schöpfung wartet auf Erlösung.)
Am Tage: Evangelium: Joh 20,19-23: Er trat in ihre Mitte und hauchte sie an.
(*L 1:* Apg 2,1-11: Alle wurden mit dem Hl. Geist erfüllt und verstanden einander; *L 2:* 1 Kor 12,3b-7.12-13: Verschiedene Gnadengaben, aber *ein* Geist.)

Vorüberlegung: Die Geistsendung steht im Osterevangelium als Ereignis des Auferstehungstages (anders als bei Lukas): Der Ostergruß „Friede" wie die Ostergabe „Freude" sind Früchte des Heiligen Geistes, der die Jünger für immer mit dem Auferstandenen vereint. Er schafft auch eine neue Welt durch die Vergebung der Sünden.

Hinweis: Siehe auch „Pfingstsonntag" der Lesejahre B und C und „Pfingstmontag" der Lesejahre A bis C.

Symbolpredigten
1. Der Geist weht, wo er will. *Ein blühender und verblühter Löwenzahn und eine Pusteblume.* Der Wind (= Hl. Geist) hat über die ganze Wiese den Löwenzahn geweht, der sich wie eine kleine Sonne zum Himmel streckt – so wie wir Menschen überall unverwechselbar einmalig auf der „Menschheitswiese" stehen und da, wo wir stehen, *blühen* sollen. Schnell ist der Löwenzahn *verblüht,* nur noch wenig erinnert an das pralle Gelb von gestern. Wir stehen in der Gefahr zurückzuschauen. Wer aber offen bleibt für Verwandlungen, erlebt in der *Pusteblume,* wenn er „weiß" geworden ist, daß ihn z. B. Kinder noch mehr lieben – wie Enkel von den Großeltern magisch angezogen werden. Jetzt das Loslassen üben! Wenn der Hauch

Gottes uns streift („Er hauchte sie an"; er sprach: „Ich sende euch!" Joh 20,22.21), wird der Same (= jeder gute Gedanke, jedes wohlwollende Wort, jede hilfreiche Tat) in die Welt getragen und wirkt noch, wenn wir vielleicht nicht mehr leben. (Blasen!) Wenn wir zum Schluß mit leeren Händen dastehen (= *leerer Fruchtstand* der Pusteblume), wird uns das Bewußtsein, Gutes gesät und die Botschaft vom liebenden Gott weitergetragen zu haben, die Entscheidung für den „Geber aller Gaben" leichter machen. Komm, Hl. Geist, erfasse auch uns! (Dazu gibt es die Postkarte Nr. 7293 im Buch-Kunstverlag, Ettal, die eine Pusteblume vor der Sonne zeigt. Die MISSIO-Leuchtboxfolie Nr. 18/2 zeigt eine Wiese voller Löwenzahn. Dias zu den einzelnen Phasen in der Dia-Meditation Nr. 9 „Sinn des Lebens" von Elmar Gruber, Impuls-Studio im Bernward-Verlag, Hildesheim.

2. Der „starke Wind" mit Namen Liebe. *Kleine, kantige Holzherzchen* aus Fichtenbrettern, 1 cm dick ausgesägt, mit Loch für den Umhängefaden *und* ein Stückchen *Schmirgelpapier*. Dazu die Geschichte: In einem Land ging es zackig, hart und streng zu. „Zackzack", „Ruckzuck", „Aus dem Weg" und „Zeit knapp" hieß es im Befehlston. Da ging es nicht immer ohne Verletzungen ab. Bis eines Tages ein kleines rundes Herz ohne Ecken und Kanten auf dem Marktplatz stand und sich als „Kuschelrund" vorstellte. Es kam aus einem gar nicht fernen Land, nur hatte keiner Zeit und Sinn dafür gehabt, es zu entdecken. „Bei uns weht ein ganz anderer Wind: ein starker, warmer mit Namen ‚Liebe', der alles kuschelrund reibt; der das Harte, Strenge im Miteinander auflöst." – Wer sich auf die Botschaft einläßt, kann jetzt sein kantiges Herz „kuschelrund" schmirgeln und sich umhängen. (Ausführlicher in „KiBö" 92-1, S. 14-15; nach „Materialdienst der evang. Kirche im Rheinland" Nr. 45, S. 26f.)

3. Werkzeug in der Hand Gottes. *Ein Stück geschmiedetes Eisen.* Wer mit dem Hammer auf kaltes Eisen schlägt, verändert es kaum. Wenn ich das Eisen (= wir selbst) ins Feuer lege, wird es rotglühend und schließlich butterweich; der Schmied (= Gott) bearbeitet es nach seinen Vorstellungen. Im „Feuer" mancher Ereignisse, die uns geprägt haben, ist uns der Geist Gottes ganz nahe gewesen. (Ausführlicher in „133", Nr. 48.)

4. Sich von der Mitte halten lassen. *Eine Baumscheibe* (= wir selbst) läßt die Jahresringe erkennen (= fruchtbare und „trockene" Jahre); selbst Kerben und Verwundungen (= Schicksalsschläge und Herausforderungen) verkraften die Ringe. Unter der Rinde liegt eine dünne Schicht, ein zeitlebens teilungsfähig bleibendes Pflanzengewebe („Kambium"), das den jeweils neuen Lebensring bildet (= offen bleiben für die Probleme der Zeit). Alle Ringe umkreisen die Mitte (= Gott), wie wir auch unsere Lebensjahre um Christus legen können, der *in die Mitte* der Jünger trat (Joh 20,19). In der Kraft des Hl. Geistes vollziehen sich all diese Vorgänge. (Dazu eine ausformulierte Bußfeier in „2 x 11", Nr. 5.)

5. Weiter siehe „2. Sonntag der Osterzeit (Weißer Sonntag)" in diesem Buch: Das alte *Wagenrad* („Er trat in ihre Mitte"): Symbol 1 und Kurzgeschichten ebd. unter A. Auftauen durch Anhauchen („Er hauchte sie an") von *Eiswürfeln:* ebd., Symbol 3. Jesus als *Magnet,* der in der Kraft des Hl. Geistes die Jünger an sich zieht: Siehe „6. Sonntag der Osterzeit" in diesem Buch, Symbol 1.

Kurzgeschichten
1. Alle Finsternis der Welt kann gegen einen Funken des Hl. Geistes nichts ausrichten: Bd. 1, Nr. 1;
2. Sorge um das Licht, es verlöscht zu leicht: Bd. 1, Nr. 4;
3. Weitergegebenes Licht hilft uns selbst wieder: Bd. 2, Nr. 106;
4. Das Holzscheit, aus dem Feuer genommen, kann leichter ausgehen: Bd. 2, Nr. 83;
5. Als Geisterfüllte mehr ausstrahlen: Bd. 3, Nr. 67-71.

Spiele
1. Der Turmbau zu Babel: „Spiele 1", S. 124-127;
2. Das Pfingstereignis: „Spiele 1", S. 132-134;
3. Der „Windstärkentext" (W. Willms): „Spiele 1", S. 138-141;
4. Komm herab, Hl. Geist (M. Schnegg): „Spiele 1", S. 135-137;
5. Eindrucksvolle Pfingstszene in „Roos", S. 103-107;
6. Pantomime: Eine Gruppe geht niedergeschlagen und jeder für sich durch den Altarraum, bis einer die Flamme (= Hl. Geist) der Osterkerze entdeckt und von hierher neue Hoffnung schöpft. Er behält die Entdeckung nicht für sich, sondern gibt sie an die anderen weiter, die es auch weitersagen ... vielleicht werden sogar einige aus den Bänken geholt und haben teil an der neuen Begeisterung, die in einen Reigen um den Altar mündet.
7. Die Apostel predigen: „Höntges" Nr. 22.

Bilder
1. Karte Nr. 1142 „Pfingsten im Emil Fink Verlag, Heidehofstr. 15, D-70184 Stuttgart, zeigt zwölf Jünger (also mit Matthias) und Maria um einen Tisch. In die freie Mitte oben stößt eine Taube (= Hl. Geist) mit einer Hostie, die auch in der Mitte des Tisches zu sehen ist: Jesus ist in diesem Brot mitten unter uns, aber auch in jedem dieses Kreises, weil rote Linien alle miteinander verbinden. Gemeinschaft untereinander (siehe Friedensgruß) ist also nur möglich, wo ich

mich öffne für Jesus *und* die anderen. – Die dreizehn „Kumpel" (Kumpan = einer, der mit mir sein Brot teilt und ißt) halten als Freunde Jesu zusammen, gehen nicht auf Sicherheitsabstand, beten miteinander (= gefaltete Hände), feiern zusammen Eucharistie. Jesus wird gleichsam zum „roten Faden", der ihr Leben steuern will. Die Gesichter sind einander zugewandt, sie schauen sich offen in die Augen, die Hände berühren einander, sie sind „ein Herz und eine Seele". Unter diesen Voraussetzungen „muß" der Geist Gottes einbrechen und kann auch die Botschaft hinausrollen (= Wagenrad: Christus ist die Nabe, die roten Speichen sind die Jünger, die in der Felge wie in einer Gemeinschaft ohne Lücken enden). Die Harmonie schließt im runden Tisch und der Farbkomposition ab.

2. Pusteblume: Siehe oben Symbol 1.

3. Zum Evangelium des Vorabends: Der Hl. Geist wird mit „Strömen lebendigen Wassers" verglichen. Diese „lebendigen Wasser", die in uns sein können, münden „im Ozean" Gott: Siehe „3. Fastensonntag" in diesem Buch unter „Bilder", Nr. 2.

4. Holzschnitt von Thomas Zacharias „Aussendung des Geistes": Siehe „3. Fastensonntag" in diesem Buch, unter „Bilder", Nr. 1.

Pfingstmontag
Der Geist der Wahrheit

Evangelium: Joh 15,26 – 16,3.12-15: Der Geist der Wahrheit legt Zeugnis für mich ab. / Sie werden euch töten wollen.
(*L 1:* Apg 10,34-35.42-48a: Dem Geist Gottes ist jedes Volk willkommen [Alternative möglich]; *L 2:* Eph 36,16-17a.18-28: Ein Leib, ein Geist, ein Herr ...)

Vorüberlegung: Wie Jesus Widerspruch erfuhr, so wird es auch den Jüngern nicht anders ergehen. Aber „der Geist der Wahrheit", der in ihnen wohnt, gibt Kraft zum Bekenntnis.

Hinweis: Siehe auch „Pfingstmontag" der Lesejahre B und C und „Pfingsten" der Lesejahre A bis C.

Symbolpredigten
1. Wir sitzen im Feuerofen. Ein Stück Fessel, das an den Enden Brandspuren zeigt (= *gelöste Fesseln*). Die Flammen (= Geist Gottes) verzehrten die Fesseln der drei jungen Männer im Feuerofen (Dan 3,1-97), in den auch wir geworfen sind: Diaspora-Situation unseres Glaubens; Häme in den Schulen (und Betrieben) für den, der sich an Jesus hält; Depression und Resignation in der Kirche. Wer sich auf den Geist der Wahrheit einläßt,

79

wird feststellen, daß Sein Feuer (= Osterkerze?) nicht verzehrte, sondern die Männer nur von diesen Fesseln im „Feuerofen Zeit" erlöste. (Dazu kann das Dia „Die drei Jünglinge im Feuerofen" von Th. Zacharias gezeigt werden, Kösel-Verlag, München 1966; auch als Holzschnitt-Bild im Großformat. Passend MISSIO-Leuchtbox-Folie F 4/5: Die Märtyrer von Uganda.)

2. Eine Kirche mit Farbe. Die *Umrisse einer großen Kirche* sind gemalt: Ihr seht die blasse, farblose Kirche an der Wand. An Pfingsten bekam sie Farbe eingehaucht: rote Farbe wie das Meßgewand des Priesters (ein *rotes Gesicht* wird hineingehängt). Rot ist eine herzliche Farbe, die Farbe der Liebe. Der Hl. Geist will eine Kirche mit Herz (ein *Herz* hineinhängen). Rot läßt uns ans Blut denken: Es gibt teuflische Geister, die die Kirche ausbluten lassen. Aber die Geschichte zeigt: Das Blut der Märtyrer wurde zum Samen für neue Bewegungen (*Blutstropfen* einhängen). Rot ist eine aufreizende Farbe, die Kirche wird zum „roten Tuch" für manchen Trend der Zeit. Aber der Geist der Wahrheit läßt sie sagen, was niemand hören will (*rotes* Tuch einhängen). Rot ist eine beständige Farbe, die auch überstrichen durchschimmert. Der Hl. Geist ist der „rote Faden" der Kirche, der mal leuchtend, mal weniger deutlich zu sehen ist (*roter Faden* dazu). (Ausführlicher in „122", Nr. 45; Idee von Ulrike Fell, Elsdorf.)

3. Die geheimnisvolle Rose Maria. *Eine Pfingstrose.* Die „Rose" ist eng mit den höchsten Festen des Kirchenjahres verbunden: „Es ist ein Ros entsprungen" singen wir an Weihnachten und schauen auch auf den Rosenstrauch Maria, der uns Jesus geschenkt hat. Vor Ostern schauen wir mehr auf die Dornen des Rosenstrauches: „Sieben Schwerter" des Schmerzes durchdrangen ihr Herz. Heute zeige ich euch eine Rose ohne Dornen, die Pfingstrose: Eine gelöste Maria inmitten der freudigen Gemeinschaft der Jünger. (Ausführlicher in „99", Nr. 85.)

Kurzgeschichten

A: Bekennermut aus dem Geist
1. Kraft zum Bekenntnis: Bd. 2, Nr. 64;
2. Christus ist auferstanden!: Bd. 2, Nr. 65;
3. Bekenntnis im Straflager: Bd. 2, Nr. 66;
4. Bekenntnis vor großem Publikum: Bd. 2, Nr. 78;
5. Begeisterung aus dem Hl. Geist ist unbesiegbar: Bd. 4, Nr. 77;
6. Same neuer Christen in die Erde: Bd. 4, Nr. 59.

B: Erfüllt vom Geist mehr ausstrahlen
Bd. 3, Nr. 67-71 und 94.

C: Zum Geist der Wahrheit
Siehe „5. Sonntag der Osterzeit" in diesem Buch unter „Kurzgeschichten" B.

Spiele
1. Bekennermut der Apostel vor dem Hohen Rat: „Spiele 1", S. 128-131;
2. Anspiel zu Pfingsten à la „Dalli-Dalli": Siehe „77", Nr. 46.

Bilder
1. Postkarte Nr. 2301290 von Fotokunst Groh, D-82237 Wörthsee, zeigt eine Sonnenblume. Ihre kreisrunde Blüte (Kreis = Symbol für Gott) orientiert sich an der Sonne (= Güte, Liebe) und wird selbst zur kleinen Sonne. Die Schatten (= Schuld) fallen dabei nach hinten. Wenn sie schließlich „den Kopf hängen läßt" (= Alter), der voller Samen sitzt, dann kann dieser noch weiterwirken: Durch die Vögel wird er hingetragen, wo der Geist ihn will.
2. Die Postkarten 2301172 bei Fotokunst Groh, D-82237 Wörthsee, und Nr. RKW 8138 beim Kawohl-Verlag, D-46485 Wesel, zeigen Seerosen, die – wie die Lotosblume im Orient – zum Gleichnis für den Menschen werden kann, der auf Gottes Wirkkraft (= Hl. Geist) angewiesen ist. Deutung weiter unter 19. Sonntag i.J. in diesem Buch, Symbol 4. Begriffe wie Licht, Wärme, Freude, Gemeinschaft weisen uns auf die pfingstliche Kraft des Geistes Gottes.
3. Postkarten mit der „Geistsendung", die Maria im Vordergrund sehen: die folgenden im Kunstverlag, D-56653 Maria Laach: Nr. 5672 (Psalter aus der Abtei St. Alban bei London), Nr. 5952 (Martin Schongauer), Nr. 5695 (Altar eines Kölner Meisters), Nr. 5961 (Flügelaltar der Stiftskirche Bad Hersfeld), Nr. 5983 (Tafelmalerei, Hannover), Nr. 5765 (Perikopenbuch Franken), Nr. 5576 (Miniatur aus Cod. 291, Einsiedeln).
4. Postkarten mit der „Geistsendung", die Petrus im Vordergrund sehen: die folgenden im Kunstverlag, D-56653 Maria Laach: Nr. 5545 (Sakramentar St. Gallen), Nr. 5647 (Evangeliar aus Köln).

Siehe auch Pfingstsonntag.

SONNTAGE IM JAHRESKREIS

1. Sonntag im Jahreskreis: siehe „Taufe des Herrn", Seite 38.

2. Sonntag im Jahreskreis
Jesus – das Lamm Gottes

Evangelium: Joh 1,29-34: Seht, das Lamm Gottes! – Der Hl. Geist in Gestalt einer Taube kam auf Jesus herab. / Jesus ist der Messias = der Erwählte Gottes.
(*L 1:* Jes 49,3.5-6: Ich mache dich zum Licht für die Völker; *L 2:* 1 Kor 1,1-3: Gnade und Friede seien mit euch!)

Vorüberlegung: Die drei Aussagen des Johannes (= Lamm, Taube, Messias) weisen auf den Knecht Gottes hin, der in der 1. Lesung angesprochen ist. Jesus muß als solcher erkannt werden, wie Johannes von dieser Erkenntnis durch die innere Stimme Zeugnis gibt.

Hinweise: 1. Vergleiche „2. Sonntag i.J.", Lesejahr B. 2. Heute ist der Familiensonntag: Siehe „Fest der Hl. Familie", Lesejahre A bis C.

Symbolpredigten
1. Das Lamm. Die Schafe an der Krippe können bereits ein Hinweis sein, daß Jesus zum *Lamm* Gottes wird: Jesus gibt sich wie ein zu beschützendes Lamm in den Willen Gottes: Er will sich wie ein Lamm führen lassen und wird so selbst zum Hirten, um den wir uns scharen können. Ein (gebackenes) Osterlamm, oft mit der Siegesfahne des siegreichen Auferstandenen, kann uns den Weg aufzeigen, der vor uns liegt. In der Nachfolge scharen wir uns eng um ihn. (Ausführlicher in „99", Nr. 34.) – Wenn wir als Schafe nicht mehr dem Hirten folgen und uns verirren, sind wir dem Tod ausgeliefert. Jesus kam, um zu suchen und zurückzuführen. – Im Leiden war Jesus stumm wie ein Lamm, wenn es abgeschlachtet wird. (Vgl. „PuK" 1/87, S. 105f.)
2. Die *Taube* mit „Heiligenschein" versinnbildlicht den Hl. Geist (die Taube mit dem Ölzweig im Schnabel den Frieden). Seit alters her galt die Taube als heiliges Tier, das nicht getötet werden durfte: Ihr werden Reinheit, Liebe und Frieden zugeschrieben. Sie liebt das Licht. Sie schwebt lautlos nieder und wird auch so zum Bild des Gottesgeistes, der sich ohne Lärm, übersehbar, fast unauffällig auf Menschen niederläßt.

Kurzgeschichten

1. Die hinführende Geschichte von einem kleinen Schaf, die den Begriff „Lamm Gottes" durchsichtiger macht, in „KiBö" 90-4, S. 21;
2. Ein geschnitzter Christuskörper wird aus einem versunkenen Schiff an Land geschwemmt. Die Geschichte dieses Christus aus dem Ozean läßt uns das „Lamm" verstehen, das alle Schuld der Welt auf sich nahm. Siehe „122", Nr. 30.

Spiel

Steine werden um ein Stofflamm gelegt als Sinnbild für Kantiges und Verletzendes, das das Lamm Gottes besiegt hat. Auch wir können Böses umgestalten: Die Steine werden jetzt als Weg zum Altar, zum Lamm Gottes, gelegt; vgl. „Schnegg 3", Nr. 51.

Bilder

1. Postkarte 202 Colmar, Die Kreuzigung, Musée d'Unterlinden, Galerie BRAUN, 1964. (Oder: Fink-Kunstkarte Nr. 2391: Emil Fink Verlag, Heidehofstr. 15, D-70184 Stuttgart.) Auf dem Isenheimer Altar (von Matthias Grünewald) ist Jesus wie ein Pestkranker gemalt, weil dieses Bildnis für ein Hospital mit Pestkranken gedacht war (andernfalls wäre es damals wohl auch nicht aufgestellt worden). Der Täufer Johannes steht unter dem Kreuz und zeigt mit übergroßem Finger auf den Gekreuzigten. Zu seinen Füßen ist das Lamm gemalt, um zu verdeutlichen: Da seht ihr das Lamm = Jesus, das Partei ergreift für die Armen und Pestkranken; Jesus stellt sich auf unsere Seite. Hier fließen die beiden Bilder vom Lamm zusammen: Das Blut des Lammes auf dem Türpfosten, das damals in Ägypten vor dem Tode rettete, und das Bild des Gottesknechtes (vgl. 1. Lesung), der sein Leben zur Sühne hingibt.
2. Postkarte Nr. 5342 aus dem Kunstverlag, D-56653 Maria Laach, zeigt Johannes d. T. (mit Lamm auf dem Arm) von Ernst Alt.

3. Sonntag im Jahreskreis

Berufung der Jünger

Evangelium: Mt 4,12-23 (Kurzfassung möglich): Jesus bringt Licht dem Volk im Dunkeln. / Seine Botschaft: Kehrt um! / Er beruft Jünger von ihren Netzen zu Menschenfischern. / Er verkündet die Frohbotschaft und heilt. (*L 1:* Jes 8,23b-9,3: Das Volk im Dunkeln sieht ein helles Licht; *L 2:* 1 Kor 1,10-13.17: Seid einmütig.)

Vorüberlegung: Jesus bringt in zweifacher Weise Licht: Er verkündet die gute Nachricht von Gott *und* heilt Kranke. – Die Jünger verstehen den Anruf Jesu im Herzen, noch bevor ihr Verstand begreift, was die Nachfolge an Höhen und Tiefen bringt.

Hinweis: Siehe auch im Lesejahr B: „3. Sonntag i.J." und zur Nachfolge: „13. Sonntag i.J." in diesem Buch und auch im Lesejahr C.

Symbolpredigten

1. Kehrt um! Ein Kind steht vor einer *Mauer aus schwarzen Kartons,* auf denen Ängste benannt sind. Der Pr ruft „Kehr um!" Es dreht sich um und schaut jetzt auf eine hingehaltene *Christus-Ikone* oder das Kreuz. Die Bedrohungen sind damit nicht beseitigt, aber ich habe eine andere Blickrichtung. Vor allem: In den festgenagelten Armen Jesu darf ich die ausgebreiteten Arme des barmherzigen Vaters sehen.

2. Licht gegen die Angst. Eine kleine *Orientierungsleuchte,* wie sie in Kinderzimmern oft an der Steckdose angebracht ist, nimmt den Kindern im Dunkeln die Angst, die auch Erwachsene haben (etwa die Angst vor einer unheilbaren Krankheit ...). Die Angst gehört zum Leben des Menschen; sie fing schon bei der Geburt an, als wir durch den engen Geburtskanal ins Leben gestoßen wurden. Wenn ich all die Ängste anstarre, werden sie riesig und lähmen meine Kräfte. Wenn ich auf Jesus höre, wenn Gott in mir immer stärker wird, hat die Angst keinen Platz mehr. Ein Selbstvertrauen, das aus dem Vertrauen auf Gott lebt, ist unbesiegbar. (Familienmeßkreis Bergheim-Paffendorf.)

3. Ich, der Fisch. Ein großer ausgeschnittener *Fisch* erzählt auf originelle Weise, was er damals alles gesehen hat ..., auch die Berufung der Jünger. (Ausführlicher in „122", Nr. 88.)

4. Menschenfischer. Ein *Fischernetz* wird besorgt, eventuell ein Fischer zu seiner Arbeit interviewt, die dann auf die Arbeit der Missionare bzw. der „Menschenfischer" übertragen wird.

5. Sich einfangen lassen. Auf *ausgeschnittene Fische* schreiben Teilnehmerinnen und Teilnehmer ihre Namen. Dann werden die Fische im Chorraum in ein ausgespanntes Fischernetz gesteckt. Ich möchte im „Netz Gottes" geborgen sein; ich lasse mich einfangen. Hier kann auf die Bedeutung des Netzes im Zirkus hingewiesen werden, das vor dem tödlichen Absturz rettet. Seit der Taufe sind wir in diesem Netz geborgen.

6. Zum „Licht" im Dunkeln siehe auch 5. Sonntag i.J. in diesem Buch.

Kurzgeschichten

1. Hören auf den Ruf: Saulus stürzte vor Damaskus vom Pferd und hörte die Stimme. – Franziskus fand über „Stichorakel" (in die Hl. Schrift den Finger stecken und die getroffene Stelle als besondere Botschaft Gottes an mich betrachten) seinen Weg. – Mutter Teresa wie Sr. Emmanuelle, die Mutter der Müllmenschen in Kairo (vgl. „177", Nr. 160), hörten erst spät den Ruf zur totalen Nachfolge.

2. Hoffnung im „Dunkel" der Armut durch unsere Hilfe zur Selbsthilfe: Bd. 4, Nr. 200; ähnlich meine „Bußgeschichten", S. 63-65. – Ein Blick in das

„Dunkel" eines KZs: Hier in den Todesnächten von Bergen-Belsen wächst die Hoffnung, daß auf die dunkelste Nacht der Menschheit der hellste aller Tage folgt. (Ausführlicher in „PuK" 1/90, S. 104f.)

3. Kurzgeschichte zu „Menschenfischer sein". „Fischen" und „fangen" ist ja etwas negativ besetzt; darum gibt die folgende Geschichte ein positiveres Verständnis für diesen Auftrag Jesu:

Vor einiger Zeit hatte der Rhein Hochwasser. Weite Wiesen und Mulden waren überschwemmt. Als das Wasser weitgehend gesunken war, sah ich Bauern mit Wagen, auf denen Wannen und Fässer geladen waren, in die Wiesen fahren. Neugierig folgte ich ihnen.

Da hielten sie an einer flachen Wassermulde, in der Fische aufgeregt platschend hin- und herschwammen; sie suchten vergeblich nach einem rettenden Ausweg. Da ich den Bauern in ihren Gummistiefeln nicht folgen konnte, fragte ich einen: „Was machen Sie da? Fangen Sie Fische?" Der antwortete: „Ja, wir machen das, was Jesus mit dem Wort ‚Menschenfischer' meinte: Wir sammeln sie ein, aber nicht für uns, sondern wir bringen sie dann zum Fluß, um sie dort auszusetzen." (Jos. Vink, Liebfrauenstr. 1, D-40591 Düsseldorf.)

Deutung: Menschen aus den „Tümpeln" dieser Welt holen und sie in den Strom setzen, der zum Ozean (= Gott) führt.

Spiele

1. Die zurückgelassenen Netze (vielleicht hängen sie um die beiden Darsteller) reden miteinander über das, was gerade vorgefallen ist: Siehe „Laubi/Dirnbeck", S. 80-82.

2. Die Berufung der Jünger als Schattenspiel in „Behnke 1", S. 13f, mit Figuren, die auf den Tageslichtprojektor gelegt werden. – Als Evangelienspiel in „Schnegg 1", Nr. 43: Die „Jünger" entzünden an der Osterkerze (= Jesus) ihr Licht und tragen es in die Welt.

Bilder

Ein Dia, Bild oder Postkarte mit der Berufung der Jünger, z.B. F. Fichtl, Dias zum Kirchenjahr, Serie 7, Nr. 1, im Christophorus-Verlag, Freiburg, Bestell-Nr. 60297 (vergriffen, aber über Ausleihstellen versuchen).

Weitere Anregung

Eine Kopiervorlage, die das Evangelium darstellt, findet sich zum Ausmalen für jüngere Kinder in „Behnke 1", S. 119.

4. Sonntag im Jahreskreis
Acht Seligpreisungen

Evangelium: Mt 5,1-12a: Seligpreisungen der Bergpredigt.
(*L 1:* Zef 2,3; 3,12-13: Ich lasse ein demütiges und armes Volk übrig; *L 2:* 1 Kor 1, 26-31: Gott hat das Niedrige und Schwache in der Welt erwählt.)

Vorüberlegung: Auf einem „Berg" (= Erscheinungsort Gottes) sitzt Jesus (= Zeichen der Königs- und Richtergewalt) und zählt Grundhaltungen eines Lebens aus dem Glauben auf, nicht primär Forderungen. Er vertröstet nicht aufs Jenseits, sondern macht den Menschen, die keine Hoffnung haben, schon jetzt Mut; wobei „arm" und „hungrig" nicht in erster Linie wirtschaftlich-sozial zu deuten sind, sondern eher Personen meint, die sich ganz auf Gott angewiesen fühlen.

Hinweis: Siehe auch „6. Sonntag i.J.", Lesejahr C.

Symbolpredigten

1. Schlüssel zum Paradies. Ein schöner großer *Schlüssel* vom Tabernakel oder von der Kirche. Mit diesem Schlüssel kann ich die „Tür" zum „Paradies" aufschließen, wenn ich mich an die „Glückwünsche" Jesu halte, welche die Kernbotschaft bzw. die Herzmitte des Neuen Testaments umschreiben.

2. Unser Lebenswerk im Prüfstand. Eine *Wasserwaage* hilft, ein Haus gerade zu errichten. Die Worte der Hl. Schrift, besonders der Bergpredigt, sind die Wasserwaage, an der wir ablesen können, ob wir „gerade" gebaut haben.

3. Wege, die zu Gott führen. Acht verschiedenfarbige *Kreppapierbahnen,* auf denen die „Bedingungen" der Bergpredigt stehen (arm, friedliebend, barmherzig, rein ...) und die von Kindern deutlich hochgehalten werden, führen als Wege zum Altar. Hier können aus dem Leben von Heiligen konkrete Hinweise zur Nachfolge gegeben werden.

4. Die Heiligen zeigen Wege auf. Ein *Scheinwerfer* wird auf einen *Spiegel* gehalten, der das Licht jetzt beliebig zurückwirft: Christus als Lichtquelle wird von den Heiligen widergespiegelt, denn in irgendeinem Punkt haben sie die Botschaft der Bergpredigt nachahmenswert zum Leuchten gebracht, indem sie zum Frieden, zur Gerechtigkeit ... beitrugen oder verfolgt wurden.

5. Saatkörner für ein Paradies auf Erden. Jeder erhält ein *Tütchen mit Kressesamen.* Die einzelnen Körner werden benannt nach den Seligpreisungen: Vertrauen, Friedfertigkeit, Barmherzigkeit ... und gesät. Diese Saatkörner können unsere Welt zur blühenden Wiese machen, die zum Ausruhen einlädt. (Ausführlicher in „177", Nr. 96.)

Kurzgeschichten
1. Die Glocke mit der heilenden Botschaft: Ein Bauer fand in seinem Acker eine riesige Glocke, deren Klang den Traurigen Mut gab, die Reichen an die Armen erinnerte, den Einsamen seinen Kummer vergessen ließ ... Der mißglückte Versuch des Zaren, diese Glocke auf sein Schloß zu bringen, läßt ihn vor Zorn die Glocke in tausend Stücke schlagen. Aber diese verwandeln sich in tausend Glöckchen, deren heilende Botschaft nicht verstummt (= wir Christen, die Gottes gute Nachricht weitertragen sollen). (Ausführlicher in „122", Nr. 42, wobei vielleicht auf einer großen sichtbaren Glocke für die Teilnehmer kleine abnehmbare Glöckchen hängen.)
2. Der Paradiesvogel (= die Seligpreisungen sind ein Stück Paradies) läßt sich nur mit anderen gemeinsam einfangen: Bd. 1, Nr. 251. Siehe auch in „144", Nr. 128. Jeder muß also dabei seine Talente miteinbringen.
3. Der Alkoholiker, der „arm" vor Gott (= auf ihn angewiesen) dasteht, glaubt an den barmherzigen Richter: Bd. 4, Nr. 225.
4. Nicht seine Leistung öffnet dem Mönch die Tür zum Paradies, sondern weil er sich „arm" vor Gott weiß: Bd. 4, Nr. 134.

Spiele
1. Ein Reporter will feststellen, ob eine Verkäuferin eine Heilige ist (= nach der Bergpredigt lebt). Interessantes Zwiegespräch in „77", Nr. 70.
2. Nach jedem Satz, den Kinder vorlesen (z. B. bei uns kommt ein Mensch gut an, der traurig ist und das offen zeigt), bestimmen die anderen Kinder, ob das Kind auf unserer weltlichen „Erfolgsleiter" (= Altarstufen) sich mehr nach oben oder nach unten stellen soll. Dann wird das Ergebnis durch Verlesen des Evangeliums in Kontrast gesetzt bzw. Korrekturen im Sinne Jesu vorgenommen; siehe „Schnegg 1", Nr. 31.
3. Die beiden ersten der oben angegebenen „Kurzgeschichten" sind gut spielbar.

Bild
„Selig, die Frieden stiften." Eine Sonne durchdringt dunkles Gewächs. Da, wo ihre Leuchtkraft sich am stärksten konzentriert, wird das Dunkle überwunden. Postkarte Nr. 23095179, Fotokunst Groh, D-82237 Wörthsee.

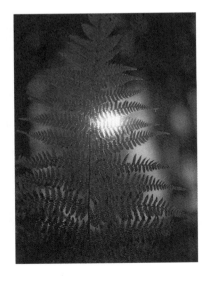

Weitere Anregungen

1. An Karneval: Ein Clown probiert sich im Handstand und erklärt auf Anfrage hin: Jesus hat (in der Bergpredigt) doch alles auf den Kopf gestellt ... Vgl. „KiBö" 87-4, S. 4f, weiter entfaltet in 88-4, S. 3-5.
2. Gute Textverfremdung, die aufhorchen läßt: „Die acht Seligpreisungen des PGR-Vorsitzenden" in „Roos", S. 50. Ähnlich verfremdet „Seligpreisungen für Sportler" in „99", Nr. 79.
3. Das Lied „Hört, wen Jesus glücklich preist" im Liederbuch „Sagt es weiter", BDJK Berlin, Götzstr. 65, D-12099 Berlin, Tel. 0 30/75 69 03-0, S. 65, oder die Seligpreisungen im Taizé-Halleluja in „Behnke 1", S. 15f.
4. Eine Übersetzung der Seligpreisungen, die aufhorchen läßt, in „Puk" 1/90, S. 115.

5. Sonntag im Jahreskreis
Vom Salz und vom Licht

Evangelium: Mt 5,13-16: Ihr seid Salz der Erde und Licht der Welt.
(*L 1:* Jes 58,7-10: Wer anderen hilft, zündet im Dunkel sein Licht an; *L 2:* 1 Kor 2,1-5: Ich habe Christus als Gekreuzigten verkündet.)

Vorüberlegung: Es kommt nicht auf schöne Worte, sondern auf die Taten der Christen an. Die Gaben, die wir empfangen, sind zugleich Aufgaben. Auch Jesus kam, um Feuer auf die Erde zu bringen = Licht anzuzünden.

Symbolpredigten
A: Zum Salz

Wie Salz das Essen würzt, so sollen Christen der Welt Geschmack geben: Jeder erhält ein Tütchen mit etwas Salz und läßt ein wenig davon auf der Zunge zergehen. Früher gab man dem Säugling bei der Taufe auch ein paar Körner Salz auf die Zunge. Salz in der richtigen Dosierung(!) gibt den Speisen die richtige Würze. Salz kann Eis zum Schmelzen bringen = tödliche Kälte zwischen Menschen beseitigen. – Salz schützt vor Fäulnis (Fischtransport) = keine falschen Kompromisse schließen. – Salz trägt (Totes Meer) = andere tragen; das Leben erträglicher machen. – Viele Heilige haben uns „Salz der Erde" vorgelebt. Ausführlicher in „Anschauliche", S. 62-65. Ähnlich Brot und Salz (Salzstreuer), das Brautleuten überreicht wird; vgl. Willi Hoffsümmer, „Vom Wein in den Krügen", Nr. 23, Herder Verlag, Freiburg.

B: Zum Licht

1. Kontaktsperren beseitigen: Eine *Taschenlampe* brennt nicht. Liegt es daran, daß die Batterien leer sind (= Vertrauen auf Gott, Gebet) oder das Birnchen kaputt ist (= gravierende Trennung von Gott oder einem Menschen)? Es liegt eine Kontaktsperre vor: Ein Fünfmarkschein oder ein

Stück Fernsehprogramm wird entfaltet = Habgier und Wohlstand oder andere Interessen verhindern die Leuchtkraft. (Vgl. dazu „Kurzg. 4", Nr. 81.)

2. Das Gleichnis der *Sonnenblume* oder *Seerose:* Sie orientiert sich am Sonnenlicht und wird dabei selbst zur kleinen Sonne, die erfreut. Vgl. „177", Nr. 71 und 73; die Seerose, siehe unter „19. Sonntag i.J." in diesem Buch, Symbol 4.

3. Licht für die Welt sein: Ein kleines *Teelicht* in der Hand des Teilnehmers lädt zur Meditation ein: Es wurde an der Osterkerze (= Jesus, vgl. Joh 8,12: Ich bin das Licht der Welt) entzündet, in der Taufkerze ein Leben lang in unsere Hände gegeben. Solch ein kleines Licht genügt zur Orientierung im Dunklen. Wenn ich es weitergebe, macht es die Welt heller und – wenn mein Licht verlöschen sollte, kann ich mir das Licht bei anderen wiederholen (dazu „Kurzg. 2", Nr. 106). Alle Finsternis der Welt kann dem winzigen Licht des Glaubens nichts anhaben (dazu „Kurzg. 1", Nr. 1). Ausführlicher in „177", Nr. 109 und 57; auch in „122", Nr. 120.

4. Die *Blinklichter* Gottes. Aufgestellte Blinklichter rufen: Achtung! Sie helfen, warnen, tragen zur Orientierung bei. Eltern, Erzieher, Geistliche, ja jeder Christ, sollten wie ein Blinklicht sein, an dem sich Heranwachsende orientieren. Die Heiligenfiguren und -bilder stehen wie Blinklichter in der Kirche, damit wir genauer auf ihr Leben schauen. Sie weisen uns den Weg zum ewigen Licht. Ausführlicher in „122", Nr. 23. – Auch möglich mit einem groß gezeichneten Leuchtturm.

5. Jeder kann die Welt heller machen: Wenn ich mich nur als kleines *Klümpchen Wachs* betrachte, „zu nichts nütze", so kann ich mich doch mit anderen Klümpchen und einem *Baumwollfaden* zusammentun (= Gemeinschaft), um etwas Licht zu verbreiten. Ausführlicher in „99", Nr. 75. Manchmal hilft eine „kleine Leuchte" mehr als eine blendende, gleißende Lichtquelle, z. B. im Krankenzimmer (hierzu in „Kurzg. 4", Nr. 173 von der kleinen Leuchte).

6. Licht in der Welt. An einem *Glühwürmchen* (gelbe Lichtflecken auf großem, schwarzem Hintergrund = Nacht) können wir uns ein Beispiel nehmen: Es kann 80 % seiner Energie in Leuchtkraft umsetzen! Wie leuchten wir? Die Glühwürmchen leuchten, damit sie in der Sommernacht erkannt werden und zueinander finden. Sind wir in der Öffentlichkeit als Christen erkennbar, oder verstecken wir uns lieber? – Jesus erwartet nicht das ganz Große; er spricht oft von ganz kleinen Dingen: vom Senfkorn, vom Salz, von der kleinen Münze, der Flamme auf dem Leuchter. Bin ich Funke auf dem Weg, wenn schon nicht Stadt auf dem Berge? Die Glühwürmchen werden häufig gegen Ende Juni beobachtet, und weil am 24.6. das Fest Johannes d.T. ist, werden sie Johanniswürmchen genannt (= Johannes d.T. war die Fackel, die hingewiesen hat auf das größere Licht). Geben wir noch Zeugnis von der kommenden

Herrlichkeit, auf die wir warten? – Glühwürmchen können nur kurze Zeit leuchten, aber sie leuchten. Auch wir wissen nicht, wie lange wir die Chance haben: Darum *jetzt* leuchten! (Stark verkürzt nach Winfried Pilz, Unter den Kamelen, „Tierische" Predigten für junge Christen-Menschen, Bonifatius-Verlag 1991, S. 83-92.)

Kurzgeschichten

A: Zum Salz

1. Ein Männchen aus Salz taucht ins Meer (= die Welt) ein und löst sich langsam auf: Es beginnt das Meer erst zu verstehen, als es sich hingibt; zugleich wird es Salz für „die Erde": Bd. 4, Nr. 158;
2. Die jüngste Tochter eines Königs, der die Liebe seiner Töchter zu ihm ausloten will, erklärt: „Ich liebe dich wie das Salz." Erst viel später, als er das Salz als notwendigstes Gewürz für die Speisen entdeckt, weiß er diese Liebeserklärung der Tochter richtig einzuschätzen. (Ausführlicher gedeutet in „Stendebach 1", S. 151-154.) Siehe Bd. 4, Nr. 175.

B: Zum Licht

1. Die Halle der Welt mit Licht füllen: Bd. 4, Nr. 160;
2. Wer das ihm anvertraute Licht bewahren will, muß etwas dafür tun: Bd. 1, Nr.4;
3. Gegen ein kleines Licht kann die ganze Finsternis nichts ausrichten: Bd. 1, Nr.1;
4. Die Isolierschicht beseitigen: Bd. 4, Nr. 81;
5. Die kleine Leuchte: Bd. 4, Nr. 173.

Spiele

1. „Das Licht" kämpft gegen die „Finsternis": Immer wieder wird eine Kerze entzündet, die „Vertrauen", „Freude", „Friede", „Gerechtigkeit" ... heißt. Der „Widersacher" versucht sie immer wieder zu löschen, was ihm auch mit sehr guten Argumenten angesichts der Wirklichkeit unserer Welt gelingt. Das letzte Licht der „Hoffnung" bleibt aber brennen: Es ist uns anvertraut, Licht der Welt zu sein. – Ein Beispiel dazu in „133", Nr. 3.
2. Einige Kinder tragen brennende Kerzen, die versinnbildlichen, daß Gottes Liebe uns anstrahlt und hell macht. Aber ein Kind kommt und erstickt die Flammen. (Dies mit Kindern im Gespräch deuten lassen.) Nach dem Evangelium werden die Kerzen wieder entzündet, weil wir als Kinder des Lichtes seit der Taufe aufgerufen sind zu leuchten (vgl. Schnegg 2, Nr. 44).
3. Spieler entzünden ihre Kerzen an der Osterkerze, stehen aber mit dem Rücken zur Gemeinde – bis sie ihr Licht an suchende Mitspieler weitergeben (vgl. „Schnegg 3", Nr. 53).
4. Spielbare Kurzgeschichte in Bd. 4, Nr. 160: Die Halle der Welt mit Licht füllen.

Weitere Anregungen

1. Es liegt nahe, ein Kind zu taufen und (etwas Salz auf die Zunge zu geben) das Überreichen der Taufkerze und ihr Entzünden an der Osterkerze herauszustellen.

2. Denkbar ist auch eine Trauung, bei der die Brautkerze (Nr. 6) oder eine Zierkerze (Nr. 37) oder Öl in den Krügen (Nr. 27) oder Salz und Brot (Nr. 23) überreicht und gedeutet werden. Die Zahlen beziehen sich auf mein Buch „Vom Wein in den Krügen", Herder Verlag, Freiburg.

6. Sonntag im Jahreskreis

Von der Versöhnung

Evangelium: Mt 5,17-37 (Kurzfassung möglich): Versöhne dich. / Wirf weg, was dich verführt. / Schwöre nicht.
(*L 1:* Sir 15,15-20 [16-21]: Wähle Leben oder Tod – sündige nicht; *L 2:* 1 Kor 2,6-10: Wir verkündigen, was kein Auge gesehen und kein Ohr gehört hat.)

Vorüberlegung: Jesus stellt uns Ziele vor Augen, denen wir entgegenstreben sollen: Entscheidend ist die Absicht unseres Herzens, nicht das Erreichte. – Gott will den Menschen *ganz.* – Solche Gebote sind wie Geländer an der Brücke unseres Lebens.

Symbolpredigten

1. Frieden schaffen. Knoten in einem gezeigten *Sprungseil* versinnbildlichen den Streit. Sie werden nicht gelöst, indem eine Seite nachgibt oder der „gordische Knoten" mit einem Schwert durchschlagen wird (à la Alexander der Große). Er kann nur in gegenseitigem Bemühen und Gesprächen und miteinander „aufgeknibbelt" werden. – Übrigens verlangt Jesus an dieser Stelle (Mt 5,23f) nicht nur Versöhnungsbereitschaft, sondern: Ich soll sogar zu dem hingehen, von dem ich weiß, daß er etwas gegen mich hat. (Vgl. „177", Nr. 98, und „Vom Wein in den Krügen", Nr. 16, Herder Verlag, Freiburg.)

2. Zeichen der Versöhnung setzen: Vor dem Eingang der Kirche ist ein *Baum* über und über *mit bunten Tüchern* geschmückt. Daran wird angeknüpft, wenn die Kurzgeschichte Nr. 221 aus Bd. 1 vorgelesen wird: Ein entlassener Strafgefangener erblickt vom Zug aus in der letzten Kurve vor seinem Heimatort „tausend" bunte Tücher in einem Baum, die ihm restloses Verzeihen signalisieren.

3. Stromkreis der Liebe. Eine elektrische *Kerzenkette*, wie sie in Weihnachtsbäume gehängt wird: Der Strom der Vergebung Gottes kann nicht fließen, solange wir ihn an einer Stelle unterbrechen. „Vergib uns unsere Schuld, *wie auch wir* vergeben unseren Schuldigern."

4. Abgrenzungen überwinden: Ein Stück *Stacheldraht* steht als symbolisier-

tes Zeichen für Spaltung und Herzenskälte, oft genug zwischen Nachbarn ... gezogen. Eine in den Stacheldraht gesteckte *Rose* (wie z. B. als Symbol vor dem ehemaligen KZ Auschwitz-Birkenau) zeigt den Willen zur Versöhnung und zur Überbrückung an. (Dazu eine Bußfeier in „3 x 7", Nr. 6.)

5. Hände reichen. Wir betrachten unsere *Hände:* Schütze oder schlage ich mit ihnen, tröste oder stoße ich damit zurück? Wasche ich meine Schuld einfach ab, oder bin ich zur Versöhnung bereit? Habe ich die Hände gefaltet, um Gott um Mithilfe zu bitten, zugeschlagene Türen zu öffnen? – Danach können einige Hände auf grünem Tonpapier ummalt, ausgeschnitten und vorne ans Kreuz geheftet werden: Wir möchten Christi Hände sein heute in der Welt und aus dem Kreuzbaum unsere Kraft holen; sogar, um einem Feind zu verzeihen.

6. Siehe auch „24. Sonntag i.J." in diesem Buch: Symbole 1 bis 3.

Kurzgeschichten
A: Zur Versöhnung
1. Versöhnung vor dem Gottesdienst:
   a) Eine Gemeinde wartet so lange in der Kirche, bis die Familien sich versöhnt haben: Bd. 2, Nr. 75;
   b) Ein Missionar betritt erst die Zeltstadt, wenn alle miteinander auskommen: Bd. 3, Nr. 62;
   c) Ein Neuseeländer verzeiht seinem Todfeind um Christi willen: Bd. 2, Nr. 76 (ähnlich Bd. 4, Nr. 144).
2. Versöhnung miteinander:
   a) Zwei Fuhrleute schließen miteinander Frieden, indem – einer nachgibt: Bd. 1, Nr. 156;
   b) „Eisblöcke" schmelzen unter der „Sonne" der Vergebung und fließen ineinander: Bd. 1, Nr. 165;
   c) Ein Kind, das überraschend früh zur Welt kommt, vermag die Todesgrenze zwischen Arabern und Israelis für Augenblicke zu entschärfen: Bd. 4, Nr. 143. Vielleicht kam auch deshalb Jesus als *Kind* in die Welt.

B: Zur Verführung (Mt 5,27-30) und Eindeutigkeit
1. Ein Mönch trägt ein hübsches Mädchen über den Morast der Straße: Bd. 4, Nr. 129;
2. Der „Narr" kommt in die gesuchte gesegnete Stadt, in der alle Bewohner nur ein Auge und nur eine Hand haben (Mt 5,29f): Bd. 4, Nr. 82;
3. Ein Einsiedler hat alle Hände voll zu tun, die Menagerie seiner Tiere (= all seiner Begierden) zu beherrschen: Bd. 2, Nr. 52;
4. Ein Flieger tötet die Ratte (= seine Begierde), die ihn durch Annagen der Kabel zum Absturz bringen kann, indem er in „höhere Luftschichten" fliegt (= Besinnung auf Treue, Gott): Bd. 1, Nr. 198.

Spiel

Zur Versöhnung: „Die Brücke": Verfeindete Kinder legen Steine über eine riesige Wasserpfütze, bis sie sich gegenüberstehen und sich versöhnen: „Kurzg. 2", Nr. 135. Spielbar auch die „beiden Fuhrleute" in „Kurzg. 1", Nr. 156.

7. Sonntag im Jahreskreis
Gewaltlosigkeit und Feindesliebe

Evangelium: Mt 5,38-48: Halte die andere Wange hin. / Liebt eure Feinde.
(*L 1:* Lev 19,1-2.17-18: Den Nächsten lieben wie sich selbst; *L 2:* 1 Kor 3,16-23: Ihr seid Tempel Gottes und gehört Christus an.)

Vorüberlegung: Jesus gibt uns „verrückte" Maßstäbe an die Hand, die alles verrücken und Teufelskreise durchbrechen. Verzicht auf Feindbilder und der Mut zum ersten Schritt könnten die Macht der Liebe als stärkste Waffe erweisen.

Hinweis: Siehe auch den vorhergehenden Sonntag unter „Versöhnung" (mit dem Feind); ebenso bietet der „7. Sonntag i.J.", Lesejahr C, weitere Ideen.

Symbolpredigten zur Feindesliebe

1. Miteinander verbunden. In eine *kommunizierende Röhre* wird in die verschiedenen Öffnungen unterschiedlich gefärbtes Wasser geschüttet (wenn die Röhre nur gezeichnet wurde, mit Buntstiften arbeiten): Überall steigt es gleichmäßig hoch, alle Röhrchen kommunizieren miteinander. Der Golfkrieg 1991 machte es dem letzten klar: Über die internationalen Verflechtungen des Bankwesens, der Pakte zwischen Ländern, der Religionsgemeinschaften usw. müssen alle mitleiden, wenn an einer Stelle der Welt die Waffen sprechen. Es ist also schon international ein Zeichen der Vernunft, mit Feinden anders umzugehen und Frieden – wo möglich – zu versuchen. – Auch Entwicklungshilfe ist Dienst am Frieden.

2. Liebe verwandelt. *Zwei Brillen* sind vorbereitet: *eine mit dunklen Gläsern und eine als rote Herzbrille* geformt. Der Prediger erzählt verschiedene Beispiele mit der Reaktion der Betroffenen; dabei setzt er jeweils die entsprechende Brille auf: Dirk als As in der Klasse wird zum Streber gestempelt, der immer einsamer wird. Klaus, der über eine Operation eine Menge Schulunterricht versäumt hat, bittet Dirk um Nachhilfe und erfährt über dessen geduldige Hilfsbereitschaft, wie viele Vorurteile abzubauen sind. – Eine ältere Frau in einem Hochhaus fühlt sich durch frechlaute Kinder so gestört, daß sie immer „biestiger" wird ... Aber dann wird sie zum Hausfest eingeladen ... (Ausführlicher in „122", Nr.75; nach einer Idee aus St. Theresia, D-40495 Düsseldorf.)

3. Brücken schlagen. An beiden „Ufern" einer gebastelten *Brücke* schildert jeder seine Sicht der Dinge, die zum Konflikt führten. Ausgangspunkte: arm – reich, jung – alt, gesund – krank. Oder: Warum grüßt du nicht mehr? Warum hast du geschlagen? Warum willst du nicht mehr neben ihm sitzen? ... Oft genügt ein Gespräch, ein gutes Wort, ein Lächeln, ein Brief ..., um Brücken zu schlagen.

4. An Karneval: Vor dem Verlesen des Evangeliums setzt sich der Priester eine *Narrenkappe* auf, nimmt ein Kreuz in die Hand und bittet die Gemeinde, bei bestimmten Sätzen aus der Hl. Schrift immer zuerst auf die Narrenkappe zu schauen und zu überlegen, ob uns wegen dieses Satzes draußen nicht viele für verrückt erklären und für Narren halten. Dann sollen sie jeweils auf das Kreuz sehen und – verstehen. Er liest jetzt nur die Verse: Mt 5,39b.40.41. 44. (Weitere Stellen in „99", Nr. 16.)

Kurzgeschichten

A: Zur Gewaltlosigkeit

(Die Bibelstelle, die uns auffordert, die andere Wange hinzuhalten, kann nicht als Argument gegen jeden Krieg angeführt werden. Ich kann als Rechtshänder einem Gegenüber gar nicht mit Gewalt auf die rechte Wange schlagen, ich träfe ja seine linke. Dieser Schlag mit dem linken Handrücken auf die rechte Wange des Gegners ist mehr als „Verachtungsschlag" einzustufen. Dann hieße diese Stelle in der Deutung: Wenn dir einer verächtlich begegnet, dann reagiere am besten gar nicht darauf.)

1. Gandhi verzeiht noch im Tod seinem Mörder: Bd. 1, Nr. 158;
2. Polnische Priester verneigen sich bei der Befreiung aus dem KZ vor ihren Schindern: Bd. 2, Nr. 134 (ähnlich Bd. 2, Nr. 133);
3. Die Schlange soll ihren tödlichen Biß (= Gewalt) lassen, nicht aber das Züngeln und Zischen: Bd. 4, Nr. 139, d.h. Gewaltlosigkeit soll durchaus wehrhaft sein, z.B. in Demonstrationsmärschen, Unterschriftenlisten, Hungerstreiks ... Oder durch Gewaltlosigkeit überzeugen wie Klemens Hofbauer: Bd. 1, Nr. 159;
4. Der geschundene Bauer Michejew besiegt den teuflischen Verwalter durch das Gute: Bd. 4, Nr. 65;
5. Die „Sonne", nicht der „Sturm", vermag dem Wanderer den Mantel abzunehmen, weil es ihm zu „warm" wird: Bd. 1, Nr. 154;
6. Erziehung ohne Stock und Stein: Bd. 3, Nr. 21.

B: Zur Feindesliebe

1. Eine fremde Ratte muß ihren Ausflug in einen anderen Rattenstall mit ihrem Leben büßen: Sie riecht ja anders: Bd. 2, Nr. 129. Diese Negativgeschichte fragt uns, ob wir Christen nicht auch oft so primitiv auf den „Stallgeruch" achten;
2. Ein Einwanderer verzweifelt fast an einer dicken, fetten, häßlichen Eidechse in seinem Zimmer – bis er aus ihr einen Gesprächspartner macht: Bd.2, Nr. 131 (ähnlich: Bd. 2, Nr. 178);
3. Meist sind Kriege überflüssig: Bd. 4, Nr. 136 (Zwerge – Riesen);

4. Dreißig Mädchen aus Hiroshima schrieben dem Piloten, der die Atombombe abgeworfen hatte und nach zwei Selbstmordversuchen in eine psychiatrische Klinik eingeliefert worden war: „Wir Mädchen sind zwar glücklicherweise dem Tod entkommen, aber durch die Atombombe haben wir Verletzungen in unseren Gesichtern und am ganzen Körper davongetragen. Nun hörten wir kürzlich, daß Sie sich nach dem Vorfall von Hiroshima mit einem Schuldgefühl quälen. Dieser Brief kommt zu Ihnen, um Ihnen unsere aufrichtige Teilnahme zu überbringen und Ihnen zu versichern, daß wir jetzt nicht die geringste Feindseligkeit gegen Sie persönlich hegen ... Wir haben gelernt, freundschaftlich für Sie zu empfinden, in dem Gedanken, daß Sie ebenso ein Kriegsopfer sind wie wir. Wir wünschen Ihnen, daß Sie sich bald erholen und sich denen anschließen, die sich dafür einsetzen, das barbarische Geschehen, Krieg genannt, durch den Geist der Geschwisterlichkeit zu überwinden."

Spiele
1. Die Kinder erfinden Spielszenen, in denen sie feindliche Mauern der Gewalt, der Vorurteile, der Ungerechtigkeiten ... aufzeigen. Sie spielen sie zuerst negativ und suchen dann bei der Wiederholung einen positiven Ausgang. Beispiele in „Spiele 1", S. 34f. Ähnlich „Auge um Auge" in „Behnke 1", S. 22, oder positiv in „Spendel 1", S. 82;
2. Ein Turm aus festen Kartons oder Kisten wird solange zwischen zwei verfeindeten Kindern aufgebaut, bis sie einander nicht mehr sehen = jeder gibt genug Gründe an, auf den anderen sauer zu sein. Der Turm oder die Mauer läßt sich nicht mit einem Schlag abbauen. Stein für Stein (= kleine Schritte) muß abgetragen werden, um dem anderen näherzukommen. Die Kinder nennen Möglichkeiten. Dann wird der Turm so abgebaut, daß daraus eine Brücke gelegt wird, auf der sich die beiden langsam nähern. (Vgl: „Kurzg. 2", Nr. 135 „Die Brücke".) (Zum Teil nach Handbuch zum Lektionar für Gottesdienste mit Kindern, Bd. 2, S. 303f.)

Bilder zur Feindesliebe
1. Fingerabdruck eines Menschen, in dem das Gesicht des Schöpfers sichtbar wird: Wer einem Menschen ins Gesicht schlägt, trifft letztlich den Schöpfer selbst. Wenn ich als Christ auf diese Weise in jedem Menschen den Bruder Jesus suche, kann ich auch den Feind lieben. (Vgl. „177", Nr. 79.)
2. Eine Blume, die mitten in Schnee und Eis blüht (Postkarte Nr. 7273 im Buch- und Kunstverlag Ettal): Mitten in eisiger Umgebung zu lieben versuchen.

3. Georg (= das Gute) besiegt den Drachen (= das Böse): Die Darstellung dieses legendären Heiligen zeigt beispielhaft unser Bemühen. Als Postkarte Nr. 5519 oder 5741 im Kunstverlag, D-56653 Maria Laach, oder im Aries-Verlag, München, als Nr. 629 oder 725.

8. Sonntag im Jahreskreis
Sorge um das Reich Gottes

Evangelium: Mt 6,24-34: Nicht zwei Herren dienen; sorgt euch zuerst um das Reich Gottes.
(*L 1:* Jes 49,14-15: Ich vergesse dich nicht; *L 2:* 1 Kor 4,1-5: Gott zieht uns zur Rechenschaft, das Urteil der anderen ist nicht entscheidend.)

Vorüberlegung: Im vorbehaltlosen Gottvertrauen sind auch unsere täglichen Sorgen aufgehoben. Mit Jesus leben wir sorgloser, denn wenn das Geld „angebetet" wird, werden wir zum Sklaven und der Besitz zur Besessenheit.

Hinweis: Siehe auch „25. Sonntag i.J.", Lesejahr C (Nicht zwei Herren dienen!).

Symbolpredigten
1. Niemand kann zwei Herren dienen: Jagen wir dem *goldenen Fisch* (= Mammon) nach *oder* schwimmen wir hinter dem „*Jesus-Fisch"* her? In der Erzählung vom goldenen Fisch („Kurzg. 4", Nr. 186) wird in einer Art moderner „Schöpfungsgeschichte mit Sündenfall" gezeigt, wie der Wunsch nach Gold schließlich die ganze Umwelt zerstört. Als Alternative bietet sich die „Swimmy"-Geschichte an: Seit der Taufe können wir „kleinen Fische" in und mit Jesus (= dem Auge des Fisches) durch die gefährlichen Wasser dieser Welt zu Gott schwimmen. (Wortlaut der Swimmy-Geschichte in meinem Topos-Taschenbuch „Geschichten zur Taufe", S. 47-49.)
2. Alternativ leben: Anhand eines *Schneckenhauses* werden die Aussagen des Evangeliums festgehalten: Sehen wir noch die kleinen Wunder am Wege? – Wie anspruchslos die Schnecke lebt: Wenn wir nicht mehr den tausend Dingen nachlaufen, die ohnehin unsere Umwelt zerstören, haben wir viel mehr Zeit für das Wesentliche. – Die wundervolle Spirale auf dem Schneckenhaus zeigt uns den Weg: Reise nach innen. Finde deine Mitte, dann findest du auch Gott und zugleich das Reich Gottes. (Ausführlicher in „99", Nr. 67, dazu eine Bußfeier in „2 x 11", Nr. 8.)
3. Ein *farbiger Nylondrache* (= wir) kann die immer noch schöne Welt mit ihren Vögeln und Lilien betrachten. Dabei fühlen wir uns von dem, der die Schnur in Händen hält (= Gott), gehalten. Dieses Vertrauen läßt uns mit manchem Windstoß fertig werden. Trotz all der Sorgen des Alltags können wir des Lebens froh werden. (Weitere Gedanken nach Dietmar Schindler in „122", Nr. 99[1].)

4. An Karneval: Die Mitte, die uns hält. Am vergrößerten Bild eines *Kettenkarussells* wird klargemacht: Wir dürfen im Leben trotz aller Sorgen weit hinausfliegen, weil wir uns um eine Mitte (= Gott) drehen, die uns hält. Die Kette, die uns mit der Mitte verbindet, darf allerdings nicht reißen. (Weitere Gedanken in „122", Nr. 59, ähnlich ebd. die Nr. 60, an einer Schiffschaukel aufgezeigt.)

5. Blumen Gottes wachsen lassen. Auf einer Tafel werden *Blumen* (= das Gute) von *Dornen* (= die falschen Sorgen) überwuchert und drohen zu ersticken. In den Fürbitten werden die Dornen symbolisch weggenommen. (Vgl. „Spendel 1", S. 86.)

Kurzgeschichten

1. Mehr den Augenblick leben und die Wunder um uns herum sehen: Bd. 3, Nr. 174;

2. Der wunderbare Teppich (= die Erde), der uns geschenkt ist: Bd. 4, Nr. 187 (ähnlich Bd. 4, Nr. 188, im Bild eines Gasthauses);

3. Einfacher leben = weniger wünschen: Bd. 4, Nr. 169;

4. Der vierte König: Bd. 1, Nr. 12;

5. Nur Gott fürchten (mehr 2. Lesung): Bd. 2, Nr. 96;

6. Sören Kierkegaard, Die Wildtaube, in Paul Jakobi, Damit unser Leben gelingen kann, Matthias-Grünewald-Verlag, Mainz, S. 37ff; *oder* in einem Gottesdienst zum Thema „Sorget euch nicht" bei Heriburg Laarmann, Bilder erzählen von Gott, Herder Verlag, Freiburg 1990, S. 103-106: Es geht hier um die falsche, übertriebene Sorge, die vergleicht und versklavt ... Sich der Sorge Gottes anvertrauen.

Spiele

1. Worauf kommt es an? Vertrauen ist wichtiger als materieller Besitz: Kinder protzen auf dem Schulhof: Siehe „Spiele 2", S. 74ff, für alte Menschen umgeschrieben in „77", Nr. 57;

2. An Karneval. Für Jüngere: Tim will nicht mehr Tim sein: Das Vertrauen auf die Eltern läßt Tim den Spott der Mitschüler überwinden. Übertragen: So können wir im Vertrauen auf Gott die täglichen Sorgen ganz anders einordnen. Siehe „Spiele 2", S. 15f; besser und vereinfacht in „KiBö" 90-4, S. 3;

3. Gut spielbar ist die Kurzgeschichte Nr. 4, siehe oben.

Weitere Anregungen

1. An Karneval empfehlen sich die hervorragenden gereimten Predigten von Pfr. Helmut Hoffmann, Hannover. Zum 8. Sonntag i.J. liegen mir drei vor. Davon eine, die das Evangelium genau aufschlüsselt: Es klingt alles nach „aussteigen" (= macht euch keine Sorgen ...), aber die großen Aussteiger Franziskus und Charles de Foucauld sind eigentlich „eingestiegen", als sie

mit dem Wort Jesu Ernst machten und in der Suche nach Gottes Reich die täglichen Sorgen als Stellen hinter dem Komma einordneten: In „PuK" 2/90, S. 183-185, oder bei mir bestellen. Insgesamt 9 Seiten; bitte DM 3,50 in Briefmarken beilegen.

2. Ein verfremdeter Text zum Evangelium, der aufhorchen läßt, in „Roos", S. 53.

9. Sonntag im Jahreskreis
Sein Haus auf Felsen bauen

Evangelium: Mt 7,21-27: Den Willen Gottes erfüllen, nicht nur „Herr, Herr" rufen. / Das Haus auf Felsen bauen.
(*L 1:* Dtn 11,18.26-28.32: Die Gebote Gottes am Handgelenk und auf der Stirn tragen; *L 2:* Röm 3,21-25a.28: Gerechtfertigt werden wir nur durch unseren Glauben.)

Vorüberlegung: Wer keine Taten zeigt, baut auf Sand. Zur Sonntags„pflicht" muß die Werktagspflicht kommen.

Symbolpredigten
1. Vertraue und arbeite! *Zwei Ruder* brauche ich im Boot, um vorwärts zu kommen. Es genügt nicht, auf Gott zu hören, zu beten, ihm zu vertrauen, „Herr, Herr" zu sagen (= das eine Ruder), ich muß auch arbeiten, Taten zeigen (= das andere Ruder). Siehe dazu auch „Kurzg. 1", Nr. 103.
2. Viele Steine im Bau der Kirche. Jeder bekommt einen *Stein* = wir alle sind lebendige Steine im geistigen Haus der Kirche (vgl. 1 Petr 2,5-8). Diese Kirche ist auf den Felsen Petri gebaut, der Christus selbst ist. Die Steinsäulen darauf, die das Dach der Kirche tragen, sind die zwölf Apostel, heute die Bischöfe. Bei Ärgernissen an oder in der Kirche, die wir in jedem „Stein", in jedem Christen sonst auch finden können, schauen wir auf das Fundament in Christus: In ihm können wir uns immer wieder vereinen – so verschieden wir auch sind. – Zum Abschluß werden die Steine in den Umriß einer Kirche gelegt. (Ausführlicher in „122", Nr. 58, nach einer Idee von Familie Manfred Metternich.)

Kurzgeschichten
1. Die hungrige Maus und der meditierende Asket: Bd. 3, Nr. 108;
2. Herz steht über Gesetz – auch im Hinduismus: Bd. 4, Nr. 113;
3. Nicht das Fasten und die Erfüllung der Pflichtgebete rechtfertigen den großen Mystiker im Tod, sondern eine Tat: Bd. 4, Nr. 226;
4. Der vermeintlich gute Mensch am Höllentor wird wegen seiner leeren Hände verworfen: Bd. 4, Nr. 228; ähnlich Bd. 1, Nr. 247-250;
5. Ein Mann baut sein Haus auf Gottvertrauen: Bd. 2, Nr. 98;

6. Die Heiligen sind in der Regel neben all ihrem Gebet Menschen der Tat – in einem Umfang, der uns staunen läßt. Hier bitte aus den Heiligenleben erzählen.

Spiele
1. Im Sandkasten ein kleines Holzhaus auf die Spitze eines Sandberges setzen: Mit der Gießkanne fällt nun ein „gewaltiger Regenguß" auf das Häuschen nieder. Den Kindern wird deutlich, daß der Untergrund und das Fundament sehr wichtig sind, denn das Häuschen beginnt „abzustürzen".
2. Die ein oder andere angegebene Kurzgeschichte ist spielbar.

Weitere Anregungen
An Karneval: Eine gelungene gereimte Predigt von Pfr. Helmut Hoffmann, Hannover, die der Problematik „Herr, Herr" und sein Haus „auf Felsen bauen" nachgeht. 4 DIN-A4-Seiten können für 2 DM in Briefmarken bei mir bestellt werden. *Oder* siehe „PuK" 2/92, S. 186-191.

10. Sonntag im Jahreskreis
Auf der Seite der Sünder

Evangelium: Mt 9,9-13: Matthäus folgt dem Ruf Jesu. / Jesus ißt mit Sündern. / Die Kranken brauchen den Arzt. / Gott will Barmherzigkeit. (*L 1:* Hos 6,3-6: Liebe will ich, nicht Schlachtopfer; *L 2:* Röm 4,18-25: Abraham war stark im Glauben.)

Vorüberlegung: Helfende Liebe ist der Gottesdienst, den Jesus will. Ein einziges Werk der Barmherzigkeit wiegt schwerer als viele Sünden. – Jesus verweigert den Sündern die Gemeinschaft nicht, weil das ein Weg ist zu zeigen, daß Gott auf ihrer Seite steht.

Symbolpredigten
1. Das Gute im Menschen suchen: Ein Mensch kann noch so viele Fehler = Stacheln haben – wie diese *Kaktee,* es bleibt doch genügend Platz für eine Blüte. In jedem Menschen, auch in jedem Verbrecher, gibt es den „Brückenkopf des Guten" (A. Solschenizyn). Will ich einen Menschen „bekehren", muß ich also die Blütenansätze auf dieser Kaktee suchen. Jesus sprach auf die Blüte an und änderte die Außenseiter auf diese Weise (Zachäus, Sünderin). (Ausführlicher in „Anschauliche", S. 66f.)
2. Bei Gott ist alles möglich. Der Stamm dieser *Yuccapalme* ist äußerlich unansehnlich und reizt zum Wegwerfen. Wer ihn aber einpflanzt und warten kann, erlebt schließlich eine so schöne Zierpflanze, daß sie als Schmuck auf die Fensterbank gesetzt werden kann. Bei Gott gibt es keine „hoffnungslosen Fälle". Jesus zeigt, daß wir keinen Menschen aufzugeben brauchen. (Vgl. „2. Advent" in diesem Buch, Symbol 3.)

3. Außenseitern eine Chance geben. Wer diesen Halbedelstein (Schmuckstein) hier, einen *Opal,* der so matt und unscheinbar ausschaut, kurze Zeit in seiner warmen Hand hält, wundert sich, wie er danach in herrlichen Farben leuchtet. Auf solche „matten und unansehnlichen", von der Menge abgeschriebenen Leute ging Jesus zu, aß mit ihnen, lud sie zur Mitarbeit ein und – gewann sie. Ganz nahe gehen, das brauchen sehr viele Menschen, um Glanz zeigen zu können. (Vgl. „133", Nr. 88.)

4. Das wenige einbringen. Ein *Klümpchen Wachs* und ein *Docht:* Siehe „5. Sonntag i.J." in diesem Buch unter Symbol 5, hier auf Sünder / Außenseiter übertragen.

Kurzgeschichten
1. Wie man einen Menschen bekehrt: Bd. 2, Nr. 45 (ähnlich Bd. 3, Nr. 18). Auch Jesus ging ganz nahe und aß mit den Sündern;
2. Die Gerechten (= Pharisäer) regen sich über die Großzügigkeit Gottes auf (ähnlich die Arbeiter im Weinberg oder der ältere Bruder im Gleichnis vom barmherzigen Vater): Bd. 2, Nr. 221;
3. Ein Außenseiter, ein Alkoholiker, träumt von der Barmherzigkeit Gottes: Bd. 4, Nr. 225;
4. Wie ein Dieb(!) ins Paradies gelangt: Bd. 4, Nr. 224;
5. Gott will Barmherzigkeit: Papst Johannes XXIII. zeigt einem Sünder gegenüber so viel Fingerspitzengefühl wie Jesus: Bd. 3, Nr. 121; das Zwiebelchen wurde nicht von ganzem Herzen geschenkt: Bd. 1, Nr. 249; das nachgeworfene Schwarzbrot rettet: Bd. 4, Nr. 230; das Erbarmen mit der Katze rettet: Bd. 4, Nr. 226;
6. Wie Gott uns Sünder sehen kann: Bd. 3, Nr. 37 (Legende von den Steinen).

Spiele
1. Das Evangelium mit „Chorführer", der wichtige Sätze aus dem Erzähltext heraushebt, die alle Anwesenden (oder eine Gruppe) dann noch einmal im Echo wiederholen (eindrucksvoll!): Siehe „77", Nr. 55;
2. Das Evangelium als Erzählpantomime: Ein Sprecher erzählt die Geschichte, Kinder spielen die Zuschauer, auf deren Gesichter und durch deren Gebärden sich widerspiegelt, was sie darüber denken;
3. Das Evangelium als Schattenspiel mit Figuren, die auf den Overheadprojektor gelegt werden: Siehe „Behnke 1", S. 27f.

Bilder
1. Ein ungewöhnliches Bild zeigt den Gekreuzigten, der seine Hände mit den Nägeln aus dem Balken herausgerissen hat und jetzt so hält, als wolle er den „verlorenen Sohn" umarmen. Die Postkarte mit Jesus, der alle an sich ziehen will, ist zu bestellen bei Eberhard Zwicker, Spiegelstr. 10, D-97070 Würzburg, und als vierseitige Bildtafel in bunt (für z.Zt. ca. 17,– DM),

Bestell-Nr. 838 D, beim Rottenburger Kunstverlag VER SACRUM, Postfach 4, D-72108 Rottenburg. Ausführlicher in „177", Nr. 44. Hierzu paßt auch die Geschichte in „Kurzg. 4", Nr. 112: Jesus reicht dem Sünder die Hand, als der Priester ihn abweisen will.

2. Das Mahl mit den Sündern: Als Postkarte im Kunstverlag, D–56653 Maria Laach, Nr. 5435. Dazu ein ausformulierter Gottesdienst in „FaJu", Febr. 90.

11. Sonntag im Jahreskreis
Die gute Nachricht weitertragen

Evangelium: Mt 9,36-10,8: Die Menschen sind erschöpft wie Schafe ohne Hirten. / Die Ernte braucht Arbeiter. / Berufung und Sendung der zwölf Jünger, auch zum Heilen. Umsonst habt ihr empfangen, umsonst sollt ihr geben.
(*L 1:* Ex 19,2-6a: Ihr gehört mir als heiliges Volk; *L 2:* Röm 5,6-11: Durch Leben und Tod Jesu sind wir gerettet.)

Vorüberlegung: Die beste Medizin für den Menschen ist der Mensch, weil er schon durch seine Nähe heilen kann. Die „Ernte" ist das Bild für das kommende Gericht; „Erntezeit" ist überall da, wo Menschen das verkündete Wort Gottes annehmen.

Hinweis: Siehe auch „14. Sonntag i.J.", Lesejahr C (Arbeiter in die Ernte und Heilung der Kranken).

Symbolpredigten
1. Die Botschaft weitertragen. *Kerzen* werden an der Osterkerze (= Jesus) entzündet und dann zu den Apostelleuchtern und Heiligenbildern getragen. Soweit vorhanden, werden dort Kerzen entzündet: Sie haben die Botschaft weitergetragen; heute sind wir „die einzige Bibel, die draußen noch gelesen wird".
2. Die heilende Botschaft weitersagen. Jeder erhält ein *Glöckchen* oder besser eine gezeichnete Glocke: Siehe „4. Sonntag i.J." in diesem Buch, Kurzgeschichte Nr. 1. Damit ist auch eine längere Geschichte verknüpft (vgl. „122", Nr. 42), die besagt, daß die heilende Botschaft von Gott nie mehr verstummen darf.
3. Die gute Nachricht in die Welt tragen. Viele erinnern sich sicherlich an einen *Brief* mit beglückendem Inhalt, den sie bis heute nicht vergessen haben oder noch aufbewahren. Die *Bibel* ist der Liebesbrief Gottes an uns. Heute bin ich Teil einer Abschrift. Was ich von der Bibel verwirkliche, sichtbar mache, ist Botschaft an die Umwelt.
4. Die Botschaft weitergeben. Ein *Wagenrad,* auf dem das Wort Evangelium

steht, wird jetzt vom Ambo weiter durch die Kirche gerollt: Die Mission unseres Glaubens ist uns aufgetragen.

5. Aus der Kraft Jesu die Welt verändern. An einem *Baumblatt* für jeden wird aufgezeigt, daß wir ganz auf den „Stamm" Jesus angewiesen sind, daß er uns aber als „Blätter" braucht, um „schlechte Luft" in der Welt zu beseitigen, weil wir „frischen Sauerstoff" aus unserer Verbindung zu Christus schöpfen können. Ausführlicher in „144", S. 11-14.

6. Umsonst habt ihr empfangen ... Ein „römischer *Brunnen*", wie er oft als Feuchtigkeitsspender in den Häusern steht (s. Abb. S. 48); oder folgende bekannte Brunnendarstellung: Die Quelle ergießt sich von Schale zu Schale. Wichtig ist zunächst die Erkenntnis, daß uns letztlich alles geschenkt ist – wie dieses Wasser aus der „Quelle" (= Gott). Das Danken dafür läßt uns die Augen nicht zuwachsen. Jede Schale (= wir) muß bereit sein, dieses Geschenk anzunehmen, sich davon erfüllen zu lassen und es dann „umsonst" weiterzugeben. Nur dieses Nehmen und Geben hält unsere Welt gesund. (Siehe auch unter „Bilder"; vgl. auch „3. Fastensonntag" in diesem Buch, Symbol 2.)

Kurzgeschichten

1. Das unentgeltliche dienende Arbeiten eines Rabbi schenkt der alten Frau etwas Himmel: Bd. 2, Nr. 222;

2. Sie schicken junge gläubige Familien in orientierungslose Dörfer: Bd. 3, Nr. 67;

3. Im Gehen ist schon die Predigt möglich: Bd. 3, Nr. 70; ähnlich die Predigt ohne Worte: Bd. 3, Nr. 71;

4. Negative Geschichten zum Thema „Den Glauben weitergeben": a) Die an den Papst zurückgegebene Bibel: Bd. 4, Nr. 84; b) Die Rettungsstation „Kirche", die manchmal zum Clubhaus verkommen ist: Bd. 1, Nr. 66;

5. Heiligenberichte: Ihr Leben war missionarisch geprägt.

Spiele

1. Ein Ball, Zeichen für die Botschaft Jesu, darf nicht in der Ecke liegen: Er will wie die Botschaft Jesu weitergegeben werden. Dazu einige gute Abwandlungen in „Schnegg 1", Nr. 33 (auch wenn dieses Spiel bei Schnegg erst für den nächsten Sonntag vorgesehen ist).

2. Die Botschaft weitergeben. Die Osterkerze brennt. Eine Gruppe geht ängstlich mit gesenktem Kopf, jeder für sich, durch den Chorraum – bis einer das Licht entdeckt. Er behält es nicht für sich, sondern gibt es pantomimisch weiter. Die beiden sagen es weiter, werden dabei froher, begeisterter, bis sie schließlich die gute Nachricht auch in die Kirchenschiffe tragen ... Eigentlich ein pfingstliches Spiel.

Bilder
1. Eine Holzplastik aus Rwanda: die zwei Personen, die in eine Holzschale geben oder aus ihr nehmen (u.a. in H. J. Coenen, Schatten-Bilder. Düsseldorf 1982). Rechte bei: vivant univers. Photos-Service, B-5000 Namur. An diesem Bild läßt sich sehr gut der letzte Satz des Evangeliums ausdeuten: Umsonst empfangen wir, umsonst sollen wir geben.

2. Ähnlich die Postkarte Nr. 243545 von Fotokunst Groh, D-82237 Wörthsee. Sie zeigt eine Brunnenschale, die sprudelndes Quellwasser empfängt und davon überfließend weitergibt. (Ausführlicher in „177", Nr. 62.)

Weitere Anregung
Heute kann über die Personalnot innerhalb der Kirche und die Zusammenlegung vieler Pfarreien gepredigt werden, die das Engagement der „Laien" notwendiger macht denn je.

12. Sonntag im Jahreskreis
Vom furchtlosen Bekennen und Vertrauen

Evangelium: Mt 10,26-33: Fürchtet euch nicht vor Menschen, sondern vor dem, der die Seele töten kann. / Habt Vertrauen: All eure Haare sind gezählt. / Sich zu Jesus bekennen.
(*L 1:* Jer 20,10-13: Der Herr rettet das Leben der Armen; *L 2:* Röm 5,12-15: Übertretung und Gnade.)

Vorüberlegung: Oft stehen wir wie David vor Goliat; aber lieber sterben, als sich vor den Menschen zu fürchten, weil wir dem vertrauen können, der das letzte Wort spricht.

Symbolpredigten
Zu: Vertrauen haben:
1. Fürchte dich nicht! Ein *Schiffstau* liegt um einen *Anlegepoller,* der einem Kreuz nachgebildet ist. An über hundert Stellen ruft uns die Bibel zu: „Fürchte dich nicht!" Wir sind nicht allein gelassen.

2. Im Netz geborgen. Aus zwölf Springseilchen wird ein *Netz* gelegt, wobei die einzelnen Seilchen eine Bezeichnung erhalten, die Eigenschaften einer Gemeinschaft aufzeigen wie Treue, Vertrauen, Geduld, Gesinnung Christi ... In das entstandene Netz legt sich ein Kind und wird ein Stückchen hochgehalten. Jetzt wird an das Netz erinnert, das im Zirkuszelt vor dem tödlichen Absturz bewahren kann. So sind wir bei Gott geborgen, brauchen aber auch die Gemeinschaft der Christen, um stärker zu sein, wenn Gefahr droht.

Kurzgeschichten

A: Furchtloses Bekennen von Christen

1. Bd. 2, Nr. 64-66; Bd. 4, Nr. 59 und 65; Bd. 1, Nr. 57: P. Maximilian Kolbe;
2. Von Tarzisius, Sebastian usw. über M. L. King bis hin zu Märtyrern im KZ erzählen;
3. Ein Interview mit Janusz Korczak in „2 x 11", S. 112f.

B: Geschichten zum Vertrauen (auf Gott)

1. Wo ich dich getragen habe: Bd. 1, Nr. 81;
2. Der Vater hält bei der Operation die Hand seines Kindes: Bd. 1, Nr. 92;
3. Heiter in den Tod: Bd. 1, Nr. 239;
4. Er ist ja mein Vater: Bd. 3, Nr. 96;
5. Der Holzhacker feiert sein schönstes Fest in der vermeintlichen Todesnacht: Bd. 3, Nr. 231;
6. Die Frau mit dem stark behinderten Kind: Bd. 4, Nr. 102;
7. Grenzenloses Vertrauen, das aus einem Votivbild spricht: Bd. 4, Nr. 109;
8. Vertrauen, das Berge versetzt: Bd. 4, Nr. 110.

Bilder

1. Ein (gemaltes) Bild vom Vogel in der Hand oder im Nest. Dazu das Lied: Wie ein Vogel im Nest, so sind wir bei dir im Nest (Willms/Janssens, Liederbuch „Sagt es weiter", BDKJ Berlin, Götzstr. 65, D-12099 Berlin, S. 296.
2. Glaube trägt: Die Postkarte eines Drachenfliegers wird meditiert: Er braucht Mut beim Absprung, muß Gegenwind suchen, den Auftrieb nutzen und erfährt dann, wie er getragen wird – wie auf Adlerflügeln. Ausführlicher in „177", Nr. 66. Die preisgünstige Postkarte ist beim Bergmoser + Höller-Verlag, D-52072 Aachen, zu bestellen. (Dazu auch „Kurzg. 4", Nr. 100)
3. Wunderschöne Postkarte (ohne Bestell-Nr.) von einem Drachenflieger in den Bergen, vor der Sonne fotografiert: „Drachenflieger in den Alpen": Fotoverlag Huber, Drosselstr. 7, D-82467 Garmisch-Partenkirchen, Tel. 08821/93330.

13. Sonntag im Jahreskreis
Von der Nachfolge

Evangelium: Mt 10,37-42: Das Kreuz auf sich nehmen und nachfolgen. / Wer euch aufnimmt, nimmt mich auf. / Alles Gute gegenüber Jüngern wird belohnt.
(*L 1:* 2 Kön 4,8-11.14-16a: Elischa prophezeit der Frau ein Kind; *L 2:* Röm 6,3-4.8-11: Mit Christus begraben durch die Taufe, können wir jetzt als neue Menschen leben.)

Vorüberlegung: Die Nachfolge Christi bedeutet ständiges Abschiednehmen, kann aber eine befreiende Herausforderung sein, die Leben in Fülle schenkt.

Hinweis: Siehe auch „22. Sonntag i.J." in diesem Buch und „23. Sonntag i.J." Lesejahr C (= sein Kreuz auf sich nehmen).

Symbolpredigten
1. Schwere und Chance der Nachfolge. Ein *Nagel* für jeden erinnert an die Schwere der Nachfolge, wenn ich auf ein „Kreuz" festgenagelt bin: Krankheit, Mißerfolg, Fehler, Versagen. Wenn ich mich auf Jesus einlasse, kann ich den Nagel „umbiegen", denn sein Kreuz hat alles durchkreuzt: Aus Leid kann Segen kommen, aus Unglück neues Glück. Im Betrachten des Lebens Jesu und im Glauben an den Erlösten kann ich sogar Nägel in meinem Fleisch überleben oder neue Energie aufbringen, um sie bei mir oder anderen herauszuziehen. (Dazu eine Bußfeier in „2 x 11", Nr. 2.)
2. Das Kreuz bis zur Erlösung tragen. Ein kräftiges *Kreuz* wird von einem Kind in den Chorraum getragen. Wir heften eine Sonne darauf (= die Sonne der Barmherzigkeit und Güte Gottes), einen Schuldschein (= unsere Fehler), der kraft der Stelle Kol 2,14 durchkreuzt wird, und ein grünes Blatt (= Kreuz als Lebensbaum, aus dem wir immer neue Kräfte schöpfen). Dann stellen wir die Osterkerze als Zeichen der Erlösung davor. (Ausformuliert und erweitert in „PuK" 5/89, S. 580-582, oder siehe „122", Nr. 29.)
3. Zerschlagen erst wird er zum Segen. Ein Stück gespaltener *Bambus* wird gezeigt und dazu die Kurzgeschichte Nr. 49 aus Bd. 1 erzählt: Er wurde erst zum Segen, als er sich brechen und zerschlagen ließ, um eine Quelle mit dem dürstenden Feld zu verbinden. Jeder erhält zur Erinnerung einen kleinen Halsschmuck = ein Stückchen gespaltenen Bambus.
4. Loslassen bringt Leben in Fülle: Eine große gemalte oder gebastelte *Sonnenblume* (= Jesus) steht vor dem Altar, ein *Kern* ist in der Hand jedes Teilnehmers. Die Sonnenblume erfüllt erst dann ihren Lebenssinn, wenn sie das Schönste, ihren Blütenkern (= die vielen hundert Samenkerne), losläßt als Nahrung für Menschen und Tiere, als Saat für das neue Jahr. So gab Jesus, „die Sonne", sein Leben hin, um Leben in Fülle zu schenken

(vgl. „Vorüberlegung", oben). Ähnlich: ein Kiefern- oder Tannenzapfen: Er ist geschlossen am schönsten, aber wenn er sich öffnet und diese Schönheit losläßt, gibt er erst den Samen für viele neue Bäume frei. (Nach Peter Frowein in „FaJu" Juli/August 90, „Ferien 1990, Teil 1", S. 6.6.)

Kurzgeschichten
1. An unserem Kreuz nichts absägen: Bd. 1, Nr. 47;
2. Eine Bergbäuerin braucht lange bis zum Ja: Bd. 3, Nr. 44;
3. Die Schmerzen in der Auster werden im Ja-Sagen zur Perle: Bd. 2, Nr. 54; ähnlich Bd. 1, Nr. 42;
4. Interview mit dem hl. Pfarrer von Ars, der ein schweres Kreuz zu tragen hatte: Siehe „2 x 11", S. 115-117. Ähnlich P. Damian Deveuster in „2 x 11", S. 128-130.
5. Selbst Heilige im Interview-Stil vorstellen.

14. Sonntag im Jahreskreis
Jesus zieht uns an

Evangelium: Mt 11,25-30: Den Weisen verborgen, den Unmündigen offenbart. / Kommt alle zu mir. / Nehmt mein Joch auf euch. / Ich bin gütig und demütig.
(*L 1:* Sach 9,9-10: Dein König kommt demütig auf einem Esel; *L 2:* Röm 8,9.11-13: Wenn ihr der Sünde sterbt, werdet ihr leben.)

Vorüberlegung: Kinder verstehen oft besser die Botschaft Jesu als Erwachsene mit ihrem „Wenn und Aber". – Wer von seinem eigenen Denken (Klugheit) allzu überzeugt ist, wird die Gedanken Gottes weniger zu schätzen wissen. Dies hat sich immer wieder in der Geschichte des Christentums gezeigt.

Symbolpredigten
1. Jesus will alle an sich ziehen: Ein *Stabmagnet* (= Jesus) zieht die Kugeln aus Eisen (= wir) an. Siehe weiter „6. Sonntag der Osterzeit" in diesem Buch, Symbol 1.
2. Das Joch der Liebe. Ein *Joch* sieht auf den ersten Blick wie eine Last aus, hilft aber, schwere Lasten, z. B. Eimer, leichter zu tragen. Wer mit Blick auf Jesus seine Lebenslast trägt, hat es leichter – z.B. wie ein Kind, das für seinen Lehrer schwärmt und deshalb die Hausaufgabenlast nicht mehr als Mühe empfindet. (Ausführlicher in „122", Nr. 66.)
3. Die Ringe um die Mitte legen: Eine *Baumscheibe* zeigt an, wie wir leben sollen. Wenn wir die Jahre unseres Lebens (= Jahresringe) um die Mitte legen (= Gott), fühlen wir uns ganz anders gehalten. (Ausführlicher in „99", Nr. 49; siehe auch in „2 x 11", Bußfeier Nr. 5.)
4. Die Mitte finden. Ein Seil liegt so als *Spirale,* daß jeder, der in dieses

„Labyrinth des Lebens" geht, in der Mitte auf die *Osterkerze* trifft. Hier entzündet er sein Licht, kann jetzt wieder den Weg nach außen gehen und ganz anders leben, weil er das Licht des Lebens gefunden hat. (Ausführlicher in „122", Nr. 82.)

5. Sein *Kreuz* bis zur Erlösung tragen: Siehe „13. Sonntag i.J." in diesem Buch, Symbol 2.

Kurzgeschichten
A: Dank an den Vater
1. Ein Kind vergißt nicht zu danken: Bd. 4, Nr. 193;
2. Franziskus dankt mitten in seiner Armut: Bd. 4, Nr. 195 (ähnlich Nr. 194).

B: Den Klugen verborgen
Das Leben des Pfarrers von Ars (siehe „2 x 11", S. 115-117), ähnlich das des hl. Franziskus (Interview in „2 x 11", S. 125-128), läßt uns ahnen, daß Gott wesentliche Dinge erst den „Unmündigen" zeigt.

C: Mein Joch ist leicht
1. Eine Auster klagt: Bd. 2, Nr. 54;
2. Einer der beiden „Weihnachtsesel" erfährt die Kraft des Glaubens: Bd. 4, Nr. 13.

D: Kommt alle zu mir
1. Die Nähe eines Menschen „heilt": Nr. 1, Bd. 92;
2. Er trägt uns in den schwersten Zeiten: Bd. 1, Nr. 81;
3. Er trägt uns wie auf Adlerflügeln: Bd. 4, Nr. 100;
4. Wir sind nicht allein: Bd. 4, Nr. 111;
5. Bei Jesus die Last abladen und ausruhen: Bd. 1, Nr. 96;
6. Prinz und Schwalbe können sich hingeben, weil sie sich gehalten fühlen: Bd. 3, Nr. 125;
7. Noch im Tod wird er uns anziehen: Bd. 4, Nr. 67.

E: Er verschafft Ruhe
1. In seiner Nähe läßt sich klarer sehen: Bd. 2, Nr. 48;
2. Seine Nähe schärft unseren Blick: Bd. 2, Nr. 51.

Spiele
1. Ein sehr gutes Anspiel zum Evangelium in „Spiele 2", S. 39f: Ein Mann schleppt einen ungeheuer schweren Koffer in die Kirche.
2. Schattenspiel zum Evangelium, bei dem die Figuren auf den Overheadprojektor gelegt werden, in „Behnke 1", S. 33f.
3. Die ein oder andere angegebene Kurzgeschichte ist spielbar.

Bilder

1. Jesus zieht alle an sich: Siehe „10. Sonntag i.J." in diesem Buch, Bild Nr. 1;
2. Heilung sogar der Unerwünschten. Jesus geht auf die Kranken zu, zieht sie an sich und heilt sie: Postkarte Nr. 5610 im Kunstverlag, D-56653 Maria Laach. (Ausführlicher und abgebildet in „177", Nr. 86.)

Weitere Anregungen

1. Die berühmtesten „Träger"-Gestalten der Welt werden verglichen: Atlas (= wird fast von der Last der Erde erdrückt), Sisyphus (= muß ewig den Felsblock auf den Berg wälzen = die Sisyphusarbeit so vieler Geschundener) und Christophorus (= nachdem er Christus begegnet war, machte ihn das Tragen frei: „Kurzg. 1", Nr. 8; vgl. dazu „Kurzg. 4", Nr. 13: Die Weihnachtsesel).
2. Es eignet sich eine Herz-Jesu-Predigt: Jesus, der Magnet, schenkt „Ruhe" – auch ewige – in seiner Nähe. Sein Herz ist offen für alle (mit weiteren Gedanken in „144", Nr. 53). Vom geöffneten Herzen füreinander läßt sich auch die Kurzgeschichte Nr. 124 in Bd. 1 (Die beiden Brüder) interpretieren: Ein Herz für den anderen haben, weil Gott für uns Herz hat.

15. Sonntag im Jahreskreis
Das Gleichnis vom Sämann

Evangelium: Mt 13,1-23 (Kurzfassung möglich): Gleichnis vom Sämann und dessen Deutung.
(*L 1:* Jes 55,10-11: Mein Samen, mein Wort, bewirkt, was ich will; *L 2:* Röm 8,18-23: Die seufzende Schöpfung wartet auf Erlösung.)

Vorüberlegung: Eine Predigt zunächst für den Verkündiger des Wortes selbst: Säe ich Gottes Wort, oder werfe ich Steine auf den Acker? / Wer sich dem Wort Gottes öffnet, dessen Leben bringt Frucht.

Hinweis: Siehe auch „16. Sonntag i.J." in diesem Buch: Das Unkraut im Weizen.

Symbolpredigten

1. Wir sind der Acker. Vier *Pflanzschalen* sind mit den vier im Evangelium genannten Möglichkeiten dargestellt: eine Schale mit harter Erde, auf der die Saatkörner aufliegen (= nicht verstehen oder nicht hinhören), eine mit Steinen, zwischen denen verdorrte Pflanzen stehen (= Oberflächlichkeit), eine mit Dornen, die die Pflanzen überwuchern (= Sorgen) und eine mit wachsenden oder blühenden Pflanzen (= Offenheit für Jesu Wort): Entscheidend ist, daß wir Jesus in uns aufnehmen. (Nach „Spendel 1", S. 175f; vgl. auch das Experiment in „PuK" 4/81, S. 451f.)

2. Gesunde Wurzeln. Eine Pflanze mit kranker *Wurzel* kann wenig gute Früchte bringen, sie braucht eine tiefe Verankerung (= Treue, Vertrauen), Sonne (= Gott) und Wasser (= die gute Nachricht von Jesus), dann bringt sie reiche Frucht. (Eine Bußfeier dazu mit weiteren Gedanken in „3 x 7", Nr. 3.)

3. Durch Hören angehören. Ein *Hörgerät* oder ein übergroß gemaltes Ohr (= unsere Superantenne): Wer nicht gut hören kann, wird mißtrauisch, an den Rand gedrängt. Ein gutes Ohr ist lebenswichtig, um lebendig in einer Gemeinschaft zu stehen. Der Künstler Salvador Dalí hat eine Krippe nicht in einen Stall, sondern in ein riesiges Ohr gesetzt: Wer nicht „ganz Ohr" für Jesu Wort ist, wird kaum „Früchte" bringen. (Nach Peter Frowein; vgl. „122", Nr. 21.)

4. *Saatkörner* (Eicheln, Apfelkerne ... für jeden) der Frohbotschaft auf das Feld dieser Welt säen: Sie heißen Frieden, Güte, Geduld ... Dazu eine Bußfeier in „Anschauliche Predigten", S. 133-139. Ähnlich „Behnke 1", S. 36: Jedes Kind erhält Sonnenblumenkerne (= Wort Gottes). Was tut es damit? In der Tasche behalten (= sie keimen nicht) oder draußen wegwerfen (= sie keimen zwar, verdorren aber oder werden zertreten)? Nein: in gute Erde legen und hegen, damit sie neuen Samen bringen!

5. Dornen ersticken die Saat. Siehe „8. Sonntag i.J." in diesem Buch, Symbol 5.

Kurzgeschichten

1. Der Engel verkauft uns nur den Samen: Bd. 1, Nr. 199;

2. Ein Mann pflanzt unermüdlich Bäume und verändert so einen ganzen Landstrich: Bd. 1, Nr. 5;

3. Wer nicht richtig hinhört oder versteht, muß es unter Umständen mit dem Leben büßen: Der Zirkus dieser Welt brennt: Bd. 1, Nr. 187;

4. Momo konnte zuhören: Bd. 3, Nr. 136;

5. Hören wir nur noch das Klimpern des Geldes, aber nicht mehr „das Geräusch der Grille"?: Bd. 1, Nr. 230 (nur in Auflage 1-12);

6. Wir selbst sind das Wort, das Gott heute in die Erde der Welt legt: Im Gehen predigen: Bd. 3, Nr. 70 und 71;

7. Seife wirkt nur bei Anwendung: Bd. 3, Nr. 80 (siehe dazu die Predigt in „Stendebach 1", S. 196-200); ähnlich wie das Wort Gottes nur wirken kann, wenn es auf den richtigen Boden fällt;

8. Was bleibt in uns von den vielen Predigten?: Bd. 4, Nr. 108.

Spiele

1. Das Evangelium kann gut pantomimisch und mit Orff'schem Instrumentarium begleitet werden: Ein Sämann sät Kinder aus. „Vögel" picken auf, „Dornen" ersticken, der Same auf gutem Feld „wächst und reift" und wird „geerntet". (Ähnlich wie „16. Sonntag i.J." in diesem Buch: Unkraut im Weizen).

2. Veranschaulichung durch die Tüchermethode (Empfangen – nicht empfangen) in „Schnegg 3", Nr. 60.
3. Die eine oder andere angegebene Kurzgeschichte ist spielbar.

Bilder
1. Toni Zenz, „Der Hörende": Erst beim hörenden Menschen kann das Wort Gottes auf den Grund der Seele fallen und wachsen. Liegt u.a. als Dia dem Handbuch zum Lektionar für Kindergottesdienste mit Kindern, Kösel-Verlag, München/Patmos Verlag, Düsseldorf 1981, Bd. 1, bei.
2. Die große Zeichnung eines Samenkornes, das sich entfaltet, wird während des Evangeliums angeschaut. Hierzu auch „Kurzg. 3", Nr. 168: Da, wo Gott uns hingesät hat, stehen wir richtig. Dazu die Postkarte Nr. 2339132 von Fotokunst Groh, D-82237 Wörthsee.
3. Bild von van Gogh: Der Sämann.

Weitere Anregungen
1. Eine Kopiervorlage vom Sämann für jüngere Kinder zum Ausmalen in „Behnke 1", S. 120.
2. Eine Textverfremdung zum Evangelium (wenn auch zur Parallelstelle Lk 8,4-15) in „Roos", S. 75.

16. Sonntag im Jahreskreis
Das Unkraut im Weizen

Evangelium: Mt 13,24-43 (Kurzfassung möglich): Unkraut im Weizen. / Das Senfkorn wird zum Baum. / Der Sauerteig durchsäuert alles Mehl. / Deutung des Unkrautgleichnisses.
(*L 1:* Weish 12,13.16-19: Du gewährst den Sündern Umkehr; *L 2:* Röm 8,26-27: Der Geist selbst tritt für uns ein.)

Vorüberlegung: Kein Mensch ist absolut gut oder total böse. Wer also mit Fanatismus Unglauben, Haß, Hochmut jetzt schon in Kirche und Welt ausrotten will, kann des Guten zuviel tun. Wer liebt, kann bis zur Ernte warten. – Aktive Toleranz ist gefragt, wobei wir andererseits „Unkraut" nicht „Weizen" nennen dürfen.

Hinweis: Siehe auch „15. Sonntag i.J." (Sämann) in diesem Buch und „11. Sonntag i.J.", Lesejahr B (Senfkorn).

Symbolpredigten

1. Wir stellen gegen die sieben *Wurzelsünden* (= den giftigen Lolch [Schwarzkorn], der dem Weizen anfangs täuschend ähnlich sieht: Stolz, Neid, Zorn, Unkeuschheit, Habgier, Unmäßigkeit, Trägheit) die sieben *Heilkräuter* (= Weizen: Demut, Liebe, Sanftmut, Reinheit, Wohltätigkeit, Selbstbeherrschung und Fleiß). Das Urteil überlassen wir Gott, weil der Kampf in uns und in der Welt auf- und niederwogt. Dazu ein Sprechspiel in „122", Nr. 25, bei dem die Wurzelsünden auch als Schlingpflanzen über die Heilkräuter gehängt werden können.

2. Bis zur Ernte warten. Einen *Strauß mit Kräutern* aus dem Garten mitbringen. Im Frühjahr wurde nicht alles Unkraut, besser „Wildkraut", ausgerissen, weil nicht alle Pflänzchen zu identifizieren waren. Jetzt sehen wir, daß aus den Wildkräutern verschiedentlich auch schöne Blumen gewachsen sind, die als Strauß erfreuen können. Ähnlich dürfen wir in Kirche und Gesellschaft nicht alles gleich ausreißen wollen, was sich später als „nützlich" erweisen kann. Am Tag des Gerichtes, der allein Gott zusteht, kann er *sein* Urteil fällen. Bis dahin hilft Ermutigen mehr als Verurteilen. (Zum Friedensgruß die Kräuter verteilen.) (Edi Niederwieser, A-Neustift, Stubaital.)

Überlegen Sie bei den folgenden Vorschlägen 3 – 5, ob Sie dem starken Bild vom Unkraut und Weizen völlig andere entgegensetzen möchten:

3. Dem Bösen entgegenwirken. In eine *kommunizierende Röhre,* die schon etwas mit dunkler Flüssigkeit (= Unkraut) gefüllt ist, gute Absichten (= Weizen) als helle Flüssigkeit, z.B. Milch, hineingeben (und schütteln). Es findet eine Verfärbung statt: So bleibt bis zur Ernte die Möglichkeit, das Gute wehrhafter zu machen und damit das Böse zu überwinden; es auszurotten, gelingt uns sowieso nicht. (Vgl. „99", Nr. 51.)

4. Geduld bis zur Ernte. Eine *Schiedsrichterpfeife* markiert auch das Ende eines Spieles. Bis zum Pfiff des himmlischen Schiedsrichters kommt es auf unseren Einsatz, aber auch auf unsere Geduld an. (Vgl. „99", Nr. 97.)

5. Was ein kleiner Zünd*schlüssel* (= Senfkorn) alles in Bewegung setzen kann! (Zum Schlüssel in „3 x 7", Bußfeier Nr. 7.)

6. Lieber gute Samenkörner in die Welt säen als über das „Unkraut" schimpfen: Siehe in diesem Buch „15. Sonntag i.J.", Symbol 4; ähnlich „4. Sonntag i.J.", Symbol 5.

7. Zum Thema „Geduld haben" eignen sich alle Symbolpredigten unter „10. Sonntag i.J." in diesem Buch.

Kurzgeschichten

A: Geduld haben und warten können

1. Ein Mann will das Wachstum beschleunigen: Bd. 1, Nr. 7;
2. Der Bischof hat Geduld mit dem Sünder: Bd. 4, Nr. 50 (ähnlich Bd. 3, Nr. 121);
3. Eine zerbrochene Teekanne zeigt Geduld in ihrem Reifeprozeß: Bd. 4, Nr. 53;
4. Beachte auch das Gleichnis vom Feigenbaum, mit dem der Herr des Weinberges noch Geduld hat (Lk 13,6-9);
5. Der Trainer eines Torwarts mit Problemen bringt Geduld auf: „PuK" 4/75, S. 564f.

B: Gott das Urteil überlassen

1. Ein Alkoholiker hofft auf Gottes Erbarmen: Bd. 4, Nr. 225 (ähnlich die Legende von den Steinen: Bd. 3, Nr. 37);
2. Der Selbstmörder ist gerettet in Gott: Bd. 3, Nr. 239;
3. Das schwarze Schaf erfährt Ermutigung: Bd. 4, Nr. 118;
4. Die Gnade Gottes wird uns retten, nicht unsere Leistung: Bd. 4, Nr. 134;
5. Die Auseinandersetzung mit dem Bösen suchen: Bd. 4, Nr. 49;
6. Das Urteil Gottes abwarten: Bd. 4, Nr. 51 (oder Bd. 2, Nr. 47: Nicht verurteilen; auch Bd. 2, Nr. 134);
7. Im Himmel werden wir uns wundern: Bd. 4, Nr. 227.

Spiele

1. Das Gleichnis vom Unkraut im Weizen kann unmittelbar gespielt werden: Der Sämann sät zunächst guten Samen (= Kinder in heller Spielkleidung, die sich auf die Erde kauern). Dann kommt der Widersacher und sät die Giftkörner (= Kinder in dunkler Kleidung). Alle wachsen und ringen miteinander – bis zur Ernte. Jetzt wird das Giftkraut gesichelt, die Weizenhalme aber wogen „freudig miteinander" und werden in die Kammern Gottes gebracht. (Ähnlich „Schnegg 2", Nr. 46);
2. Zum Senfkorn-Gleichnis: Kärtchen mit Aufschriften wie „wird zertreten" oder „erfreut die Menschen" werden dem Senfkorn und dem fertigen Baum (= Kinder mit großen Zweigen) zugeordnet. Ob das Reich Gottes bei uns die Chance hat, vom kleinen Anfang bis zum Baum zu werden, unter dem wir Schutz finden können, liegt auch an uns. (Ausführlicher siehe „Schnegg 1", Nr. 34.)

Bilder

1. Die Postkarte 2301 335 zeigt „Wildkraut" im Gerstenfeld. Zu bestellen beim Fotokunst-Verlag Groh, D-82237 Wörthsee.
2. Auf dem indischen Hungertuch 1990 ist u. a. der Sauerteig veranschaulicht.

3. In einem Gottesdienst „Vertrauen so groß wie ein Senfkorn" wird eine Postkarte eingesetzt, auf der eine kleine Hand von einer großen gehalten wird (Nr. 002004, Edition Helmut Krackenberger, Otto-Hahn-Str. 13, D-97204 Höchberg, Tel. 09 31/40 68 60, Fax 09 31/40 68 64. (Ausführlicher in „122", Nr. 62.)
4. Dia-Meditation 21 „Gut und Böse" von Elmar Gruber, Impuls-Studio im Bernward Verlag, Hildesheim. Acht Dias zeigen das Gleichnis vom Unkraut im Weizen: Plötzlich geht auch Unkraut auf dem Acker unseres Lebens auf. Mein Leben wird zum Dauerkampf, weil ich es wachsen lassen muß, um nicht die gute Saat zu gefährden. Die Entscheidung über Kraut und Unkraut will ich Gott überlassen, weil ich oft selbst nicht weiß, was nun gut oder böse ist.

17. Sonntag im Jahreskreis
Von der Perle und dem Schatz im Acker

Evangelium: Mt 13,44-52 (Kurzfassung möglich): Der Schatz im Acker – die wertvolle Perle. / Gute Fische in Körbe, die schlechten ins Feuer. / Der Schriftgelehrte ist wie ein Hausvater, der Altes und Neues hervorholt.
(*L 1:* 1 Kön 3,5.7-12: Der Wunsch Salomos: Schenk mir ein hörendes Herz; *L 2:* Röm 8,28-30: Bei denen, die Gott lieben, führt Gott alles zum Guten.)

Vorüberlegungen: Wer das Reich Gottes, Gottes Angebot, gefunden hat, setzt alles daran, gibt alles her, um es zu erwerben – wie ein Verliebter für seinen „Schatz" alles hergibt. Die Perle der Frohen Botschaft ist wertvoller als alles andere. Wer den Himmel sucht, muß in der Tiefe graben, im Acker des Alltags. Das Reich Gottes ist auch *in* uns und wirkt mehr im Herzen als über den Verstand. Nicht alles, was im Fischnetz eingebracht wird, kann vor Gott bestehen.

Symbolpredigten

1. Die Perle (Schatz) suchen. Wie eine *Perle* selbst erst als Reaktion auf eine tödliche Bedrohung entsteht, indem die Muschel um ein scharfes Sandkorn eine feine Perlmutterschicht legt, so finden wir diese Kostbarkeit (= das Reich Gottes) erst auf leidvollen Wegen und Umwegen. Aber auch Jesus mußte durch das Leid, um für uns zur kostbarsten Perle zu werden. Aus Unglück wurde Glück. So kann jede Herausforderung reifer und „wertvoller" machen. (Dazu in „2 x 11", die Bußfeier Nr. 3.)

2. Im Netz einfangen. Das Trapez*netz* (= Gottes Barmherzigkeit) im Zirkus unserer Welt möchte alle Menschen auffangen. Auch die Gemeinschaft der Christen am Ort sollte wie ein Netz sein, in dem stürzende Menschen aufgefangen werden (vgl. „122", Nr. 53 oder Nr. 78 mit Sprungtuch), aber ähnlich wie beim Mann ohne hochzeitliches Gewand (Mt 22,11-13) werden nicht alle, die sich im Netz befinden, gerettet.

3. Das begehrenswerte Reich Gottes. (Mehr als Meditation.) Jeder bekommt eine kleine *Glasperle*. Wir denken darüber nach, worin Gott für uns kostbar wird.

Kurzgeschichten

Zu: Suchen

1. Gott klagt: Keiner sucht mich: Bd. 1, Nr. 85;
2. Der moderne Mensch: Bd. 1, Nr. 73;
3. Der Mensch sucht zuwenig, obwohl der Schatz unter dem eigenen Herd liegen kann: Bd. 2, Nr. 150;
4. Viele übersättigte Menschen spüren: Es muß im Leben mehr als alles geben: Bd. 1, Nr. 182;
5. Die beiden Mönche suchen den Himmel (= den Schatz) und finden ihn in der eigenen Zelle: Bd. 1, Nr. 252;
6. Der Film „13 Stühle" mit Heinz Rühmann: Er findet schließlich den Schatz in der Freude der Kinder. (Inhaltsangabe in „PuK" 4/84, S. 467f.)

Spiel

Evangelienspiel: Ein Mann findet den Schatz im Acker, vergräbt ihn und kauft den Acker: Siehe „Spendel 1", S. 184f; ähnlich Marlene Donath in „FaJu" Juli/Aug. 90: „Der Schatz im Acker", S. 4.32f.

Bilder

1. Ein gemaltes Bild zeigt unter der ausgedörrten Sahara ein riesiges Wasserreservoir (= Jesus, das lebendige Wasser), das durch christliche „Tiefbohrer" angezapft werden kann. Wenn wir diesen „Schatz" anbohren, können wir Oasen schaffen oder zumindest unseren Durst stillen.

2. Dia-Meditation 33 „Gut und Böse" von Elmar Gruber, Impuls-Studio im Bernward Verlag, Hildesheim. „Schatz im Acker", 8 Dias: Zuerst

entdecke ich im Acker nur Erde; wenn ich sie aber mit Fleiß beackere, stellt sich der „Reichtum" ein. Der allein macht aber nicht glücklich; ich muß ihn im Acker lassen und den ganzen Acker kaufen, um immer wieder im Leben dem Schatz zu begegnen. Das Himmelreich, das Glück, ist kein Schatz im Tresor, sondern er ist vergraben im Acker unseres Menschseins (ab Jugendliche).

Weitere Anregung
Bei einer Trauung könnte über den Schatz (= Glaube, Treue, Liebe) im Acker des Lebens gepredigt werden. (Ähnlich in meinem Buch „Vom Wein in den Krügen", Nr. 29, Das Kostbare suchen und hüten, Herder Verlag, Freiburg.)

18. Sonntag im Jahreskreis
Die Speisung der Fünftausend

Evangelium: Mt 14,13-21: Er hatte Mitleid mit den Menschen. / Die Speisung der Fünftausend.
(*L 1:* Jes 55,1-3: Kommt und eßt – ohne Bezahlung; *L 2:* Röm 8,35.37-39: Nichts trennt uns von Gottes Liebe in Christus.)

Vorüberlegung: Jesus gibt den Menschen, was sie brauchen: Brot für den Leib und Worte für die Seele gegen den Hunger des Herzens. Wo Brot und Leben geteilt werden, da vermehrt es sich.

Hinweis: Vergleiche die Brotvermehrung vom „17. Sonntag i.J.", Lesejahr B.

Symbolpredigten
1. Verwandlungen. Dieses Stück *Brot* hat schon einige Verwandlungen hinter sich: Das Weizenkorn „starb", um in der Ähre aufzuerstehen. Die Körner „starben" in der Mühle, um zu Mehl zu werden. Das Mehl „starb" in der Hitze des Ofens. Immer mußte etwas „abgegeben" werden. Jetzt erst habe ich Brot, das meinen Hunger stillt. Wenn ich es abgebe, teile, dann werden auch andere satt. Wenn einer die fünf Brote und die beiden Fische nicht abgegeben hätte, wäre das Wunder nicht möglich gewesen. Nun werden diese Matzen (= ungesäuerte Brote) ausgeteilt. Es sind viel zu wenige: Erst, wenn wir teilen, können alle davon essen. Dieses Teilen zeigt uns symbolisch, wie alle Welt satt werden kann. Die größte Verwandlung des Brotes steht aber noch aus: die zum Leib Christi. Wir wollen jetzt Eucharistie feiern; in der Kommunion wird uns dann das Brot für die Seele gegeben: Jesus sah den ganzen Menschen. So wie damals sein Wort den Hunger der Herzen stillte, so heute sein Wort und sein Brot. (Vgl. „Fronleichnam" in diesem Buch, Symbol 2.)
2. Das Geheimzeichen der Urgemeinde war der Fisch. Dieser (groß ausge-

schnittene) *Fisch* hier erzählt uns jetzt, was er damals gesehen hat ... und wo er sonst noch in der Hl. Schrift vorkommt ... (reicher Fischfang; Fischfang nach der Auferstehung; Verfolgung in der Römerzeit; wer seit der Taufe hinter Jesus herschwimmt, überlebt die „Sintflut" am Ende des Lebens). (Ausführlicher in „122", Nr. 88.)

3. Zahlensymbolik: 12 Körbe = 12 Stämme = 12 Jünger; 7 Körbe (Mt 15,37) = 7 Sakramente. Mehr über die Zahl 5 (Brote) in „99", Nr. 75(2).

Kurzgeschichten

A: Brot

1. Was für ein Brot alles geboten wird: Bd. 1, Nr. 61;
2. Brot ist anderen Völkern heilig: Bd. 3, Nr. 61;
3. Brot legt in Hungerzeiten die innerste Gesinnung bloß; siehe in meinem TOPOS-Taschenbuch: „Kommuniongeschichten", S. 11-13;
4. Ein Stückchen Brot verhilft in einer Hungerzeit einer Ehe zu einem neuen Anfang: Bd. 2, Nr. 20;
5. Geschenktes Brot verändert ein hungriges Kind: Bd. 2, Nr. 69;
6. Gebrochenes Brot versöhnt die Kampfhähne miteinander. Siehe „Kommuniongeschichten", S. 31-33;
7. Fünf lange Brote bei einer Eucharistiefeier im Slum stiften Gemeinschaft: Bd. 4, Nr. 70;
8. Brot auf dem Tisch als Zeichen der Erinnerung: Bd. 4, Nr. 72.

B: Geteiltes Brot

1. Geteiltes Brot hebt die Fremdheit auf: Bd. 2, Nr. 68;
2. Das Brot des „Glücks" ist geteiltes Brot: Bd. 4, Nr. 73;
3. Weitergeschenktes Brot läßt die Furcht voreinander weichen: Bd. 4, Nr. 71;
4. Geteilte Weizengarben lassen den Ort heilig werden: Bd. 1, Nr. 124;
5. Die geteilten Apfelsinen lassen Kameradschaft spüren: Bd. 2, Nr. 10;
6. Wer den anderen sieht, kann den Himmel erleben: Bd. 1, Nr. 253;
7. Das kleine Korn wird geteilt zu Gold: Bd. 2, Nr. 108.

C: Zum Fisch

Oschoo fängt den rettenden Fisch unter Einsatz seines Lebens: Bd. 1, Nr. 60.

Spiele

1. Was braucht die „3. Welt" mehr: einen Koffer voller Bibeln oder Geld? Längere Spielszene in „Spiele 1", S. 96-99;
2. Viele der angegebenen Kurzgeschichten sind spielbar.

Bilder
1. Weitergeben. Anhand der Postkarte Nr. 5771 im Kunstverlag, D-56653 Maria Laach (siehe Abb.) oder Nr. 5777 wird das Geben und Nehmen, das Nehmen und Geben im Leben besprochen.
Oder: Nr. 5506 (Egbert-Kodex) oder Nr. 4998 (Speyerer Evangeliar Heinrich III.), beide Kunstverlag, D-56653 Maria Laach.

2. Die Holzplastik aus Rwanda, siehe „11. Sonntag i.J." in diesem Buch, unter „Bilder" 1, die sehr schön das Geben und Nehmen zeigt.

Weitere Anregungen
1. Kopiervorlage zum Ausmalen für jüngere Kinder in „Behnke 1", S. 122;
2. Der verfremdete Evangelientext als „Wunderbare *Zeit*vermehrung" in: Lothar Zenetti, Sieben Farben hat das Licht, Pfeiffer Verlag, München 1975, S. 130f: Geteilte Zeit ist doppelte Zeit.
3. Heute kann über MISEREOR („Es erbarmt mich") oder „3. Welt" gepredigt werden: Das Brot teilen.

19. Sonntag im Jahreskreis
Jesu Gang auf dem Wasser

Evangelium: Mt 14,22-33: Petrus geht übers Wasser.
(*L 1:* 1 Kön 19, 9a.11-13a: Elija begegnet am Horeb Gott; *L 2:* Röm 9,1-5: Ich möchte meine jüdischen Brüder retten.)

Vorüberlegung: Wer im Existenzkampf und in der Not unserer Welt nicht versinken will, braucht einen festen Glauben. Jesus und das Schiff der Kirche bieten sich an. Seine Hand hilft uns, auch über die Wasser des Todes zu kommen.

Symbolpredigten
1. Jesus vertrauen. Er ist wie ein *Rettungsring* im Ozean der Welt, der mich halten kann. (Vgl. PuK 5/81, S. 531ff.)
2. Fürchte dich nicht. Jesu Kreuz ist wie ein *Schiffspoller,* um den ich mein Tau schlingen kann. (Vgl. die Abb. unter „12. Sonntag i.J." in diesem Buch.)

3. Unterwegs. Ein gebasteltes *Segelschiff* oder ein entsprechendes Poster steht als Symbol für das Schiff der Kirche, das unterwegs zum Hafen Gottes ist: Jesus (= Kapitän), die gute Mannschaft (= Gemeinschaft der Christen), Proviant (= Eucharistie mit Brot und Wein), Seekarte (= Bibel), Radaranlage oder Kompaß (= Gewissen), Anker (= Hoffnung in Stürmen) usw. lassen uns vertrauensvoll fahren.

4. Die Gemeinschaft in Christus hält uns über Wasser: Eine *Seerose* als ein Symbol für den Menschen lebt von der Kraft aus der Tiefe (= wir sind mit dem Erdreich verwurzelt durch unseren Körper und unsere Arbeit) sowie aus der Höhe (= unsere Seele ab und zu in die Sonne Gottes halten in der Freude, Stille, im Gebet, im Gottesdienst) und wird vom Wasser getragen (= die Menschen, die wir uns vertraut gemacht haben oder die uns tragen – bis hin zur christlichen Gemeinschaft). Wir brauchen diese christliche Gemeinschaft, den verlängerten Arm Jesu, um über Wasser zu bleiben.

5. Gemeinschaft trägt: Zwölf Seile, zu einem *Netz* zusammengelegt: Siehe „12. Sonntag i.J." in diesem Buch, Symbol 2.

6. Auf die Hände der Kinder werden *Kreuze* gezeichnet oder gestempelt, z.B. das Christuszeichen.

Kurzgeschichten

Zu: Vertrauen trägt

1. Der Junge hat keine Angst, solange er die Hand des Vaters hält: Bd. 1, Nr. 92;

2. Gerettet ist, wer sich in den Schatten des Kreuzes stellt: Bd. 1, Nr. 44;

3. Wo ich dich getragen habe: Bd. 1, Nr. 81;

4. Weil er Vertrauen zum Vater hat, setzt sich der Junge in die Schubkarre: Bd. 3, Nr. 96;

5. Vertrauen auf Gott kann uns auch innere Ruhe im Tod geben: Bd. 3, Nr. 238;

6. Vertrauen schenkt Ruhe: Bd. 4, Nr. 99;

7. Wir brauchen einen Halt „von außen" (oder „innen"): Bd. 4, Nr. 96;

8. Gott trägt uns wie ein Adler sein Junges: Bd. 4, Nr. 100;

9. Niki überwindet die Angst auf dem Dreimeterbrett, weil der Großvater ihm beisteht: Vorlesebuch Religion Bd. 2, S. 21f, auch in: „PuK" 5/84, S. 528f;

10. Ein Gefangener im Turm wird gerettet (= geht nicht unter), weil sein Vertrauen zur geliebten Frau ihn trägt: Bd. 1, Nr. 123.

Spiele

1. Veranschaulichung des Evangeliums, z.T. mit Tüchern: siehe „Schnegg 3", Nr. 61.

2. An einer Papierbahn entlang, die als „Wasser" gemalt ist, knien sich Jugendliche und lassen ein Kind über ihre gekreuzten Hände (= über das Wasser) gehen, um damit symbolisch anzudeuten, daß eine Gemeinschaft über Wasser halten kann.
3. Auf zwei Stühlen liegt eine (befestigte) Dachlatte, so daß ein schmaler, schwankender Steg entsteht. Unter der Brücke liegen blaue Müllsäcke (= Wasser). Kinder balancieren nacheinander hinüber und werden gefragt: Hattest du Angst? Darf die Brücke noch viel höher sein? – Dann geht ein Erwachsener neben den Kindern her, er hält die Hand für den Notfall hin: Allein diese Nähe gibt mehr Sicherheit. Jesus hat versprochen, immer nahe bei uns zu sein. (In der „KiBö" 90-2, S. 25f, weiterentwickelt.)
4. Kinder spielen pantomimisch vor, wie Hände retten können (Rettungsschwimmer, Hilfestellung beim Turnen ...). *Oder:* Vier Kinder oder Jugendliche tragen je mit einer Hand dazu bei, einen Rettungssitz zu machen, auf den sich ein Fünfter setzen kann: Gemeinschaft trägt. (Gerhard Dane, Köln.)

Bilder
1. Postkarte „Glaube trägt" im Bilde eines Drachenfliegers symbolisiert: Siehe „12. Sonntag i.J." in diesem Buch, Bild 2.
2. F. Fichtl, Bilder zum Kirchenjahr, Bestell-Nr. 60296 „Gang Jesu auf dem Wasser", Christophorus-Verlag, Freiburg i.Br. (vergriffen, aber über Ausleihstellen versuchen), oder Postkarte Nr. 5507 im Kunstverlag, D-56653 Maria Laach: Die Rettung des sinkenden Petrus.
3. Zur Symbolpredigt 4: Postkarte mit Seerose, z.B. Nr. 2301172 bei Fotokunst Groh, D-82237 Wörthsee, oder Nr. 8138 beim Kawohl-Verlag, D-46485 Wesel.

Weitere Anregungen

1. Kopiervorlage zum Auszeichnen für jüngere Kinder in „Behnke 1", S. 123;
2. „PuK" 5/90, S. 543-545 bringt ein Interview mit Matthäus über dessen Absichten beim Abfassen des Evangeliums. (Von E. Garhammer.)

20. Sonntag im Jahreskreis

Die Sammlung *aller* Völker beginnt

Evangelium: Mt 15,21-28: Eine kanaanäische Heidin bittet für ihr Kind.
(*L 1:* Jes 56,1.6-7: Die Fremden bringe ich alle zu meinem Berg; *L 2:* Röm 11,13-15.29-32: Gnade, Berufung, Ungehorsam.)

Vorüberlegung: Die scharfen Worte Jesu zeigen, daß auch er seinen „Lernweg" gegangen ist und erst langsam zur Erkenntnis gelangte, daß das Heil allen Menschen zugesagt ist. Die Frau beeindruckt durch ihre Zähigkeit und ihr Vertrauen; dies zeigt auf, daß Berühren und Beschenkt-Werden zusammengehören können. Auch heute darf keiner aus der Gemeinde weggeschickt werden, auch wenn er noch so „anders" ist.

Hinweis: Zum „Lernweg Jesu" siehe das Buch von Wilhelm Bruners, Wie Jesus Glauben lernte, Christophorus-Verlag, Freiburg i.B. [3]1990, S. 93.

Symbolpredigten

1. Die „Predigt eines Hundes", der ja im Evangelium vorkommt. Ein *Stoffhund* erzählt aus seiner Sicht, wo überall Hunde in der Bibel vorkommen und was sie erlebt haben: Ein Hund als Begleiter des jungen Tobias (Tob 5,17), Hunde lecken dem armen Lazarus die Geschwüre (Lk 16,21), dann die Begegnung im Evangelium, die klarmacht, daß Jesus gekommen ist, *allen* Menschen zu helfen. (Ausführlicher in „122", Nr. 87.)
2. Gottes Weite erkennen. Mit einer *verklebten Brille* sehe ich nur Ausschnitte der Wirklichkeit. Jesus, Gottes Sohn, aber auch ein Mensch wie wir, begegnet einer Heidin, die ihm Klebstreifen von der Brille nimmt: Für *alle* Menschen bist du gekommen, nicht nur für dein Volk! Beim Taufbefehl „Geht hin in alle Welt und tauft *alle* ..." hat Jesus die Weite seines Vaters erreicht. (Jetzt eventuell einen *Leuchtglobus* anknipsen.) In den Einsetzungsworten heißt es „... für euch und für alle ..." Richtig katholisch heißt „allumfassend" werden! (Gerhard Dane, Köln.)

Kurzgeschichten

A: Grenzenloses Vertrauen

1. Die Hoffnung ist unbezwingbar: Bd. 1, Nr. 2; Hoffnung versetzt Berge: Bd. 1, Nr. 3;
2. Im Vertrauen alles wagen, auch den Sprung durchs Feuer: Bd. 1, Nr. 91;

3. Das Vertrauen auf einen geliebten Menschen läßt überleben: Bd. 2, Nr. 17;
4. Das Vertrauen in den Vater läßt das Kind alles wagen: Bd. 3, Nr. 96;
5. Vertrauen kann Berge versetzen: Bd. 4, Nr. 110 (Wille kann Berge versetzen: Bd. 4, Nr. 174).

B: Unaufhörlich bitten (vgl. Mt 7,7; Joh 14,14; Jak 4,2b; 1 Joh 3,22)
1. Einem Räuber wachsen Flügel beim Bittgebet: Aus dem Fioretti, siehe „PuK" 5/87, S. 547;
2. Bedrängendes Bitten und Hoffen auf die Fürbitte Mariens: Bd. 2, Nr. 212;
3. Die hl. Monika betete 33 Jahre für die Bekehrung ihres Sohnes Augustinus.

C: Die Liebe schließt keinen aus
1. Antigeschichte: Ein Farbiger darf die Kirche der Weißen nur zum Putzen betreten: Bd. 1, Nr. 140;
2. Ein Farbiger möchte in die christliche Gemeinde aufgenommen werden ...: Bd. 3, Nr. 75;
3. Ein Alkoholiker träumt vom Himmel: Bd. 4, Nr. 225.

Spiele
1. Das Evangelium spielen lassen oder in verteilten Rollen lesen;
2. Eine interessante Pantomime in „Spendel 1", S. 195 oder in „KiBö" 87-2, S. 24f. Kurzgefaßt: Ein schwarzgekleidetes Kind sucht verzweifelt, irgendwo seine Kerze zu entzünden, was nicht gelingt. Schließlich zieht eine Gruppe weißgekleideter Kinder mit der brennenden Osterkerze in der Mitte vorbei, diese aber verwehren ihm, die Kerze daran zu entzünden. Daraufhin wird das schwarzgekleidete Kind rabiat, zwingt die Gruppe zum Halten und streckt die Arme in flehender Gebärde aus. Jetzt darf es die Kerze entzünden. – Die Szene mit den Kindern deuten;
3. Wir dürfen nicht müde werden, Gott zu bitten: Mehrere Male wird ein Bittsteller abgewiesen, aber er bleibt beharrlich und wird schließlich erhört. (Vgl. „Schnegg 3", Nr. 62.);
4. „Nicht normale Kirchgänger" (= ungekämmte Typen, stinkende „Penner", Schwarze, einer mit verbundenen Augen ...) wollen zum Altar, werden dort aber zunächst abgewiesen, u.U. mit den Worten: „Was willst du dummer Hund denn hier? Das ist eine Kirche für anständige Christen!" Aber jeder darf in der Kirche einen „Krümel", einen „Brotrest" bekommen; wir waren ja auch nicht die ersten und bekamen als Nichtjuden etwas vom Familientisch des ersten Gottesvolkes Israel. Gott aber nahm uns durch Jesus auf den Schoß und machte uns zu Kindern des Hauses. Die Juden bleiben die „Erstgeborenen", unsere älteren Geschwister! (Gerhard Dane, Köln.)

Bilder

1. Auf dem Misereor-Hungertuch aus Indien 1990 (auch als Dia erhältlich bei Misereor, Mozartstr., D-52064 Aachen) sieht man große Frauen in der Geschichte Gottes mit den Menschen. Darunter auch die Heidin dieses Sonntags mit Tochter und *Hund* vor Jesus.
2. Die „Ostersonne" von Alfred Manessier als die explosive Kraft des Evangeliums an die Heiden deuten.

21. Sonntag im Jahreskreis
Petrus erhält die Schlüssel

Evangelium: Mt 16,13-20: Bekenntnis des Petrus: Du bist der Messias. / Antwort Jesu: Petrus, dem Felsen der Kirche, gebe ich die Schlüssel des Himmels.
(*L 1:* Jes 22,19-23: Einen Schlüssel überreichen heißt Macht und Ehre, aber auch Verantwortung übertragen; *L 2:* Röm 11,33-36: Unerforschlich sind die Wege Gottes, auf den die ganze Schöpfung gerichtet ist.)

Vorüberlegung: An den Sohn Gottes glauben können ist letztlich ein Geschenk, das Petrus zuteil wurde. – Uns fragt Jesus heute genauso: Was bin ich für euch? – Nehmen wir Verantwortung in der Kirche wahr?

Hinweis: Zum Messiasbekenntnis des Petrus siehe auch den „24. Sonntag i.J.", Lesejahr B und den „12. Sonntag i.J.", Lesejahr C.

Symbolpredigten

1. Der Schlüssel zum Himmelreich. Petrus bekam so einen *Schlüssel* (im Papstwappen sind zwei dargestellt: zum Binden und zum Lösen) in die Hand gelegt, weil er Jesus als den Messias erkannte und diese Botschaft unverfälscht weitergeben sollte. (Achtung: Zwei Kapitel weiter heißt es bei Mt 18,18: Was *ihr* binden werdet = wir alle haben Verantwortung.) Dieser Schlüssel, eigentlich Jesus, der „Schlüssel Davids" (= GL 772,4), hat die Tür zu Gott und den Menschen und zur Unterwelt aufgeschlossen. Jesu Schlüssel ist kein Rezept, sondern ein Weg: wie Er zu heilen, zu vergeben, Gemeinschaft zu stiften und aufzurichten. Da sind alle Christen heute „Schlüsselfiguren". (Zu dieser Gedankenrichtung siehe „PuK" 5/87, S. 551ff und 5/90, S. 573-575.)
2. Vertrauen, das Verzeihen einschließt. Dieses *Stück glühende Kohle* (mit einer Zange gehalten) erinnert an eine andere Szene mit Petrus, die die heutige fortsetzt. Am Kohlefeuer wird er von Jesus nach der Auferstehung dreimal gefragt: „Liebst du mich? – Weide meine Schafe!" (Joh 21,9.15-17). Nicht von ungefähr fragt Jesus dreimal. Denn drei Kapitel vorher, ebenfalls am Kohlefeuer, verleugnet Petrus Jesus dreimal (Joh 18,16-

18.25-27). Bei der dritten Frage Jesu „Liebst du mich?" bemerkt Petrus den Zusammenhang und wird traurig. Ist das nicht eine frohe Botschaft, daß Jesus diesem Versager Petrus weiterhin vertraut und ihm dieses wichtige Amt in der Kirche übergibt? Jesus kann auch Versager brauchen! (Ausführlicher in „122", Nr. 28.)

3. Der „Berg" (= der *Fels*) ist ein Symbol der Begegnung mit Gott – in allen Weltreligionen. Auf einem Berg spielt sich auch in der Bibel Entscheidendes ab: Mose erhält auf dem Sinai die Zehn Gebote, der Tempel liegt auf dem Berg Zion, auf einem Berg hält Jesus seine revolutionärste Predigt (= Bergpredigt), er leidet am Ölberg, stirbt auf dem Kalvarienberg, fährt von einem Berg in den Himmel. Auf solch einen „Berg" baut er auch seine Kirche; nur Gott kann den „Verleugner" Petrus zum Felsen erklären. (Vgl. dazu „PuK" 5/84, S. 550-552.)

4. Die lebendigen *Steine* der Kirche, die auf felsigem Fundament aufbauen. Dazu siehe „9. Sonntag i.J." in diesem Buch, Symbol 2.

5. Glauben als unverdientes Geschenk (vgl. Vorbemerkung): Siehe Symbol 6 zum „11. Sonntag i.J." in diesem Buch (römischer Brunnen): Wie Petrus und die Apostel den Glauben bis zu uns weitergegeben haben, so ist dies auch heute unsere Aufgabe.
Ähnlich die Bilder 1 und 2 unter dem „11. Sonntag i.J." in diesem Buch.

Kurzgeschichten

Zu: Christus ja – Kirche nein

A: Positiv
1. Das Haus zum Überleben: Bd. 1, Nr. 68;
2. „Lebendige" Steine, die glaubwürdig machen: Bd. 3, Nr. 67;
3. Im Gehen predigen: Bd. 3, Nr. 70.

B: Negativ
1. Wir werden niemals übereinstimmen: Bd. 2, Nr. 85;
2. Jesus bekennt sich „schuldig": Bd. 4, Nr. 83;
3. Von der Rettungsstation zum Clubhaus: Bd. 1, Nr. 66;
4. Ohne Jesus zur Kirche gehören?: Bd. 2, Nr. 83;
5. Die unvollkommene Kirche: Bd. 3, Nr. 76 (ähnlich Nr. 68 und 78);
6. Ärger über die Kirche heute: Bd. 4, Nr. 92 (ähnlich Bd. 1, Nr. 67);
7. Die Kirche ist nur ein Floß: Sie hilft beim Überqueren des Ozeans, aber sich bitte nicht daran festhalten: Bd. 2, Nr. 103;
8. Der schwache Petrus: Bd. 3, Nr. 42;
9. Die zurückgegebene Bibel: Bd. 4, Nr. 84;
10. „Kihawi" tötet: Bd. 3, Nr. 83.

Bezeichnend, daß es zu diesem Thema viel mehr kritische als positive Geschichten gibt!

Spiele

1. Kurzszene vor dem Urlaub: Frau Meier gibt der Nachbarin die Wohnungs-schlüssel in die Verantwortung: Siehe „Behnke 1", S. 46f;
2. Wichtige Szenen aus den Begegnungen Jesu mit Petrus: „Ich halte zu dir!", „Ich kenne ihn nicht!", „Trotzdem baue ich auf dich" in „PuK" 5/87, S. 553-555.

Bild

Die Postkarte Nr. 5561 im Kunstverlag, D-56653 Maria Laach, zeigt die Schlüsselübergabe an Petrus, aber auch die Aussendung aller Jünger, die Verantwortung übernehmen.

Weitere Anregungen

1. Unter der riesigen Kuppel des Petersdomes steht in großen lateinischen Buchstaben: „Du bist Petrus, und auf diesen Felsen will ich meine Kirche bauen!"
2. Zum Sprachgebrauch „Bin ich denn Jesus?" Ausführungen in „PuK" 5/87, S. 549f.

22. Sonntag im Jahreskreis
Leid gehört zur Nachfolge

Evangelium: Mt 16,21-27: Leidensankündigung Jesu. / Petrus macht Vorwür-fe, die von Jesus scharf abgewiesen werden. / In der Nachfolge das Kreuz auf sich nehmen.
(*L 1:* Jer 20,7-9: Das Wort des Herrn bringt mir Spott und Hohn; *L 2:* Röm 12,1-2: Gleicht euch nicht der Welt an.)

Vorüberlegung: Jesus hat keine „triumphierende" Kirche gegründet. Erniedri-gung und Kreuz sind zwar unerträgliche Gedanken, aber das Heil folgt erst dem Leid.

Hinweise: Zum dienenden Leidensweg siehe „13. Sonntag i.J." in diesem Buch sowie „24., 25. und 29. Sonntag i.J.", Lesejahr B. Zum Kreuztragen siehe „24. Sonntag i.J." Lesejahr B und „12." und „23. Sonntag i.J." Lesejahr C.

Symbolpredigten

A: Durch Leid zum Heil

1. Verwandlung. Erst nach dem mühseligen Weg als *Raupe* ist ein Leben als *Schmetterling* möglich (vgl. „99", Nr. 31).
2. Schmerzvoller Prozeß. Mit wie vielen Werkzeugen ist der Violinbauer dem geeigneten Holz zu Leibe gerückt, um eine *Violine* zu schaffen, die sagen könnte: „Als ich noch in den Wäldern lebte, habe ich geschwiegen. Jetzt, da ich gestorben bin, singe ich!" (Nach Hermann Verbeek.)

3. Diamantenschleiferei Gottes. Ein Roh*diamant* muß eine Menge „schmerz-voller" Schliffe ertragen, bevor er wertvoll ist. (Vgl. „133", S. 18f.)
4. Aus Unglück wird Glück. Ein scharfes Sandkorn bedroht eine Muschel tödlich, aber die legt in Notwehr eine Perlmutterschicht darum, bis die wertvolle *Perle* uns erfreut. (Vgl. „Kurzg. 1", Nr. 43 und „Kurzg. 2", Nr. 43.)
5. Wir glauben an einen König mit der *Dornenkrone*. (Ausführlicher in „99", Nr. 99.)
6. Ein *Opferlicht* muß sich verzehren, um Licht und Wärme zu spenden. (Ausführlicher in „177", Nr. 108 und 109.)
7. Das *Kreuz* ist unser Erkennungszeichen: Siehe „Karfreitag" in diesem Buch, Symbol 1.

B: Zur Nachfolge
Folge mir nach: Drei verschieden große *Fußabdrücke* werden gezeigt:
Siehe „4. Sonntag der Osterzeit" in diesem Buch, Symbol 2.

Kurzgeschichten
A: Leid als Erkennungszeichen
1. Was gefällt Gott mehr – unser Glaube oder unser Leid?: Bd. 2, Nr. 55;
2. Christus ist an seinen Wunden zu erkennen: Bd. 2, Nr. 57;
3. Erst am Gipfelkreuz ist der Nebel zu Ende: Bd. 3, Nr. 41;
4. Im Leid reifen: Bd. 3, Nr. 48;
5. Petrus kehrt zum Leiden zurück: Bd. 3, Nr. 42;
6. Gandhi – Das geduldig ertragene Leid erlöst: Bd. 3, Nr. 43;
7. Das Leid durchtragen: Bd. 4, Nr. 60;
8. Über Dornen zum Ziel (Don Boscos Rosentraum): Bd. 4, Nr. 204.

B: Durch Leid zum Heil
1. Die „Melodie" wird im Reifungsprozeß immer vollkommener: Bd. 3, Nr. 178;
2. Das Salzmännchen muß sich ganz hingeben: Bd. 4, Nr. 158;
3. Leid kann stärker machen (Stein in Palmkrone): Bd. 1, Nr. 42;
4. Durch Leid zum Heil (Bambus): Bd. 1, Nr. 49;
5. Sein Kreuz nicht absägen: Bd. 1, Nr. 47;
6. Sein Kreuz tragen (Kreuzschau): Bd. 1, Nr. 46;
7. Übers Dienen retten wir uns selbst: Bd. 1, Nr. 125.

C: Chance des Dienens
1. Der Hirt dient und hinterläßt alles zum Besseren: Bd. 4, Nr. 148;
2. Der Rabbi sieht die Chance des Dienens: Bd. 2, Nr. 104;
3. Unauffälliges Dienen: Bd. 1, Nr. 144;
4. Dienen heilt: Bd. 3, Nr. 124;

5. Hingabe bis zuletzt (reicher Prinz und Schwalbe): Bd. 3, Nr. 125;
6. Dienen rettet (Bürger von Calais): Bd. 2, Nr. 58 (P. Maximilian Kolbe: Bd. 1, Nr. 57; Sr. Elise Rivet: Bd. 4, Nr. 57);
7. Interview mit P. Damian de Veuster in „2 x 11", S. 128-130;
8. Erzählung über Sr. Emmanuelle, Mutter der Müllmenschen, in „Behnke 1", S. 49f *oder* „KiBö" 87-2, S. 25.

Spiele
1. Viele Kreuze lassen sich nicht wegschaffen, sie müssen getragen werden: Szene um ein schweres Holzkreuz in „Schnegg 1", Nr. 36;
2. Viele der Kurzgeschichten sind spielbar.

23. Sonntag im Jahreskreis
Von der geschwisterlichen Zurechtweisung – weil Jesus unsere Mitte ist

Evangelium: Mt 18,15-20: Den Bruder zurechtweisen. / Alles, was ihr binden werdet ... / Ihr erhaltet, was zwei von euch erbitten. / Wo zwei oder drei versammelt sind, da bin ich mitten unter ihnen.
(*L 1:* Ez 33,7-9: Den Schuldigen warnen, damit er umkehrt; *L 2:* Röm 13,8-10: Gebote ja, aber die Liebe schulden wir immer.)

Vorüberlegung: Ein Gespräch hat Grenzen, nicht das Gebet. – Wir sind nicht Aufpasser, sondern Partner – auch der schwarzen Schafe. – Geschwisterliche Kommunikation ist gefragt, „Exkommunikation" kann nur letzte Notmaßnahme sein.

Symbolpredigten
A zu: Zurechtweisung möglich, weil Jesus mitten unter uns ist
In ihm verbunden. Ein altes *Wagenrad* steht vor dem Altar. Die Mitte, die Nabe, ist Christus, der mitten unter uns Speichen (= wir) ist. In Ihm können wir auch alle Spannungen ertragen. Wir haben Verantwortung für alle Speichen, denn brechen viele heraus, ist das Rad nicht mehr belastbar. Wir tragen unsere Mitte nach außen auf die Felge (= Welt, Gemeinschaft der Christen). Dazu die Kurzgeschichte Nr. 190 aus Bd. 3 als zusätzliche Veranschaulichung.

B zu: Alles, was ihr auf Erden löst und bindet
1. Siehe „21. Sonntag i.J." in diesem Buch, Symbol 1: Der *Schlüssel* wurde nicht nur Petrus, sondern uns allen übergeben!
2. Der Weg in die Freiheit. Ein Kind wird *mit Stricken gefesselt* (= mit zu vielen Geboten und Lasten versehen). Kirche sollte bei allem Ringen um die Wahrheit den Menschen keine schwere Lasten auf die Schultern legen

(Mt 23,4), sondern sich an Christus orientieren, der von den Fesseln der lieblosen Gebote, der Schuld und der Krankheiten befreite (Stricke durchschneiden). Die Stricke werden zusammengeknüpft; einige Kinder kommen, fassen sie als Zeichen der Gemeinschaft – wie oft in der ersten Reihe einer Demonstration – und gehen damit durch den Mittelgang (= gemeinsam auf die anderen draußen, auch auf die schwarzen Schafe, zugehen, weil wir Befreite sind).

Kurzgeschichten
A: Um jeden kämpfen, weil es auf jeden ankommt
1. Jede Schraube im Kirchenschiff ist wichtig: Bd. 1, Nr. 213;
2. Erst viele Stäbe sind stark: Bd. 1, Nr. 216;
3. Uneinigkeit zerbricht das Rad der Gemeinschaft: Bd. 2, Nr. 170;
4. Einander helfen macht eine christliche Gemeinde aus: Bd. 4, Nr. 88.

B: Geschwisterliche Zurechtweisung
1. Der Bischof gibt dem sündigen Mönch eine neue Chance: Bd. 4, Nr. 50;
2. Unsere Demut muß höher stehen als die Zurechtweisung des Bruders: Bd. 4, Nr. 51 (ausführlicher in „Stendebach 1", S. 231);
3. Der Papst beichtet bei einem Sünder: Bd. 3, Nr. 121;
4. Das schwarze Schaf braucht Ermunterung, nicht „Exkommunikation": Bd. 4, Nr. 118.

C: Jesus ist mitten unter uns
1. Der Himmel ist nicht oben, sondern kann mitten unter uns sein: Bd. 1, Nr. 252;
2. Der Glaube an die Gegenwart Christi überall und in jedem Menschen kann alles verändern: Bd. 4, Nr. 85;
3. Die Frau im steckengebliebenen Lift ist nicht allein: Bd. 4, Nr. 111;
4. Die „Mitte" des Klosters, die alles zusammenhält: Bd. 3, Nr. 190 (Wagenrad);
5. Die Fische bewegen sich immer schon in der Gegenwart Gottes: Bd. 1, Nr. 95.

Weitere Anregung
Die Gläubigen werden zwei Sonntage vorher aufgefordert, in Briefen über ihr Verhältnis zur Kirche und zur Gemeinschaft der Christen am Ort zu berichten. Die Stellungnahmen werden in Auszügen vorgelesen. Ziel: Zwischen dem Amt und unserem wachen Gewissen mit Blick auf Christus die Kirche am Ort menschenfreundlicher machen.

24. Sonntag im Jahreskreis
Unbegrenzte Versöhnlichkeit

Evangelium: Mt 18, 21-35: 77mal vergeben. – Der unbarmherzige Knecht.
(*L 1:* Sir 27,30-28,7: Vergib das Unrecht, damit auch dir vergeben wird. Denk an das Ende, und laß ab von der Feindschaft; *L 2:* Röm 14,7-9: Im Leben und Sterben gehören wir dem Herrn.)

Vorüberlegung: Petrus, dem die Schlüssel der Kirche anvertraut sind, will das Maß der Vergebungsbereitschaft wissen: Es ist die Maßlosigkeit! (Vgl. Gleichnis vom verlorenen Sohn.) Weil wir jeden Tag von der Vergebung leben, verzeihen auch wir, wenn auch die göttliche Großzügigkeit unerreichbar bleibt. – Empfangene Vergebung bedeutet Verpflichtung.

Symbolpredigten
1. Ein versöhnlicher Mensch steht wie ein leuchtendes Zeichen in einer Gemeinschaft: Ein *Regenbogen* (Farben von außen nach innen: rot, orange, gelb, grün, blau, indigo, violett) ist Symbol des Bundes und der Versöhnung zwischen Gott und den Menschen (Gen 8,12-17). Deshalb müßte ein solcher Regenbogen uns überall erinnern ...
2. Christus hat unsere Schuld getilgt. Jeder schreibt in Geheimschrift seine Schuld auf einen *Schuldschein.* Wir werden ja schon schuldig durch Unterlassung. Wir tauschen die Schuldscheine untereinander aus, weil Versöhnung damit anfängt, daß ich die Fehler und Schuld des anderen ein Stück weit annehme. Die Schuldscheine werden vorne an ein Kreuz geheftet und gemäß Kol 2,13b.14 durchgestrichen (oder verbrannt). Dieses Geschenk der Vergebung Gottes dürfen wir nicht für uns behalten (siehe der „unbarmherzige Knecht"), sondern geben es weiter. (Ausführlicher in „122", Nr. 26[1] oder als Bußfeier in „3 x 7", Nr. 12.)
3. In der Versöhnung nähern wir uns einander (das Fadengleichnis): Jeder von uns ist mit Gott verbunden wie über einen *Faden.* Bei einer schweren Sünde reißt er durch, bei Umkehr knüpft Gott den Faden wieder zusammen. Das bedeutet für den Faden (vormachen!) ein Kürzer-Werden, gleichzeitig aber kommen wir näher zu Gott. (Wie auch Menschen, die sich ehrlich versöhnen, einander näherkommen.)
4. Siehe auch „6. Sonntag i.J." in diesem Buch: Symbol 1 (Sprungseil) und Nr. 3 (elektrische Kerzenkette) sowie weitere Gedanken.

Kurzgeschichten
A: Versöhnung vor Gottesdienst
Siehe „6. Sonntag i.J." in diesem Buch, Kurzgeschichten A 1.

B: Unbegrenzte Versöhnlichkeit
1. Verfeindete Kinder bauen eine Brücke, die sie zusammenführt: Bd. 2, Nr. 135;

2. Das Netz des Fischers, das seine ehebrecherische Frau rettet: Bd. 4, Nr. 24;
3. Der Ehemann verbrennt den Schuldschein, der die Gnadenkerze entzündet: Bd. 2, Nr. 63;
4. Der Gekreuzigte reicht seine Hand, als der Priester die Absolution verweigerte: Bd. 4, Nr. 112;
5. Der Vater verzeiht seinem Sohn, der immer wieder betrogen hat: Siehe mein TOPOS-Taschenbuch „Bußgeschichten", S. 10-13;
6. Immer wieder versöhnende Gedanken und Taten einbringen, bis die Brücke gebaut ist: Bd. 1, Nr. 206 (ähnlich Bd. 3, Nr. 151);
7. Siehe auch unter „6. Sonntag i.J." in diesem Buch, Kurzgeschichten A.

C: Unbarmherzigkeit tötet
1. Die Frau im Feuersee der verzweifelten Selbstvorwürfe: Bd. 1, Nr. 249;
2. Sich nicht alles gefallen lassen!: „Geschichten als Predigten", Seite 60-62;
3. Negativgeschichte von einem Kind, das nicht verzeiht: „Behnke 1", S. 53 *oder* „KiBö" 90-2, S. 27.

Spiele
1. Das Evangelium kann direkt pantomimisch begleitend gespielt oder nach dem Vorlesen noch einmal durch Pantomime vertieft werden;
2. Als Evangelienspiel zwischen König, Minister, Wächter und Sekretär in „Spiele 2", S. 89-91; ähnlich dramatisch in „KiBö" 90-2, S. 26f.; in weiteren zwei Anwendungen: „Spiele 1", S. 81; eine Hinführung zum Evangelium in „KiBö" 87-2, S. 27;
3. „Die Brücke" in „Kurzg. 2", Nr. 135: gut spielbar; kann auch beim Vorlesen pantomimisch von zwei Kindern begleitet werden;
4. Lernen, barmherzig zu sein: „Höntges" Nr. 24 (mit positivem Ende!).

Bild
Postkarte „Christus zieht alle an sich": Der Gekreuzigte hat die Hände losgerissen, um Sünder zu umarmen. Zu bestellen bei Eberhard Zwicker, Spiegelstr. 10, D-97070 Würzburg.
Dazu paßt die Kurzgeschichte Nr. 112, Bd. 4.

25. Sonntag im Jahreskreis
Die Arbeiter im Weinberg

Evangelium: Mt 20,1-16a: Arbeiter im Weinberg.
(*L 1:* Jes 55,6-9: Meine Gedanken sind nicht eure Gedanken; *L 2:* Phil 1,20ad-24.27a: Für mich ist Christus das Leben und Sterben Gewinn.)

Vorüberlegung: Mit dem Vergleichen beginnt die Unzufriedenheit. Die Tarifordnung Gottes kennt kein Kleingeld: Gott ist „göttlich gerecht", d.h. grenzenlos gütig, und es ist nie zu spät, seiner Einladung zu folgen. – Gott macht es offensichtlich Freude, wider alle Vernunft zu schenken.

Symbolpredigten

1. Die Wurzelsünde „Neid". Der Prediger hält ein großes *gelbgefärbtes Brillengestell* vor seine Augen und vergleicht: Stehen auf einem Tisch zwei halbvolle Gläser, so ist das Glas des anderen – mit der Neidbrille gesehen – halbvoll, das eigene dagegen halbleer. Jetzt werden an Beispielen einige Bereiche des Lebens durchgegangen: vom Futterneid bis zu Erbschaftsangelegenheiten. Ein Serum gegen diese Wurzelsünde ist das *Vergrößerungsglas:* Wenn ich ganz nahe gehe und hinter die Fassade sehe, kann ich mehr erkennen, z.B. daß ein Arbeiter, der noch arbeitslos auf dem Markt steht, *innerlich* mehr leidet als einer, der schon arbeitet, weil er ja noch die Ungewißheit ertragen muß, ob er überhaupt etwas verdienen wird, um die Mäuler daheim zu stopfen; dagegen besitzen die Arbeiter, die sich tagsüber in der Hitze des Weinberges abmühten, schon die Zuversicht, abends den Lohn nach Hause tragen zu können. (So zeigen Untersuchungen, daß ein Trainer auf der Bank mehr Kräfte lassen kann als die strapazierten Spieler auf dem Platz.)
   Ähnlich der verlorene Sohn, der innerlich mehr litt, als er unter die Schweine geraten war, als der ältere Bruder bei all seiner Arbeit – der aber geborgen leben kann. (Ausführlicher in „122", Nr. 72; Familienmeßkreis St. Pankratius, Bergheim.)

2. Mit mehr Zufriedenheit. An einem Wäscheständer hängen *unterschiedliche Schuhpaare.* Wir meinen oft, andere hätten es besser: Möchtest du in diesen schicken Schuhen der Sissy stecken, die Supernoten nach Hause bringt, aber dafür den ganzen Tag büffeln *muß?* Möchtest du diese bequemen Schuhe der Ursel tragen, die unheimlich schlampig ist und bei der zu Hause aber auch gar nichts stimmt? (Weitere Beispiele!) Das hier sind die Schuhe von Jesus, der sich in jeden Menschen so hineingedacht hat, als wäre er vier Wochen in dessen Schuhen gegangen. Darum beneidete er keinen, sah ihn mit den Augen Gottes und hatte besonders Erbarmen denen gegenüber, die Hilfe brauchten. (Ausführlicher in „122", Nr. 94[2] nach einer Idee von Rainer Fielenbach.)

3. Maßstäbe der Verdienst- und Leistungsordnung umbiegen. An ein mindestens 2 m langes *Maßband* mit angedeuteter Skala werden Steckbriefe oder Zeugnisse von Menschen geheftet, die es – entsprechend ihrer Leistung – zu etwas gebracht haben. Das soll durchaus als positiver Wert hingestellt werden. Aber der Herr des Weinbergs stellt die Güte in die Mitte: Das Maßband wird jetzt als Kreis gelegt, um den einige Personen treten (z. B. bei der Schulentlassung).

Kurzgeschichten

1. Die „Gerechten" wollen nicht mit den anderen in den Himmel: Bd. 2, Nr. 221;
2. Gott ist anders! Das überraschende Gottesurteil: Bd. 4, Nr. 104 (ähnlich: Im Himmel werden wir uns wundern: Bd. 4, Nr. 227);
3. Der Gott der Überraschungen: Der Gekreuzigte reicht dem Sünder die Hand, als der Kirchendiener schon ablehnt: Bd. 4, Nr. 112.

Spiele

1. Das Evangelium in verteilten Rollen spielen oder während des Vorlesens pantomimisch begleiten lassen;
2. Das Gleichnis als „Bonbonspiel" variieren: Je nachdem wie oft ein Kind in diesem Jahr im Gottesdienst war, bekommt es die entsprechende Anzahl Bonbons. Dann werden die Kinder gefragt, ob das Spiel ihnen gefällt, ob es so gerecht zugeht? Mit Blick auf das Evangelium kann das Gespräch jetzt interessant werden!
3. Das Evangelium als spannende Szene: „Spiele 1", S. 150-152;
4. Das Gleichnis in zwei Szenen: 1. Der Arbeiter der ersten Stunde äußert sich verärgert. 2. Der Arbeiter der letzten Stunde äußert sich begeistert. Er erkennt die unverdiente Güte des Herrn an. (Ausführlicher in „Spiele 1", S. 152.)
5. Spiel vom gütigen Arbeitgeber mit vier Schlußvarianten in „KiBö" 74, S. 9f.

Weitere Anregung
Der Antitext in „Kurzg. 3", Nr. 133, vom gerechten Teilen.

26. Sonntag im Jahreskreis
Das Gleichnis von den ungleichen Söhnen

Evangelium: Mt 21,28-32: Die zwei Söhne des Weinbauern. – Zöllner und Dirnen gelangen eher in das Reich Gottes als ihr.
(*L 1:* Ez 18,25-28: Wendet sich der Schuldige vom Unrecht, bleibt er am Leben; *L 2:* Phil 2,1-11 [oder nur Vers 1-5]: Jesus erniedrigte sich.)

Vorüberlegung: Zöllner und Dirnen (= 2. Sohn) waren eher bereit, umzukehren als die offiziellen Vertreter der Religion (= 1. Sohn: die bösen Winzer am nächsten Sonntag und die zuerst zum Hochzeitsmahl Geladenen am übernächsten Sonntag). Die Frage auch an uns: Ist unsere erste Liebe, unser erstes Ja, noch da, oder erstarren wir in Routine?

Symbolpredigten

1. Wie die Zöllner und Sünder erst auf die zweite Einladung, den „zweiten Blick", hin gegangen sind, so ist es oft im Leben, z. B. wenn ich ein schäbig aussehendes Paket erhalte, das aber Überraschendes bietet. Oder wenn in einem Gesicht voller Falten und Griesgram plötzlich Humorvolles die Züge aufleuchten läßt. Im ersten Augenblick wollen wir abschalten, aber „der zweite Blick" ist wichtig. Es ist wie mit diesem *Stein:* Er wurde einer jungen Palme als Last in die Krone gelegt („Kurzg. 1", Nr. 42), letztlich aber machte er sie stark. Oder das Stückchen *Brot* hier sieht unscheinbar aus, verwandelt aber kann es zum „Himmel" werden und uns Speise sein auf dem Pilgerweg zu Gott. Oder dieser *Schmetterling* war auf den ersten Blick eine Raupe mit Stummelfüßen, jetzt schwebt er spielerisch leicht über Mauern und Abgründe. Christen schauen hinter manche vergilbten Blätter der Zeit und entdecken schon die Knospen eines neuen Frühlings. (Verkürzt nach Peter Frowein in „122", Nr. 35; als ausformulierter Gottesdienst in „FaJu" Januar 90, „Auf den zweiten Blick".)
   Ähnlich: Das schmerzende Sandkorn ist der erste Blick, eine schöne *Perle*, die ich liebe und suche, der zweite. (Vgl. „Kurzg. 1", Nr. 43, und „Kurzg. 2", Nr. 54.)
2. Weitere Möglichkeiten siehe „10. Sonntag i.J." in diesem Buch, Symbol 1 (Kaktee), 2 (Yuccapalme) und 3 (Opal).

Kurzgeschichten

A: Auf die Tat kommt es an, nicht auf das Ja-Sagen
1. Die Christen „duften" zu wenig: Bd. 3, Nr. 68;
2. Wenn Glaube oder Liebe fehlt: Bd. 4, Nr. 105;
3. Der Asket und die Maus: Bd. 3, Nr. 108;
4. Fromme Übungen allein sind zu wenig: Bd. 3, Nr. 110.

B: Das Maß des barmherzigen Gottes
1. Das Meer der Barmherzigkeit: Bd. 2, Nr. 97;
2. Ich habe, du Selbstgerechter, Barmherzigkeit gepredigt: Bd. 4, Nr. 49;
3. Der Sünder steht nachher höher als der „Heilige": Bd. 4, Nr. 51;
4. Der Alkoholiker vertraut auf Gott: Bd. 4, Nr. 225;
5. Wie der Dieb ins Paradies gelangte: Bd. 4, Nr. 224;
6. Zöllner und Sünder haben es leichter: Bd. 3, Nr. 37.

C: Erst auf „den zweiten Blick"
1. Der Vater erkennt die Größe der Aussage „Ich liebe dich wie Salz" erst viel später: Bd. 4, Nr. 175;
2. Lob des Ungehorsams, denn der brachte den sieben Geißlein die Rettung: Bd. 1, Nr. 27 (mehr dazu in „Stendebach 1", S. 245ff);
3. Das bucklige Mädchen erkennt den Segen erst viel später: Bd. 4, Nr. 68;

4. Der Mann mit den Bäumen lebt nach seinem ersten Ja zur Familie im zweiten Ja intensiver: Bd. 1, Nr. 5 (vgl. „PuK" 6/78, S. 724ff);
5. Die Kreuzschau: Erst ein Nein zum Kreuz, dann ein Ja: Bd. 1, Nr. 46;
6. Der Bambus: Erst sein spätes Ja bringt den Segen: Bd. 1, Nr. 49;
7. Die Bergbäuerin ringt sich in ihrem Leid erst spät zum Ja durch: Bd. 3, Nr. 44;
8. Das späte Ja des Sterbenden: Bd. 3, Nr. 233;
9. Saulus-Paulus und viele Bekehrungsgeschichten;
10. Viele Personen, die jahrelang der Kirche fernstanden, gehören danach um so intensiver dazu: Beispiele!

Spiele
1. Das Evangelium ist spielbar, oder das Vorlesen wird pantomimisch begleitet;
2. Die eine oder andere Kurzgeschichte ist spielbar.

Weitere Anregung
Eine Kopiervorlage zum Ausmalen für jüngere Kinder in „Behnke 1", A 8.

27. Sonntag im Jahreskreis
Das Gleichnis von den bösen Winzern

Evangelium: Mt 21,33-44: Er wird den Weinberg an andere Winzer verpachten.
(*L 1:* Jes 5,1-7: Der Weinberg Gottes; *L 2:* Phil 4,6-9: Der Gott des Friedens wird mit euch sein.)

Vorüberlegung: Wer mit der Gabe Gottes nicht verantwortungsvoll umgeht, dem wird sie weggenommen. Auch heute, wo „Zöllnern", „Dirnen" und „Heiden" (= Sündern) der Weinberg Gottes anvertraut ist, hängt das Schwert des Weinbergbesitzers über ihnen: Ein Verweigern wird zum Gericht.

Hinweise: 1. An diesem Sonntag ist meist Erntedank; es könnte auch eine Predigt zu „Franziskus" (4.10.) oder zum Schutzengelfest (2.10.) gehalten werden. 2. Wenn zum Sonntagsevangelium gepredigt wird, Vorsicht bei der Darstellung von Juden und Judentum, um nicht wieder einen versteckten Judenhaß zu provozieren.

Symbolpredigten
1. Die Früchte abliefern. An einer Kiste mit *Weinflaschen* wird aufgezeigt, daß wir im Dienste Gottes stehen, um die Welt mit seinem „Wein" zu erfreuen. Welche Winzer warten schon, uns abzulösen, wenn wir verzagen?
2. Der Stein, den die Bauleute verwarfen (Vers 42). Dieser *Ziegelstein,* an

dem eine Ecke fehlt, ist mit uns vergleichbar, denn jeder von uns hat irgenwo „eine Ecke ab" oder eine Macke. Manche meinen deshalb sogar, sie wären nicht mehr zu gebrauchen. Aber der himmlische Baumeister braucht jeden von uns: Mit dem Mörtel der Liebe kann er alle Mängel ausfüllen. So hat er ja auch im heutigen Gleichnis den Weinberg an andere Winzer verpachtet, mit denen (wie die Evangelien der umliegenden Sonntage zeigen) die Zöllner und Sünder gemeint sind. So ist jeder von uns – wir alle sind Sünder – gerufen, sich als lebendige Steine in den Dienst der Kirche (des Weinberges) zu stellen. Die Bauleute konnten damals auch den „Stein" Jesus nicht gebrauchen, aber er wurde zum Eckstein des Bauwerkes. (Wenn alle Kinder einen Ziegelstein bekommen haben, legen sie ihn jetzt symbolhaft um den Stein des Altars [= „Eckstein" Christi].) (Vgl. „33. Sonntag i.J." in diesem Buch, Symbol 1.)

3. Auf das Tun kommt es an, auf das *Öl* in unseren *Krügen*. Nicht wie die Winzer, die die Früchte des Weinberges nicht ablieferten bzw. einsetzten. Siehe dazu den „32. Sonntag i.J." in diesem Buch, Symbol 1.

Kurzgeschichten

A: Zum „Eckstein"

1. Der weltberühmte David des Michelangelo entstand aus einem Marmorblock, an dem eine Ecke fehlte und den deshalb keiner haben wollte: Bd. 3, Nr. 200;
2. Sprechspiel zum Pfarrer von Ars, der auf viele wie ein „Trottel" wirkte („eine Ecke ab hatte") in „2 x 11", S. 115-117.

B: Wer nicht verantwortungsvoll mit den Geschenken Gottes umgeht, wird bestraft
(Vgl. Gleichnis von den Talenten am „33. Sonntag i.J." in diesem Buch.)

1. Leere Hände reichen nicht: Bd. 1, Nr. 247;
2. Wer nur Wasser mitbringt, verdirbt das Fest: Bd. 1, Nr. 220;
3. Der „gute" Mensch am Höllentor: Bd. 4, Nr. 228;
4. Weil die Frau nichts von Herzen schenkte, landete sie im Feuersee: Bd. 1, Nr. 249;
5. Im Himmel zählt nur, was verschenkt wurde: Bd. 1, Nr. 250;
6. Die Brote werden zu Stein, wenn wir sie nicht verschenken: Bd. 1, Nr. 63;
7. *Eine* gute Tat wiegt schwerer als der ganze Beifall des Lebens, der nur in die eigene Tasche gesammelt wurde: Bd. 4, Nr. 233;
8. Hölle heißt nichts tun: Bd. 1, Nr. 254;
9. Ein nicht gesätes Korn liegt „tot" herum: Bd. 1, Nr. 212.

C: Mit dem Anvertrauten arbeiten

1. Was macht ein Heiliger im Angesicht des Todes?: Bd. 1, Nr. 243;
2. Heute noch das Bäumchen pflanzen: Bd. 1, Nr. 244;

3. Ein Fleißiger im guten Sinne kann jetzt schon im Himmel sein: Bd. 1, Nr. 255;
4. An der Arbeit bleiben: Bd. 1, Nr. 242;
5. Es kommt auf die Blickrichtung und das Tun an: Bd. 1, Nr. 253;
6. Selbst in der Not noch wirken, was möglich ist: Bd. 1, Nr. 195;
7. Auch mit dem Talent Humor arbeiten: Bd. 1, Nr. 246 (ähnlich Bd. 3, Nr. 243);
8. Die Wunderblume wuchs erst nach dem Bemühen: „Geschichten als Predigten", S. 107f;
9. Mit den „Zeitgutscheinen" in der begrenzten Zeit arbeiten: Bd. 2, Nr. 147;
10. Sich einspannen lassen: Bd. 2, Nr. 156.

Bild
Postkarte Nr. 4996, Kunstverlag, D-56653 Maria Laach, zeigt die Pächter des Weinbergs in drei Bildreihen, an denen sich das Evangelium noch einmal gut erarbeiten läßt.

28. Sonntag im Jahreskreis
Gleichnis vom königlichen Hochzeitsmahl

Evangelium: Mt 22,1-14 (Kurzfassung möglich): Vom königlichen Hochzeitsmahl. / Der ohne hochzeitliches Gewand kann nicht teilnehmen.
(*L 1:* Jes 25,6-10a: Gott wird uns retten und die Tränen abwischen; *L 2:* Phil 4,12-14.19-20: Alles vermag ich durch den, der mir Kraft gibt.)

Vorüberlegung: Gott ist freigebig und geduldig, kennt aber auch Zorn. Die Zuerstgeladenen verhalten sich wie der ältere Bruder im Gleichnis vom barmherzigen Vater: Sie wollen nicht. – Zugehörigkeit zur Kirche bedeutet keine Sicherheit im Gericht, denn die später Eingeladenen müssen auch

Gottes Willen *tun:* Ohne Früchte (= ohne hochzeitliches Gewand) werden sie wie die Winzer (vgl. „27. Sonntag i.J." in diesem Buch) hinausgeworfen.

Symbolpredigten

1. Berufung verpflichtet: Dieses *weiße Kleid* wird dem Täufling angezogen und gesagt: „Du bist ein neuer Mensch geworden und hast Christus angezogen. Bewahre diese Würde für das ewige Leben." Im Kommuniongewand, im Brautkleid, im weißen Kleid des Priesters und auch im Totenhemd steht uns die Symbolsprache vor Augen: Du gehörst Christus an! – Auf diese Auszeichnung und Hilfe muß auch durch ein christliches Leben eine Antwort folgen, denn der Mann im Evangelium hat sein hochzeitliches Gewand offensichtlich verloren und kann deshalb nicht am ewigen Fest teilnehmen (oder er bringt keine Bereitschaft mit, sich für das Fest zu öffnen). Es ist wie im Gleichnis von den anvertrauten Talenten („33. Sonntag i.J." in diesem Buch): Wer nicht mit diesen Geschenken wuchert, ob im Vertrauen auf Gott oder in der Liebe zu den Menschen, der steht zuletzt stumm und betroffen da. Diese heilsame Unruhe befällt auch uns: Wenn jetzt Gott rufen würde?
2. Der Mensch ohne hochzeitliches Gewand hatte, wie es in einem anderen Gleichnis ausgesprochen wird, kein *Öl in den Krügen:* Siehe dazu „32. Sonntag i.J." in diesem Buch, Symbol 1.

Kurzgeschichten zu

1. Wer nicht verantwortungsvoll mit den Geschenken umgeht, wird bestraft, und:
2. Mit dem Anvertrauten arbeiten: Siehe unter dem vorigen Sonntag: Kurzgeschichten B und C;
3. „Einladung zum Chefjubiläum aus heiterem Himmel": „KiBö" 90-2, S. 28f. Diese Geschichte überträgt das Gleichnis sehr schön in unsere Welt.

Spiele

1. Das Evangelium kann mit den Ausreden der Eingeladenen gut auf das Heute übertragen und in Szene gesetzt werden (Party, Hausaufgaben, Krimi, Fußball, Karriere ...; z.B. „KiBö" 87-2, S. 28f oder „KiBö" 74, S. 10f). Es kann auch beim Vorlesen pantomimisch begleitet werden (z.B. „PuK" 6/78, S. 741-743);
2. Das Evangelium für Overhead in einzelnen Szenen, in die gleich die Übertragung auf die Gegenwart eingeflochten ist: Siehe „Anschauliche", S. 90-92;
3. Ein kompletter Gottesdienst mit vielen Variationsmöglichkeiten von Kurt Rommel in „FaJu", Sept. 90: „Die große Einladung";
4. Wenn die Geladenen nicht kommen: „Höntges" Nr. 23 (allerdings zur Parallelstelle Lk 14,15-24).

29. Sonntag im Jahreskreis
Die Frage nach der kaiserlichen Steuer

Evangelium: Mt 22,15-21: Gebt dem Kaiser, was dem Kaiser gehört, und Gott, was Gott gehört.
(*L 1:* Jes 45,1.4-6: Außer mir gibt es keinen Gott; *L 2:* 1 Thess 1,1-5b: Wir erinnern uns vor Gott an euren Glauben, eure Liebe und eure Hoffnung.)

Vorüberlegung: Heute das ungeliebte Finanzamt, damals der ungeliebte Kaiser. Die Fangfrage: Ist Steuerzahlen Götzendienst? Sie wollten Jesus in die Ecke des gefährlichen Volksverhetzers drängen, aber nach Pinchas Lapide bedeutet die Antwort in einer aramäischen Sprechweise: „Werft dem Kaiser das Nötige vor die Füße, aber hängt euer Herz an Gott." Wer sich ganz dem Anspruch Gottes stellt, für den wird es nebensächlich, auch noch Steuern zu zahlen. So gilt es auch heute noch: Die weltlichen Herren ehren, aber Gott gebührt die Anbetung, weil er Anspruch auf den *ganzen* Menschen erhebt. Hier klingt wieder auf: Ihr könnt nicht Gott dienen *und* dem Mammon (siehe „8. Sonntag i.J." in diesem Buch). – An Christen mit Gewissen muß sich jeder Tyrann die Zähne ausbeißen!

Hinweis: Mancherorts ist heute Kirchweihfest.

Symbolpredigten
1. Gebt Gott, was Gottes ist. Jedes Kind erhält einen Kreis aus Papier mit der Aufschrift „Zeit", und es soll diesen „Kuchen" nun aufteilen: Wieviel Zeit verbrauchst du am Tag für Schule, Essen, Freizeit, Gott (= Beten, Gottesdienst), oder anders gefragt: zum Lernen, zum Miteinander, zum Beten? Nach einer Kurzpredigt für die Erwachsenen halten die Kinder ihre Ergebnisse hoch. – Den Erwachsenen kann natürlich gesagt werden, daß ich im Leben Gott nicht auf Gebet und Gottesdienst einengen darf und bei der richtigen Gesinnung auch Arbeit Dienst an Gott ist, aber es wird doch auch erschreckend klar, wie wenig wir Gott geben und wieviel wir mit Geld zu tun haben. (Vgl. „KiBö" 87-2, S. 29, und „Behnke 1", S. 62f.)
2. Jagen wir mehr hinter dem *goldenen Fisch* her, oder halten wir uns an den *„Jesus-Fisch"*? (Siehe „8. Sonntag i.J." in diesem Buch, Symbol 1.)

Kurzgeschichten
A: Menschen, die sich ganz dem Anspruch Gottes und der Liebe stellen – gegen die „Kaiser"
1. Nur Gott, nicht den weltlichen Herrscher fürchten: Bd. 2, Nr. 96 (vgl. „PuK" 6/81, S. 661-664);
2. P. Maximilian Kolbe: Bd. 1, Nr. 57;
3. Opfertod einer französischen Nonne: Bd. 4, Nr. 57;
4. Weizenkörner in die Erde: Bd. 4, Nr. 59;

5. Die sechs Bürger von Calais: Bd. 2, Nr. 58;
6. Eine Frau, die eindeutig gegen den Befehl des Kaisers handelt: Bd. 4, Nr. 113;
7. Das Verbot des Kaisers unterlaufen, um Gott die Ehre zu geben: Bd. 1, Nr. 18;
8. Bekenntnis im Gefängnis der Geheimpolizei: Bd. 2, Nr. 64 (ähnlich Nr. 65 und 66);
9. Auf der Bühne in Moskau, als ein Schauspieler dem Anspruch Gottes gerecht wird: Bd. 2, Nr. 78;
10. Bekenntnis in bedrängter Lage: Bd. 4, Nr. 65;
11. Der längere Atem: Wenigstens innerlich nein sagen: Bd. 1, Nr. 164;
12. Im Grunde kann hier jede Märtyrergeschichte erzählt werden, aber auch von bekennenden Christen zu allen Zeiten.
13. Eine Fabel zum Thema:
    Es stand einmal ein Lamm an einem Bach und trank. Drei Wölfe, die vorüberkamen, sahen das unschuldige Tier und beschlossen, ihm eine Falle zu stellen. „Guten Tag, lieber Freund!" riefen sie schon aus der Ferne. „Wir wissen, daß du ein ehrlicher Geselle bist, drum gib uns einen Rat: Unser König hat uns aufgetragen, ihm jeden Monat ein Festmahl zu bereiten, bei dem es an zartem, frischem Fleisch nicht fehlen darf. Was denkst du, sollen wir seinem Befehl folgen und ihm bringen, wonach er verlangt?" Das Lamm durchschaute den Plan dieser Heuchler und erwiderte freundlich: „Welche Antwort wollt ihr von mir hören? Eurem König gehören viele Tiere in dieser Gegend, so bringt ihm davon, was er mag. Ich aber gehöre einem weit mächtigeren Herrscher, und was ihm zu eigen ist, kann ich euch nicht anbieten." Diese Antwort verwirrte die Wölfe so sehr, daß sie nicht wagten, das Lamm anzugreifen. Sie zogen also weiter, betrübt, weil sie um ihre Beute gekommen waren. (Annette Kinhold, Tübingen, in „Kath. Blätter, Materialbrief RU" dkv 4/91, S. 12f.)

B: Zur Steuermoral, die ja auch im Evangelium angesprochen wird
Ein Bischof weigert sich, Steuern zu zahlen: Bd. 3, Nr. 166.

Weitere Anregung
Die Gabenbereitung kann heute auf das Evangelium hin thematisiert werden: Brot und Wein = Hingabe unserer Welt und unseres Selbst, gleichzeitig aber auch Kollekte = Geld als Zeichen der Solidarität mit den Armen und den Aufgaben der Gemeinschaft.

30. Sonntag im Jahreskreis
Das Hauptgebot

Evangelium: Mt 22,34-40: Das Hauptgebot der Gottes- und Nächstenliebe.
(*L 1:* Ex 22,20-26: Nutzt Fremde, Witwen und Waisen nicht aus; *L 2:* 1 Thess 1,5c-10: Dient dem wahren Gott.)

Vorüberlegung: Das ist die goldene Regel: Gott vertrauen trotz aller Dunkelheiten und den Menschen lieben trotz aller Schwächen. Über die 248 Gebote und 365 Verbote der Schriftgelehrten hinaus betonte Jesus das Wunder der Wunder: die Liebe, die Gott selbst ist. Und er besiegelte die Richtigkeit durch seine Worte und Taten.

Hinweis: Zu diesem wichtigen Thema gibt es eine Überfülle von Symbolen und Kurzgeschichten, so daß ich – gewissermaßen als Fortsetzung – auch auf den „31. Sonntag i.J.", Lesejahr B, und den „15. Sonntag i.J.", Lesejahr C (mit dem Samaritergleichnis), verweisen darf.

Symbolpredigten
1. Worauf es im Leben ankommt. Ein *altes Wagenrad* wird gedeutet: Wir sind die Speichen, die von der Mitte, der Nabe (= Gott), und von der Felge (= der Gemeinschaft) gehalten sind. Je mehr wir uns der Mitte, Gott, nähern, um so mehr nähern wir uns auch den anderen Speichen. Durch die gemeinsame Mitte können wir auch Spannungen aushalten. Es kommt darauf an, daß wir fest in Gott und der Gemeinschaft verankert sind, damit das Rad an der „Karre" der Kirche gut belastbar ist. Wer die Mitte des Rades verlagert, gerät ins Schleudern, weil das Rad eiert. Nehmen wir das „innere Pünktlein" heraus (vgl. „Kurzg. 4", Nr. 20), ist das Rad nutzlos, und die Karre steckt fest. (Siehe Diameditation Nr. 14 von Elmar Gruber, Eine Mitte haben, Impuls-Studio, München. Vgl. auch „23. Sonntag i.J." in diesem Buch, Symbol A.)
2. Bete und arbeite. *Zwei Ruder.* Ein Mensch kann im Sturm nur mit „beiden" Rudern das rettende Ufer erreichen: Er vertraut auf Gott *und* rudert. (Vgl. „Kurzg. 1", Nr. 103.)
3. An Gott und die Menschen denken. Ein *Weihwasserkesselchen* und ein *Kollektenkörbchen:* Siehe „Christkönig" in diesem Buch, Symbol 2.
4. Gott – unsere Mitte: Diese *Single-Schallplatte* hilft uns, das Hauptgebot der Liebe besser zu verstehen: Auf der A-Seite ist der „Hit", die Nächstenliebe, die uns von klein an beigebracht wird. Die B-Seite führt leider immer noch ein Schattendasein. Sie heißt „Liebe dich selbst!", d.h. sage ja zu dir mit deinen Fähigkeiten und auch Nachteilen. Denn dann erst wirst du freier für die Liebe zum Nächsten und zu – ? Ja, wo bleibt eigentlich bei der Schallplatte die Liebe zu Gott? Sie wird durch diesen kleinen *Stift* dargestellt: klein und übersehbar, aber der Dreh- und

Angelpunkt der Platte. Wenn er fehlt, leiert sie. So aber hält er sie. – Religion heißt ja übersetzt: sich von etwas halten lassen, was außerhalb von uns liegt. (Nach einer Idee von Renate John.) Hierzu auch die Kurzgeschichte Nr. 96, Bd. 4.

5. Die wichtigsten Richtungen des Lebens. *Zwei kleine Webrahmen,* einer davon ist nur in einer Richtung bespannt. Wer diese Fäden nur in waagerechter Richtung hält, also sich immer nur um Liebe zu den Mitmenschen bemüht, kann bei Undank und bedrückenden Erfahrungen irgendwann das Handtuch werfen. Wenn ich mit meiner Schere diese Fäden herausschneide, zerfällt alles. Ich kann den Rahmen auch drehen: Wer nur die Senkrechte im Auge behält, nur nach Gott (der nicht „oben" ist) Ausschau hält, der übersieht allerdings leicht den Mitmenschen.
Hier im anderen Webrahmen ist es richtig: Da sind die Fäden in *beide* Richtungen ineinander gewebt und ergänzen sich. Wenn ich hier mit der Schere herumschneide, hält das Gewebe in sich zusammen. Also Gottes- *und* Nächstenliebe brauchen wir für ein festes Lebenswerk. Darum zeichnet uns in der Taufe der Priester ein Kreuz auf die Stirn, das beide Richtungen anzeigt: Hab Vertrauen zu Gott, und sieh zur Seite, zum Nächsten, der dich braucht und den du brauchst! (Nach einer Idee aus St. Elisabeth, D-4040 Neuss-Reuschenberg.)

6. Die gleiche Richtung. Auf einem großen *Wegweiser* steht auf der einen Seite „Gott lieben", auf der anderen „den Nächsten lieben": Der Arm des Wegweisers zeigt in die gleiche Richtung!

Kurzgeschichten

1. Gottes- *und* Nächstenliebe sind gefragt: Bd. 3, Nr. 108;
2. Nur die Schlüssel der Liebe öffnen den Himmel: Bd. 3, Nr. 115;
3. Wie verwandle ich Zeit in Ewigkeit?: Bd. 2, Nr. 147;
4. Alles, was aus Liebe geschieht, zählt: Bd. 1, Nr. 101;
5. Spannung im Gottesdienst und im Dienst an der Welt: Bd. 4, Nr. 91;
6. Weil das Kind immer wieder aus Liebe verschenkt, wird der Krug kostbarer: Bd. 2, Nr. 112;
7. Der Hirte hinterläßt auf seiner Suche überall Liebe: Bd. 4, Nr. 148;
8. Siehe oben: Symbol 2.

Spiele

1. Gott mit ganzem Herzen lieben. Ein großes Herz aus Papier, dessen eine Seite rot (= ich freue mich, ich vertraue) ist und die andere schwarz (= ich bin wütend, ich tue jemandem weh). Kinder ordnen vorgetragene Situationen auf die richtige Seite ein. Dann: Wir sollen Gott lieben mit *ganzem* Herzen, also nicht nur mit der „Schokoladenseite" in uns, sondern auch mit der traurigen, mutlosen, unwilligen ... Seite. (Ausführlicher in „Schnegg 1", Nr. 38);

2. Worauf kommt es im Leben an? Kinder protzen auf dem Schulhof: Siehe „Spiele 2", S. 74-76; auf Senioren übertragen in „77", Nr. 57;
3. Unterlassene Hilfeleistung: „Man kann sich an alles gewöhnen!" Siehe „Spiele 2", S. 51-53 (sehr eindrucksvoll).

Weitere Anregungen
1. Wenn heute „Weltmissionssonntag" ist, kann das Thema so eingebunden werden: Zwei Säulen (= Gottes- und Nächstenliebe) halten das Dach (= Welt), unter dem alle Menschen stehen. (Siehe „Spendel 1", S. 235.)
2. Das Thema eignet sich für die Trauung eines Paares im Gottesdienst. Es soll seine Ehe auf Gottvertrauen und Liebe bauen. Dazu passende Predigten in meinem Buch „Vom Wein in den Krügen. 40 Trauanspra-chen", Nr. 12 und 31, Herder Verlag, Freiburg [2]1990.

31. Sonntag im Jahreskreis
Wort gegen die Pharisäer

Evangelium: Mt 23,1-12: Die Schriftgelehrten legen schwere Lasten auf eure Schultern. / Alles tun sie, um von den Menschen gesehen zu werden. / Nur einer ist euer Meister, Vater, Lehrer. / Der Größte soll euer Diener sein. / Wer sich selbst erhöht, wird erniedrigt.
(*L 1:* Mal 1,14b-2,2b: Ihr seid abgewichen vom Weg; *L 2:* 1 Thess 2,7b-9.13: Wir wollten euch teilhaben lassen.)

Vorüberlegung: Unter den Schriftgelehrten gab es sicher fromme und gewissenhafte Männer, aber über Scheinheiligkeit, Frömmelei und Herrsch-sucht waren die meisten zu „scharfen Schäferhunden" geworden, nicht zu wirklichen Hirten. Auch wir brauchen genug Selbstkritik, um der Gefahr der Selbstgerechtigkeit zu entgehen. Es geht immer wieder um das Einfache: Gott will, daß wir seine Liebe annehmen, hinter seinem Sohn hergehen und so froh und frei werden.

Hinweise: 1. Die Thematik von Allerheiligen und Allerseelen kann durch die zeitliche Nähe ebenfalls angesprochen werden (siehe eigenes Kapitel). 2. Zur Beschimpfung der Pharisäer siehe auch „32. Sonntag i.J.", Lesejahr B. Zu „Wer sich selbst erhöht ..." siehe „22." und „30. Sonntag i.J.", Lesejahr C.

Symbolpredigten
1. Das Herz im Kopf haben. Ein *durchgeschnittener Kopfsalat* zeigt, daß er das Herz im Kopf hat. Die Pharisäer hatten mittlerweile zuviel Gesetzes-denken im Kopf: Im Gebote-Erfinden war das Herz immer tiefer gerutscht, die Menschen spürten oft nur noch den „Biß des Schäferhundes". In Jesus waren Kopf und Herz nie getrennt: Hier gab es keinen Unterschied

zwischen Himmel und Erde, Politik und Religion, Seele und Geist. Er zeigte gegenüber den Kranken und Außenseitern Herz und spürte, wie seine Kritik an den Heuchlern und Selbstgerechten abprallte, weil ihr Kopf manche Gefühle des Herzens eingefroren hatte. (Nach Ernst Sieber, Zürich.)

2. Jesus diente, stieg immer „nach unten". Predigt mit einer *Haushaltsleiter:* Siehe „Taufe des Herrn" in diesem Buch, Symbol 2.

Kurzgeschichten

A: Barmherzigkeit will ich, nicht Gesetz
1. Der gerechte Kirchenvater kann nicht in den Himmel: Bd. 4, Nr. 49;
2. Ein Frömmler, der sich ungerecht behandelt fühlt: Bd. 4, Nr. 51;
3. Das Liebesgebot steht höher als das Gesetz: Bd. 4, Nr. 133.

B: Um von den Menschen gesehen zu werden
1. Der König will den Dom alleine bauen: Bd. 1, Nr. 18;
2. Die Schwarzbrote zählen, nicht der Bau des Krankenhauses: Bd. 3, Nr. 241;
3. Der Schriftsteller, der nur für den Erfolg gearbeitet hat: Bd. 4, Nr. 233;
4. Nicht die Erfüllung der Gebote rettet, sondern ein Funke Liebe: Bd. 4, Nr. 226.

C: Der Größte soll dienen
1. Der Fürst erniedrigt sich, um den Gast nicht zu verlieren: Bd. 3, Nr. 59;
2. Der herrliche Bambus bringt erst im Zerbrechen Segen: Bd. 1, Nr. 49;
3. Weil sich der Mönch erhöhte, wurde er erniedrigt: Siehe „122", Nr. 73 (der Zweig mit den Knospen);
4. Christophorus findet im Dienen seine Größe: Bd. 1, Nr. 6;
5. Das Gänseblümchen „dient", die hohen Blumen lehnen ab: Bd. 3, Nr. 170;
6. Der Vogel Tico mit den goldenen Flügeln wird erst dann von seinem Schwarm akzeptiert, nachdem er alle goldenen Federn verschenkt hat, um damit Gutes zu wirken. (Vgl. „KiBö" 91-2, S. 27.)

D: Nur Gott ist Vater
1. Der richtige Namen für Gott: Bd. 4, Nr. 98;
2. Der „Vater", der seinen „Sohn" gehen lehrt: Bd. 1, Nr. 86;
3. Der Vater, der Sicherheit gibt: Bd. 1, Nr. 92;
4. Das Vertrauen zum „Vater": Bd. 3, Nr. 96; ähnlich Nr. 98 und 99 sowie Bd. 4, Nr. 99;
5. Der Adler, der sein Junges trägt: Bd. 4, Nr. 100.

E: Kritik an der Kirche heutzutage
Siehe „21. Sonntag i.J." in diesem Buch: Kurzgeschichten (Christus ja – Kirche nein).

Spiele

1. Provokative Pantomime zum Evangelium: Das „Alte Testament" liegt auf einem Sessel, ein „Schriftgelehrter" stößt es weg, setzt sich selbst darauf und schikaniert Menschen, die vorbeikommen (legt Lasten auf; oder sie „buckeln"). „Jesus" vertreibt ihn und legt die Bibel wieder hin. „Kirche" kommt, nimmt die Bibel wieder weg und legt ein Gesetzbuch hin. – Vorsicht, wenn „Kirche" immer nur kritisiert wird: Denn die Kritik steigert nur den Überdruß derer, die noch kommen, und bekehrt keinen Gleichgültigen. Darum immer die Frage: Wie steht es um mich?

2. Mit mehreren Brettern verdecken Kinder den Blick zum Altar, weil sie in ihrer Berufung zum Dienst an Gott nur sich selbst in den Mittelpunkt stellen. Kinder kommentieren die Szene: Der Blick für den Altar bleibt nur offen, wenn sich einer „für die anderen" hinter den Altar stellt. (Vgl. „Schnegg 3", Nr. 65.)

3. Schwere Pakete und Lasten mit Gebotsaufschriften und Paragraphen werden Spielern pantomimisch aufgelegt, bis einige zusammenbrechen. „Jesus" nimmt die Lasten ab und läßt die Spieler aufrecht gehen.

4. Auf einer Haushaltsleiter versuchen Kinder, einander zu „übersteigen", um möglichst hoch hinauszukommen. – Jetzt geht der Pr hin und putzt einem von ihnen die Schuhe: Das ist das Größte! (Spiel 3 und 4: Gerhard Dane, Köln.)

5. Einige der angegebenen Kurzgeschichten sind spielbar.

Weitere Anregung

Der „Pfaffenspiegel" dieses Sonntags fordert dazu heraus, Würden und Titel in Gemeinde und Kirche zu entlarven. Gefragt ist der Umgang in einer geschwisterlichen Kirche.

32. Sonntag im Jahreskreis
Gleichnis von den zehn Jungfrauen

Evangelium: Mt 25,1-13: Gleichnis von den zehn Jungfrauen.
(*L 1:* Weish 6,12-16: Wer die Weisheit sucht, findet sie; *L 2:* 1 Thess 4,13-18: Gott wird durch Jesus die Verstorbenen in die Herrlichkeit führen.)

Vorüberlegung: Alle sind zwar eingeschlafen, aber die klugen Jungfrauen hatten dabei ein waches Herz, um dem Herrn zu begegnen. Die Lampen mit Brennstoff bedeuten: Die Botschaft Jesu hören *und* danach leben.

Hinweis: Durch die Nähe des Festes St. Martin kann das Öl in den Krügen mit einer Fackel (= Licht haben) verglichen werden: siehe Symbol 3.

Symbolpredigten

1. Vom Öl in den Krügen: Ein *antikes Öllämpchen* mit Docht und Öl, wie es heutzutage wieder im Handel angeboten wird, brennt auf dem Altar. Keiner weiß den Tag seines Todes oder der Wiederkunft Christi, der uns zu seiner „Hochzeit" holen will. Noch können wir täglich für Ölvorrat in unseren Lebenskrügen sorgen. Öl = Vertrauen auf Gott, Taten der Nächstenliebe, Treue in der Bewährung; unser immer neues Ja, in manche Dunkelheit der Welt hineinzuleuchten, wie es Martin, Elisabeth, Nikolaus ... vorgelebt haben. (Vgl. „99", Nr. 62.)

2. Die offene und geschlossene Tür. Eine *Tür* in einem Türstock (vom Schreiner ausleihen) veranschaulicht, daß die uns gegebene Zeit eine Gnadenfrist darstellt, in der wir die Tür durchschreiten müssen, wenn sie für uns nicht unüberwindlich verschlossen sein soll. Viele Märchen schildern eindrucksvoll, daß in einer gewissen Zeit eine bestimmte Aufgabe zu erfüllen ist, z. B. „Das Wasser des Lebens": „Wie er eben zum eisernen Tor hinausging, da schlug's zwölf, und das Tor fuhr zu, so heftig, daß es ihm noch ein Stück von der Ferse wegnahm." (Siehe mein Buch „Geschichten zur Taufe", S. 17-19. In Spielszenen kann das verdeutlicht werden.)

3. Licht in die Welt bringen. Diese *brennende Laterne* erinnert uns an die gute Tat des hl. Martin. „Brennende Laternen" gilt es auch heute zu entzünden, denn nur die Jungfrauen mit brennenden Lampen durften zur Hochzeit eintreten: die Lampe der Geschwisterlichkeit, die keine Benachteiligung kennt, nur weil einer männlich oder weiblich, schwarz oder weiß, alt oder jung ... ist; die Lampe des Friedens, deren Licht immer bedroht ist, wenn wir nicht bis zur Feindesliebe bereit sind; die Lampe der Gerechtigkeit, die oft nur schwach brennt zwischen Reich und Arm, Nord und Süd auf der Weltkugel ... (Mit Martinsfackeln schon das Evangelium hervorheben, Hilfe für die „3. Welt" auf die Fackel schreiben und zur Gabenbereitung nach vorne bringen; schließlich am Ende die Kinder mit den Fackeln „in alle Welt" schicken.)

(Der Frage, warum die fünf klugen Jungfrauen ihr Öl nicht wie St. Martin geteilt haben, kann vielleicht mit dem Hinweis begegnet werden, daß auch Batterien für Taschenlampen nicht zu teilen sind: Man hat oder hat nicht vorgesorgt.)

Kurzgeschichten

A: Wachsam sein

Siehe „1. Advent" in diesem Buch: Kurzgeschichten A.

B: Warten können

1. Der Blinde wartet geduldig, bis sein Helfer zurückkommt: Bd. 2, Nr. 5;
2. Dieses „Warten" heißt über den Horizont hinausschauen: Bd. 2, Nr. 4.

C: Verpaßte Chance
1. Die mit leeren Händen dürfen nicht am Fest teilnehmen: Bd. 1, Nr. 247;
2. Unverziehen bleibt das Gute, das wir nicht getan haben: Bd. 3, Nr. 6;
3. Den Kuchen nicht zur rechten Zeit verschenkt: Bd. 4, Nr. 7;
4. Ein „guter Mensch" am Höllentor: Bd. 4, Nr. 228;
5. Zuletzt sehen wir alles anders: Bd. 4, Nr. 233.

D: Bereit sein
1. Papst Johannes XXIII. hatte „die Koffer gepackt": Bd. 3, Nr. 238;
2. Eine Zuckerrübenernte ist heute genau vorgeplant: Schon zu Beginn des Jahres legt der Landwirt im Rahmen des Anbauvertrages mit der Zuckerfabrik den Termin der Anlieferung fest. Und genau dann muß der Wagen am Förderband stehen. Er kann nicht sagen: Die Sonne scheint noch so warm, die Rüben können noch etwas wachsen; oder: Das Feld ist mir heute zu schlammig ... Notfalls muß da noch nachts im Schein der Lampen gearbeitet werden. An der Zuckerrübenernte können wir lernen, daß zur „Ernte" ein unwiderruflicher Termin gehört: Erntetag = Entscheidungstag.

E: Menschen oder Heilige schildern,
die „Öl in den Krügen" haben oder hatten.

Spiele
1. Als *Pantomime* sehr eindrucksvoll in „KiBö" 90-2, S. 29f; ähnlich „Behnke 1", S. 66-68 oder „KiBö" 87-2, S. 30; wieder anders in „FaJu" 10/90: „Die zehn Jungfrauen", S. 6/6;
2. Als Evangelienspiel in „Spiele 1", S. 153f; eine andere Möglichkeit in „KiBö" 74, S. 12;
3. Eine schöne Aktualisierung in „77", Nr. 60 nach einer Fernsehmesse aus A-4040 Linz;
4. „Wachet auf!": „Höntges" Nr. 5 (mit Bezug zum Advent und positivem Ende);
5. Einige der angegebenen Kurzgeschichten sind spielbar.

Bild
Am Erfurter Dom sind rechts vom Portal (Tür!) die fünf klugen Jungfrauen lächelnd und mit Kronen auf dem Haupt dargestellt; links greifen die fünf törichten mit verzerrten Gesichtern vergeblich nach ihren Kronen, die herunterfallen.

Weitere Anregungen
1. Die Fünf ist die Zahl des Lebendigen und der Hochzeit. Dazu eine Predigt in „99", Nr. 75[2].

2. Eine Trauansprache zum Symbolgeschenk „antikes Öllämpchen": Siehe mein Buch „Vom Wein in den Krügen", Herder Verlag, Freiburg ²1990, Nr. 27.

33. Sonntag im Jahreskreis
Gleichnis von den anvertrauten Talenten

Evangelium: Mt 25,14-30 (Kurzfassung möglich): Gleichnis von den anvertrauten Talenten.
(*L 1:* Spr 31,10-13.19-20.30-31: Eine tüchtige Hausfrau; *L 2:* 1 Thess 5,1-6: Laßt euch nicht vom Tag des Herrn überraschen!)

Vorüberlegung: Jeder hat „Talente" mitbekommen. Entscheidend ist nicht, wieviel er bekommen hat, sondern daß er damit arbeitet. Der dritte Knecht scheiterte, weil er die Angst nicht losließ und das Vertrauen nicht mit Vertrauen beantwortete.

Symbolpredigten
1. Sich gebrauchen lassen. *Ein Ziegelstein, an dem eine Ecke fehlt,* steht symbolisch für einen Menschen, der glaubt, irgendwo nicht genug „Talente" mitzubringen, um in einem Bauwerk eingefügt werden zu können. Der „himmlische Baumeister" kann jeden gebrauchen. Mit dem Mörtel der Liebe kann er alle Mängel ausfüllen. (Vgl. „99", Nr. 52, mit weiteren Gedanken; vgl. „27. Sonntag i.J." in diesem Buch, Symbol 1.)
2. *Mit* unseren *Talenten arbeiten.* Drei Personen, die auf einem bestimmten Gebiet besonderes Talent haben (GitarrenspielerIn, MalerIn, TurnerIn), zeigen in kurzen Proben ihres Könnens, wie sie ihr Talent durch großen Fleiß vermehrt haben.
3. Jeder kann sich einbringen. Ein *Baumwollfädchen* (= Docht) *und ein Klümpchen Wachs* stehen symbolisch für wenige „Talente": Sie fühlen sich für sich allein zu nichts nütze, überwinden dann aber ihre Angst und schließen sich zu einem *Teelicht* zusammen: Als kleine Kerze machen sie die Welt etwas heller. Das Teelicht brennt auf dem Altar weiter. (Ausführlicher in „99", Nr. 75, nach Hermann Josef Coenen.)
4. Leuchte, wo du stehst! Unterschiedlich starke, einfache und kostbare, kleine und große *Kerzen* in vielen Farben sind zusammengestellt – symbolisch für uns Menschen mit verschiedenen Fähigkeiten. Entscheidend ist nicht, wieviel „Wachs" jede von ihnen mitbekommen hat, sondern daß sie leuchten, da wo sie hingestellt wurden. (Vgl. dazu „Kurzg. 4", Nr. 173: Die kleine Leuchte, die, so wie sie ist, Segen spendet.)
5. Das Entscheidende im Spiel des Lebens. Ein großer *Würfel* im Altarraum oder ein Würfel für jeden. Die Zuteilung der Talente im Leben erscheint zufällig, wie gewürfelt. Haben wir eins ... sechs Talente mitbekommen?

Das Entscheidende ist, daß ich meine Fähigkeiten ins Leben einbringe; ich darf auch Fehler machen, die werden vergeben; nur der wurde bestraft, der nicht mit seinen Talenten arbeitete. Im Vertrauen auf Gott den Mut haben, unsere verschiedenen Seiten ins Spiel des Lebens einzubringen. Dazu gehören auch die sechs „Innenseiten" des Würfels, die leisen Fähigkeiten wie Geduld, Freundlichkeit, Vertrauen ... (Nach Johannes Chudzinski in „Praxis in der Gemeinde", Heft 1/92, S. 13f, Matthias-Grünewald-Verlag, Mainz.)

Kurzgeschichten
A: Mit seinen Talenten arbeiten
Siehe „27. Sonntag i.J." in diesem Buch: Kurzgeschichten C.

B: Sein Talent vergraben
Siehe „27. Sonntag i.J." in diesem Buch: Kurzgeschichten B.

Spiele
1. Das Evangelium ist leicht zu spielen. Siehe „77", Nr. 61 *oder* „Spendel 1", S. 249f; *oder* „Schnegg 3", Nr. 66;
2. Schülerszene zum Thema: Talent nützen oder nicht: „Spiele 2", S. 103;
3. Als Pantomime „Die Geschichte von den drei Bibeln", die zeigt, wie unterschiedlich mit den „Talenten" umgegangen werden kann: Siehe „KiJu" Juni 85, „Wir sind begabte Leute", S. 8.20-10.22;
4. Einige der angegebenen Kurzgeschichten sind spielbar.

Weitere Anregung
Zum Thema „Das Talent loslassen können" eine interessante Predigt zum Rhythmus des Atmens: Aufnehmen – loslassen – leer sein. Siehe „PuK" 6/87, S. 702-705.

Christkönigssonntag
Vom Weltgericht

Evangelium: Mt 25,31–46: Der Menschensohn wird als König die Schafe von den (Ziegen-)Böcken scheiden – nach dem Maß unserer Nächstenliebe. (*L 1:* Ez 34,11-12.15-17: Ich kümmere mich um meine Schafe; *L 2:* 1 Kor 15,20-26.28: Christus wird seine Herrschaft Gott überreichen.)

Vorüberlegung: Jesus, der König, Hirt und Richter steht wieder auf der Seite der Armen und Schwachen. Wer ihm begegnen will, muß zuvor dem Menschen begegnen: Die Nächstenliebe ist das Pilgerkleid der Gottesliebe. Dennoch zeigt sich dieser König verborgen im Bettler (= St. Martins Traum) wie bei Menschen in Not, im Kind (= Mt 18,5) und im Leid (= es folgt die Leidensgeschichte).

Symbolpredigten

1. Die wichtigsten Richtungen im Leben. Zwei kleine *Webrahmen,* unterschiedlich bespannt: Siehe „30. Sonntag i.J." in diesem Buch, Symbol 5.
2. Vertrauen und Tat. Ein *Weihwasserkessel* und ein *Kollektenkorb,* zwei der auffälligsten Nebensächlichkeiten, die uns beim Gottesdienst begegnen, erinnern an Wesentliches: Das Weihwasser daran, daß wir von Gott geliebt sind und seit der Taufe Jesus als Begleiter haben. Dieses Vertrauen, daß wir nicht allein sind, schenken wir weiter – auch indem wir großzügig teilen, damit kein Mensch verzweifeln muß: Deshalb das Kollektenkörbchen. Nach dieser Liebe, die teilt, werden wir im Gericht beurteilt. (Nach einer Idee von Ebner/Mai.)
3. Die Liebe weitergeben. *Zwei große Streichhölzer* zeigen uns das Wesentliche im Leben. Gott hat uns Leben und Liebe geschenkt (= das erste Streichholz entzünden), die, anderen weitergeschenkt (= das zweite entflammen), unsere Welt heller macht. Viele Menschen entschuldigen sich damit, daß sie „nichts Schlechtes getan" haben, aber im Gericht werden sie anders gefragt: „Hast du das Gute weitergegeben? Hast du geliebt?" (Jetzt Beispiele!)
4. Das Unterlassen des Guten klagt uns an. Die *leeren Seiten im Buch* des Lebens klagen uns an. Im Gericht werden wir nach den guten Taten gefragt. Hoffentlich ist unser Buch des Lebens dann so mit guten Berichten angefüllt wie dieses *schöne Buch.*

Kurzgeschichten

A: Jesus in Menschen gegenwärtig

1. Schuster Konrad wartet auf Jesus: Bd. 2, Nr. 6;
2. Die Frau wartet vergeblich auf Gott, weil sie ihn in den Bettlern übersah: Bd. 1, Nr. 8 (ähnlich Bd. 4, Nr. 7);
3. „Er (= Jesus) ist mitten unter uns": Bd. 4, Nr. 85;
4. Dreimal habe ich dir ein Boot zur Rettung geschickt: Bd. 4, Nr. 117.

B: Die kleinste Liebestat kann uns retten, weil sich daran die Barmherzigkeit entzündet

1. Das nachgeworfene Zwiebelchen eröffnet eine neue Chance: Bd. 1, Nr. 249 (ähnlich das nachgeworfene Weizenbrot: Bd. 4, Nr. 230);
2. Das gerettete Kätzchen zählt mehr als alle Anbetung und alles Wissen: Bd. 4, Nr. 226.

C: Gottes Wohlgefallen an der Nächstenliebe

1. Das geschenkte Korn verwandelt sich in Gold: Bd. 1, Nr. 13;
2. Wo die beiden Brüder in herzlicher Liebe teilen, will Gott wohnen: Bd. 1, Nr. 124;
3. Der „4. König" kommt über die Nächstenliebe zum Ziel: Bd. 1, Nr. 12;

4. Die teilende Liebe des „Sterntaler-Mädchens" wird vom Himmel belohnt: Bd. 1, Nr. 14.

D: Unterlassene Nächstenliebe wird bestraft
Siehe „27. Sonntag i.J." in diesem Buch: Kurzgeschichten B.

E: Lieben, solange wir noch Zeit haben
1. Zeitgutscheine in Ewigkeit verwandeln: Bd. 2, Nr. 147;
2. Zu Lebzeiten Anteilnahme zeigen: Bd. 3, Nr. 234;
3. „Gevatter Tod" gibt noch einmal eine Chance: „Geschichten als Predigten", S. 63ff.

F: Heilige der Nächstenliebe
Abbé Pierre in „2 x 11", S. 119-121; P. Damian Deveuster in „2 x 11", S. 128-131.

Spiele
1. Es kommt bei allem auf die Liebe an: „Spiele 2", S. 74-76 (für Senioren in „77", Nr. 57);
2. Phorus will dem mächtigsten König dienen und findet ihn letztlich im Dienst am Menschen, im Unerkannten: „Kurzg. 1", Nr. 6;
3. Der hl. Martin war einer, der teilte: Siehe „77", Nr. 72;
4. Martin und der barmherzige Samariter (mit zwei beabsichtigten Fehlern im Ablauf, die zum Gespräch reizen sollen): Siehe „77", Nr. 73;
5. Gespräch bei der Betrachtung eines Misereor-Tütchens in „77", Nr. 35;
6. Einige der angegebenen Kurzgeschichten sind spielbar.

Bilder
1. Fingerabdruck eines Menschen, in den ein Künstler das Gesicht des Schöpfers und Erlösers hineingemalt hat: Du darfst keinen Menschen ins Gesicht schlagen, weil du damit den Schöpfer triffst. (Abbildung siehe „7. Sonntag i.J." in diesem Buch.)
2. Thronender Christus mit Segensgeste und Bibel, umgeben von Evangelisten und Engeln (Sakramentar aus Köln, St. Gereon): Postkarte Nr. 5540 im Kunstverlag, D-56653 Maria Laach.

Weitere Anregungen
1. Sehr guter Antitext zur Gerichtsszene in „Roos", S. 55f.
2. Das mittelalterliche Misereor-Hungertuch von Nikolaus von der Flüe zeigt in der Mitte Jesus mit der Krone als Richter.

WEITERE HOCHFESTE

Fronleichnam
Hochfest des Leibes und Blutes Christi

Evangelium: Joh 6,51-58: Brot vom Himmel, das in Ewigkeit leben läßt.
(*L 1:* Dtn 8,2-3.14b-16a: Nicht nur vom Brot lebt der Mensch; *L 2:* 1 Kor 10,16-17: *Ein* Brot, darum *ein* Leib.)

Vorüberlegung: Fronleichnam ist ein österliches Fest, dem Letzten Abendmahl, also Gründonnerstag zugeordnet. Wir erfüllen den Auftrag Christi, wenn wir uns beim Mahl des Herrn erinnern, wenn sein Wort in uns lebendig wird und wir geschwisterliche Gemeinschaft unter den Versammelten spüren.

Hinweis: Siehe auch „Fronleichnam" der Lesejahre B und C und Gründonnerstag der Lesejahre A bis C.

Symbolpredigten
1. Wort und Brot zum Leben. Während der Prozession wird vor dem Allerheiligsten in der Monstranz ein *großes Brot* getragen, *in das eine Bibel eingebacken* ist: Wer das normale Brot nicht mehr „hochhält", also als „heilig" ansieht, wird auch das „heilige Brot", den Leib Christi, wahrscheinlich nicht hoch genug schätzen. Bei der Meßfeier hebt der Priester das Brot hoch und ruft: „Der Mensch lebt nicht vom Brot allein" (vgl. 1. Lesung). Während er nun das Brot bricht und die Bibel herausholt, erzählt er von der Frau, die in einer Verfolgungszeit die gesuchte Bibel in den gerade zubereiteten Brotteig wickelte und in den Ofen schob, wo sie nicht gefunden wurde („Kurzg. 4", Nr. 76). Aus der Bibel (in Backpapier einbacken!) liest er nun das Evangelium vom Brot vor, das uns ewiges Leben schenken will. Jetzt zeigt der Priester beides nebeneinander: Auf unserem Pilgerweg – und daran erinnert ja auch eine Prozession – brauchen wir Gottes Wort und Gottes Brot, um den Weg leichter gehen zu können. (Ausführlicher in „PuK" 3/91, S. 359-361.)
2. Verwandlungen. Das *Brot,* das wir heute in den Mittelpunkt stellen, mußte sich immer wieder verwandeln, mußte immer wieder „sterben", um zum eucharistischen Brot zu werden: Das Weizenkorn „starb", die Körner ließen sich zu Mehl zermahlen, das in der Hitze des Ofens „starb", um zum Brot zu werden; auf dem Altar wird es schließlich in den Leib Christi verwandelt. Auch unser Leib verwandelt immer wieder: Alles, was wir essen, auch das Brot, wird in Fleisch und Blut verwandelt. Er verwandelt sich auch selbst, denn alle 7 Jahre hat er sich vollständig erneuert. Wir geraten im „Glutofen Zeit" in Prüfungen und Schicksalsschläge, die uns umwandeln. Schließlich bildet unsere Seele im Tod – in der größten

Verwandlung – einen neuen, unsterblichen Leib, der nicht mehr Raum und Zeit unterworfen ist (1 Kor 15,44a). Der Leib Christi hilft uns, auf der Pilgerreise zu Gott an Leib und Seele gesund zu bleiben. Wir halten ihn heute in der Monstranz deshalb so hoch, damit alle Menschen dieses Angebot Gottes sehen. (Vgl. „18. Sonntag i.J." in diesem Buch, Symbol 1.)

Kurzgeschichten
A: Das normale Brot bereits hochschätzen
1. Das verunehrte Brot: Bd. 1, Nr. 62;
2. Ein Inder hebt Brot von der Straße auf: Bd. 3, Nr. 61;
3. Ein Stück Brot ist ein Schatz: Bd. 2, Nr. 69;
4. Der Wert eines Brotes: Bd. 1, Nr. 61.

B: Das eucharistische Brot schenkt einen neuen Anfang
1. Brot zum Weiterleben: Bd. 2, Nr. 71;
2. Nichts ohne Christus: Bd. 2, Nr. 72;
3. Wir schauen uns an: Bd. 2, Nr. 73;
4. Eucharistiefeier im Slum: Bd. 4, Nr. 70.

Dreifaltigkeitssonntag
Die Welt wird durch ihn gerettet

Evangelium: Joh 3,16-18: Gott will in Jesus die Welt retten, nicht richten. (*L 1:* Ex 34,4b.5-6.8-9: Jahwe ist ein barmherziger Gott; *L 2:* 2 Kor 13,11-13: Der dreifaltige Gott sei mit euch allen.)

Vorüberlegung: Gott, der Vater, der Sohn und die Liebe, das ist die Dreifaltigkeit, von der dieses Evangelium spricht (Joh 3,16): Wo diese Liebe vom Vater und Sohn dem Menschen begegnet, fällt die große Entscheidung (Joh 3,18).

Hinweis: Siehe auch „Dreifaltigkeitssonntag" der Lesejahre B und C.

Symbolpredigten
1. Ein Gleichnis für den dreifaltigen Gott, *auch wenn jeder Vergleich für dieses Geheimnis armselig ausfällt: Eine große Sonne,* deren *Strahlen* weit nach unten fallen: Die Sonne (= Gott Vater) ist unendlich groß, aber auch weit weg. In den Strahlen (= Jesus Christus) ist sie uns ganz nahe und Licht im Dunkel. Wer ihre Wärme spürt, erfährt ihre Wirkung (= Hl. Geist). (Auf die Strahlen kann ein Bild von Christus geheftet werden; Kinder können mit Filzstiften ihre Namen zwischen die Strahlen schreiben, um immer in der Wärme und dem Licht Gottes bleiben zu wollen.)
2. Das Geheimnis des dreifaltigen Gottes kann uns ein wenig an dieser dicken *Bibel* aufleuchten: Die Vorder- und Rückseite mit den vielen

Blättern machen zusammen ein Buch (= *ein* Gott) aus. Dieses *kreisrunde gelbe Blatt* soll uns an das Weltall mit Sonne und Erdkugel erinnern. Ich hefte es auf die Vorderseite und schreibe darauf: „Gott Vater, überall und ewig für uns da." Dieses *blaue Kreuz* weist uns auf den Sohn Gottes, der Mensch wurde, um mit uns zu gehen. Ich klebe es auf die Rückseite und schreibe darauf: „Jesus Christus, mit uns." Dieses *rote Herz* steht für die Liebe Gottes, die er in uns brennen lassen will. Ich schreibe darauf: „Gottes heiliger Geist in uns" und lege es ins Innere der Bibel. – Ihr seht: *Ein* Gott, von dem wir drei Seiten kennengelernt haben. Aber er bleibt doch für uns ein „Buch mit sieben Siegeln"! (Jetzt die Bibel hochkant, etwa 90° geöffnet, auf den Altar stellen, dann wird das Dreieck-Symbol = dreifaltiger Gott sichtbar.) Nach einer Idee von Udo Casel, D-51515 Kürten-Dürscheid, in „122", Nr. 48.)

3. Die Botschaft des Kreuzzeichens. Ein *Kreuz* zeigt uns, wo es beim Kreuzzeichen „langgeht": Wir legen die Kreuzbalken über uns – zuerst den Längsbalken von oben nach unten, dann den Querbalken von links nach rechts. Beim „Im Namen des Vaters" gehen wir „nach oben" zur Stirn: Ich stelle Gott über alles. Beim „und des Sohnes" gehen wir „nach unten": In Jesus begab Gott sich ganz „nach unten" – von der Krippe bis unter das Kreuz; darum versteht er uns auch, wenn wir „ganz unten" sind. Beim „und des Hl. Geistes" geht die Hand nach links und rechts: Wir legen Gottes guten Geist wie einen Schutzmantel um uns. Lassen wir uns von seiner Liebe ganz einhüllen, prallt das Böse an uns ab. So sagt das Kreuzzeichen Wichtiges über den dreifaltigen Gott. (Nach einer Idee von Udo Casel, D-51515 Kürten-Dürscheid, in „122", Nr. 46)

Kurzgeschichten

A: Der unbegreifliche Gott
1. Augustinus grübelt über das Geheimnis Gottes nach: Bd. 1, Nr. 70;
2. Der König, der Gott sehen will: Bd. 1, Nr. 71;
3. Die den Unfaßbaren sehen wollten: Bd. 1, Nr. 72;
4. Wir sind nur blinde Bettler: Bd. 1, Nr. 106;
5. Das Gottesurteil: Bd. 4, Nr. 104.

B: Sehnsucht nach Gott
1. Nach Gott dürsten: Bd. 3, Nr. 90;
2. Genügend Sehnsucht?: Bd. 3, Nr. 91;
3. Die Gazelle am Zaun: Bd. 4, Nr. 221.

C: Namen für Gott
1. Gott, unser Freund, versteht uns: Bd. 2, Nr. 91;
2. Ein Vater, der uns hört: Bd. 3, Nr. 98;
3. Der schönste Namen für Gott: Bd. 4, Nr. 98.

Bilder

1. Postkarte Nr. 002004 zeigt eine kleine Hand, die sich in eine große schmiegt: Wir können unsere Hand vertrauensvoll in die Hand Gottes legen. Abbildung und Bestellanschrift: Siehe „16. Sonntag i.J." in diesem Buch unter „Bilder" 1. (Ausführlicher in „122", Nr. 62; dazu paßt die Kurzgeschichte Nr. 92 aus Bd. 1: Der Junge geht ganz ruhig in eine Operation, weil er weiß, daß sein Vater bei ihm ist.)

2. Die Postkarte „Glaube trägt", zu bestellen beim Bergmoser + Höller Verlag, D-52072 Aachen, zeigt einen Drachenflieger: Der Glaube an den dreifaltigen Gott ist wie zwei riesige Flügel, die uns über alle Abgründe tragen. (Ausführlicher in „177", Nr. 66.)

3. Postkarte Nr. 5726 mit Andrej Rubljews „Dreifaltigkeit" im Kunstverlag, D-56653 Maria Laach. Siehe ausführliche Beschreibung in meinem Buch „Seniorengottesdienste 2. 166 Gottesdienste für ältere Menschen und andere Altersgruppen" unter „Dreifaltigkeit".

Allerheiligen (Allerseelen)
Miteinander verbunden!

Evangelium: Mt 5,1-12a: Die acht Seligpreisungen.
(*L 1:* Offb 7,2-4.9-14: Ich sah eine große Schar; *L 2:* 1 Joh 3,1-3: Wir werden Gott sehen.)

Vorüberlegung: An Allerheiligen dürfen wir auf das große Erntefest schauen. Wir sind zwar noch im Prozeß des Weizenkorns, dessen Frucht manchmal unter Seufzern reift, aber wir sind getragen von der Gemeinschaft derer, die ans Ziel kamen, und wir besitzen schon den Hl. Geist. Die Seligpreisungen sehen wie Glückwünsche aus, nennen aber auch die Bedingungen für das Ziel unserer Hoffnungen: Wer unterwegs bleibt, erfährt die Kraft Gottes in seiner Schwachheit und wird Christus immer ähnlicher.

Hinweise:
1. Weil an Allerheiligen viele zu den Gräbern ihrer Verstorbenen gehen, finden Sie auch Vorschläge für Allerseelen. (Evangelien an Allerseelen: Joh 11,17-27: Erweckung des Lazarus; Joh 14,1-6: Verheißung der himmlischen Wohnungen; Lk 7,11-17: Erweckung des jungen Mannes von Nain.) 2. Siehe auch „Allerheiligen" der Jahreskreise B und C. 3. Siehe auch „4. Sonntag i.J." in diesem Buch mit dem Evangelium von Allerheiligen.

Symbolpredigten
A: Allerheiligen
1. Mit dem Blick des Glaubens. Dieser *handgestickte Teppich* zeigt von dieser Seite verwirrende Fäden, Knoten und kaum erkennbar ein Muster. Heute

153

dürfen wir einen Blick auf die andere Seite mit dem klaren, schönen Muster werfen (zeigen!): Richtig hinschauen können wir erst, wenn unsere Augen gebrochen sind und eine andere Wirklichkeit aushalten. – Wie mit diesem Teppich ist es auch mit unserem Leben. Oft erleben wir bei anderen und bei uns selbst Ereignisse, die wir als nicht sinnvoll und nicht gut erfahren. Wir glauben aber an einen Gott, der auf „krumme Zeilen gerade schreiben" kann, dessen Wege zwar nicht unsere Wege sind, der aber das Gewirr der Fäden zu einem sinnvollen Muster zusammenfügt. (Vgl. „Kurzg. 4", Nr. 54.)

2. Miteinander verbunden. Wenn ich in diese *kommunizierenden Röhren* (aus einer Schule ausleihen oder zeichnen) an einer Stelle Wasser gieße, dann steigt es überall gleichmäßig hoch. So ist es auch im Leben: Überall sind wir Menschen miteinander verbunden, ob in der Familie (die häusliche Atmosphäre ergibt die Summe von dem, was  jeder hineingibt), in der Klasse (es ist nicht meine Privatangelegenheit, wenn ich einen Mitschüler/eine Mitschülerin bestehle, denn das Mißtrauen greift um sich), im Dorf (das schlechte Gerede) oder in der Welt (z.B. internationale Verflechtung der Konzerne und des Bankwesens). Auch die Gemeinschaft der Christen ist eine kommunizierende Röhre: Über die Verbundenheit mit Christus können wir für Christen in Südamerika beten und umgekehrt ..., und hier um den Altar sind wir unsichtbar mit Gott, den Engeln, den Heiligen und den Verstorbenen (= „Gemeinschaft der Heiligen") verbunden. Heute feiern wir diese Gemeinschaft. Dabei schauen wir voller Hoffnung auf das Ziel unserer Pilgerschaft, wenn wir uns alle einmal sichtbar vereint um den Tisch Gottes setzen. (Vgl. „7. Sonntag i.J." in diesem Buch, Symbol 1.)

3. Heilige haben Spuren hinterlassen, die uns zum Himmel (= zu Jesus, dem Christkönig) führen. *Rote Kreppapierbänder* (ca. 5-10 cm breit) gehen von allen Heiligenstatuen bis vorne zum Altar (die Kirche sieht sehr verändert aus!). Die Bänder sind so ausdrucksstark, daß gar nicht viel gesagt werden muß, aber einige „Spuren" der Heiligen dürfen aufgezeigt werden. (Nach einer Idee von G. Wittmann.)

B: Allerseelen
1. Das ewige Licht leuchte ihnen! Eine rote *Allerseelen-Leuchte* brennt statt der Altarkerzen. Sie leuchtet auf den Gräbern derer, die wir liebten, als wollten wir sagen: Wir vergessen euch nicht. – Das ewige Licht am Tabernakel, das unserer Leuchte so ähnlich sieht, zeigt uns an, woran wir

beim Gebet an den Gräbern denken sollen: „Herr, sei du ihnen Licht in der Dunkelheit des Todes. Laß sie nach aller Mühe jetzt in deinem ewigen Licht geborgen sein; das Licht, in dem ich diese Verstorbenen gerne wiedersehen möchte."

2. Im Angesicht des Todes. *Mehrere Schleifen von Totenkränzen* mit verschiedenen Farben und Aufschriften hängen sichtbar aus. Unser Glaube an die Auferstehung sollte sich auch in diesen letzten Liebeszeichen für den Verstorbenen zeigen. Der Kranz an sich ist ein Abbild des Himmels, den wir erwarten; denn der Kreis ist Gleichnis für Gott, der ohne Anfang und Ende ist. Er ist auch ein Siegerkranz, wie ihn Rennfahrer und Boxer umgehängt bekommen, Abbild des unvergänglichen Siegeskranzes, den alle bei der himmlischen Siegerehrung nach der Vollendung des Lebens-„Laufes" erhalten (2 Tim 4,8) – wie die „Ältesten" im Himmel goldene Kränze tragen (Offb 4,4). – Aber passen dazu Aufschriften wie „In tiefer Trauer", „Ein letzter Gruß"? Paßt dazu die Farbe Schwarz? Gerade hier sollte sich unser Auferstehungsglaube zeigen in Farben wie weiß (= Farbe des Festes, der Freude, des Lebens in Herrlichkeit beim ewigen Fest) oder grün (= wir hoffen auf die Auferstehung) oder wenigstens violett (= Fegfeuer: Nach dem Liebeskummer darüber, wie wenig wir auf Erden geliebt haben, hoffen wir auf die Freude des Himmels). Dazu stimmen dann Aufschriften wie „Auf Wiedersehen" oder „Jesus lebt" oder „Halleluja".

3. Auf die *Osterkerze* sind *Zettel mit Namen* der Verstorbenen des letzten Jahres gesteckt. Oder vor eine große Collage mit Todesanzeigen, auf die aus dunklen Katastrophenbildern ein Kreuz geklebt ist, stellen wir die brennende Osterkerze als Zeichen unseres Glaubens an die Auferstehung.

Kurzgeschichten

A: Zu Allerheiligen
1. Ich bin noch lebenshungrig: Bd. 2, Nr. 215;
2. Glauben Sie an ein Leben nach dem Tod?: Bd. 4, Nr. 219 (Helen Keller);
3. Die Sehnsucht erhalten: Bd. 4, Nr. 221;
4. Aus dem Samen werden Früchte: Bd. 1, Nr. 199;
5. Die Straße zum Himmel: Bd. 3, Nr. 244;
6. Im Tod ersteht Leben: Bd. 4, Nr. 67;
7. Laßt uns ein Fest feiern: Bd. 3, Nr. 231.

B: Zu Allerseelen
Zuletzt zählen nur Barmherzigkeit und Liebe:
1. Was bleibt?: Bd. 4, Nr. 214 (Zita);
2. Was zuletzt zählt: Bd. 4, Nr. 230;
3. Gnade oder Leistung?: Bd. 4, Nr. 134;
4. Höher als bis zum Himmel: Bd. 2, Nr. 222;

5. Weil du mit der Katze Erbarmen hattest: Bd. 4, Nr. 226;
6. Gerettet: Bd. 3, Nr. 239;
7. Im Himmel werden wir uns wundern: Bd. 4, Nr. 227.

Spiele
A: Allerheiligen
1. Verkäuferin und Reporter. Ein eindrucksvolles Interview! Siehe „77", Nr. 70 (A. Sommerauer);
2. Kinder binden an Schleifen, die an der Nabe eines alten Wagenrades (= Gott) hängen, ihre Namensblumen. Siehe „Schnegg 1", Nr. 58.

B: Allerseelen
1. Sprechspiel über das Fegfeuer, ein „heißes Eisen": Siehe „Geschichten als Predigten", S. 66-70;
2. Sprechspiel: Das Sterben ist ein Durchgang zum Leben: Siehe „77", Nr. 76.
3. Gespräch in einer Schenke über die Erweckung des jungen Mannes von Nain: Siehe „Laubi/Dirnbeck", S. 85-90.

C: Spiel zu *Kohelet* „Alles hat seine Zeit": „KiBö" 88-2, S. 15.

Bilder
1. Allerheiligen/Allerseelen: Postkarte Nr. 2536153 Fotokunst Groh, D-82237 Wörthsee: Offenes Tor mit der Aufschrift „Jesus Christus spricht: Ich bin die Tür"; Abbildung und Interpretation in „177", Nr. 172.
2. Allerseelen: Die Postkarte Nr. 2309584, Fotokunst Groh, D-82237 Wörthsee, zeigt Lichtstrahlen der Sonne, die in einen dunklen Wald fallen. Abbildung und Erklärung siehe „177", Nr. 165: Der Auferstehungssonne entgegen".

Vorschläge, die sich für alle Sonntage eignen

Dieses letzte Kapitel ist für alle gedacht, denen an einem Sonntag einfach noch eine Idee fehlt.

Hinweis: Siehe dieses Kapitel auch unter Lesejahre B und C.

1. Von der Wichtigkeit des Sonntags und unserer sonntäglichen Zusammenkunft

Das 3. Gebot „Gedenke, daß du den Sabbat heiligst" meint zuallererst: Wir sollen eine Pause in all unserer Arbeit machen, denn Leistung und Geld sind nicht alles. Dazu die Kurzgeschichte Nr. 190 in Bd. 2: Der unscheinbare Bruder (= der Sonntag) ist wichtig, um neue Freude in einer „zweckfreien" Zone zu schöpfen, aus der „Licht" in die Werktage fließt; was nicht heißt, daß für einen gelungenen Sonntag nicht auch geplant werden muß. Der Sonntag ist aber auch für den Gottesdienst da, um hier Gott zu danken und zu ehren. Hier holen wir uns in der Gemeinschaft der Erlösten neue Kraft und Orientierung. Hier können wir von den Christen des Anfangs lernen: „Ohne das Herrenmahl können wir nicht leben!" (Siehe „Kurzg. 4", Nr. 69.)

2. Vom Sinn der Predigten (und des Gebetes)

Das Leistungsdenken hat uns so angesteckt, daß manche nach einem Gottesdienst fragen: „Was hat es gebracht?" Die Kurzgeschichte Nr. 108 in Bd. 4 erzählt die Geschichte vom schmutzigen Drahtkorb (Kartoffelkorb), in dem der junge Mann auf Geheiß des Einsiedlers wiederholt Wasser aus dem Brunnen holen soll. Der Korb kann zwar das Wasser nicht halten, aber es reinigt ihn. Unser Studieren, Beten ... scheint uns durch die Finger zu rinnen, wenn wir fragen, was wir behalten haben. Aber jeder positive Gedanke, jedes innige Gebet, jede treffende Predigt, jedes gute Buch ... prägen und „reinigen" uns ein wenig. „Alles Große kommt aus der Stille", es ist nicht in die Kategorien „Erfolg" und „Leistung" einzuordnen. Und „Erfolg" ist ja auch keiner der Namen Gottes! (Vgl. „1. Fastensonntag" in diesem Buch, Symbol 2.)

3. Vom Wert einer Bibel

Der Priester hält beim Einzug aus der Sakristei in den Chorraum die Bibel so hoch wie ein Sportler die Weltmeisterschaftstrophäe. Er deutet es vor dem Evangelium als Zeichen der Hochachtung vor Gottes Wort: „Ich habe es über alles erhoben!", weist auf die Herausstellung des Evangeliums durch die Kerzen hin und inzensiert vielleicht das „heilige Buch" wie im feierlichen Hochamt mit Weihrauch. Nach dem Evangelium küßt er es.
Dann fragt er: Wie gehen wir zu Hause mit unserem „Buch der Bücher" um? Behandeln wir es „wie Luft"? Was denken wir bei einer Einladung zur Bibellesung, zum „Bibelteilen" im Pfarrheim? Sagt das nicht etwas über unseren Bezug zur „Frohen Botschaft" aus?

Nun erzählt der Pr folgendes Ereignis aus dem vorigen Jahrhundert, das verbürgt weitergegeben wurde: Große Armut um 1820 im Bergischen Land um Witzhelden. Das dritte Kind eines armen Schusters ist unterwegs. Er nimmt die letzten 17 Taler seiner Ersparnisse, um in einer Gaststätte ein Bett zu ersteigern. Eine große Bibel stand gerade zur Versteigerung an; ein Kaufmann, wie die anderen schon angeheitert, bietet 15 Groschen, weil er – Einwickelpapier braucht! Dem gläubigen Schuster dreht es das Herz um, er bietet einen Taler dagegen. Die grölende Menge ahnt was und steigert mit. Schließlich steht das Spielchen bei 16 1/2 Taler und – der Schuster bietet seine 17 dagegen. – Der Haussegen hing schief, als er am Abend seiner Frau daraus vorlesen wollte ... Und doch bekommt er ein Bett für sein Kind! Am nächsten Morgen erscheint in aller Frühe der Müller aus der Nachbarschaft mit einem überflüssigen Bett aus der Gesindestube. Er hatte am Abend seiner Frau die ganze Geschichte erzählt, und die gab nicht eher Ruhe, bis er ...

Das Wort Gottes achten und ehren und über alles erheben; wenigstens einen Ehrenplatz in unserem Hause geben, besser noch, daraus durch Lesen Kraft schöpfen. (Verkürzt aus „122", Nr. 86; Originalwortlaut der Geschichte in „KiBö" 89-4, S. 27.)

4. Gemeinsam unterwegs

Wir als Gemeinschaft um Christus sind gemeinsam unterwegs. Es ist wie bei einer Bergwanderung. Wenn es gefährlich steil oder neblig wird, seilen wir uns an (vielleicht packen jetzt auch viele Kinder ein Seil und halten es fest). Jetzt kommt es auf Rücksicht an: Der Schwächste setzt das Maß; wir sind aufeinander angewiesen, wenn z. B. einer schlappmacht, gehen auch die anderen nicht weiter; wir vertrauen dem, der uns führt oder der uns an einer gefährlichen Stelle absichert; in Gemeinschaft macht es mehr Spaß zu gehen, weil auch schon einmal ein lustiges Wort fällt; in Gemeinschaft bleibt auch die Angst kleiner; eine Atmosphäre der Liebe untereinander läßt uns gerne weitergehen, vielleicht wird sogar hin und wieder gesungen. (Jetzt die Kurzgeschichte Nr. 41 aus Bd. 3 erzählen: Am Gipfelkreuz war der Nebel zu Ende.) Wenn wir sonntags hier zusammenkommen, kann uns bewußt werden: Im Leben sind wir Pilger; hier um Jesus, hinter dem wir hergehen sollen, halten wir Rast. Und er speist uns mit seinem Brot, damit wir es unterwegs leichter haben.

5. Auf das große Erntefest schauen

An dieser *Tulpenzwiebel* (vielleicht auch eine Tulpe in der Blüte und eine mit Fruchtkolben mitbringen) möchte ich euch klarmachen: Im Wortgottesdienst der hl. Messe hören wir in den Lesungen oft die Propheten aus dem Alten Testament. Sie weisen auf den Messias und Retter hin, der verborgen aus Bildern und Gleichnissen leuchtet – wie ihr euch die kommende Blüte vorstellen könnt, die tief drinnen in der Zwiebel sitzt. Johannes d. T., der letzte Prophet des Alten Bundes, sah schon die roten Spitzen aus den grünen Blättern schimmern. Im Evangelium hören wir dann, was die Blüte, die wir in Jesus Christus vor Augen haben, alles getan und gesagt hat. Er hat unseren Blick schon weitergelenkt auf das, was noch kommt, auf das Reich Gottes, das in seiner ganzen Fülle noch anbrechen will.

Dann tritt der Priester an den Altar: Wir feiern Eucharistie, d.h. wir danken dem dreifaltigen Gott für das, was er uns Gutes getan. Viele Texte weisen uns jetzt auf die Frucht der Tulpe hin: Das Reich Gottes kommt ja in der „Vollendung der Erfüllung", der Gemeinschaft mit den Heiligen, im ewigen Fest mit Jesus Christus.

Wenn wir nach dem Gottesdienst auseinandergehen und eintauchen in Erholung und später in die Arbeit der Woche, dann darf ab und zu ein Gedanke zurückkehren, z.B.: Wir haben noch eine große Zukunft vor uns.

Schriftstellenregister zu den Evangelien der Sonn- und Feiertage im Lesejahr A

(Die Parallelstellen der Synoptiker sind *nicht* angegeben)

Matthäus

1,1-25	Am Heiligen Abend
1,18-24	4. Adventssonntag
2,1-12	Erscheinung des Herrn
2,13-15.19-23	Hl. Familie
3,1-12	2. Adventssonntag
3,13-17	Taufe Jesu (1. So. i.J.)
4,1-11	1. Fastensonntag
4,12-23	3. So. i.J.
5,1-12a	4. So. i.J.; Allerheiligen
5,13-16	5. So. i.J.
5,17-37	6. So. i.J.
5,38-48	7. So. i.J.
6,1-6.16ff	Aschermittwoch
6,24-34	8. So. i.J.
7,21-27	9. So. i.J.
9,9-13	10. So. i.J.
9,36-10,8	11. So. i.J.
10,17-22	2. Weihnachtstag
10,26-33	12. So. i.J.
10,37-42	13. So. i.J.
11,2-11	3. Adventssonntag
11,25-30	14. So. i.J.
13,1-23	15. So. i.J.
13,24-43	16. So. i.J.
13,44-52	17. So. i.J.
14,13-21	18. So. i.J.
14,22-33	19. So. i.J.
15,21-28	20. So. i.J.
16,13-20	21. So. i.J.
16,21-27	22. So. i.J.
17,1-9	2. Fastensonntag
18,15-20	23. So. i.J.
18,21-35	24. So. i.J.
20,1-16a	25. So. i.J.
21,1-11	Palmsonntag
21,28-32	26. So. i.J.
21,33-44	27. So. i.J.
22,1-14	28. So. i.J.
22,15-21	29. So i.J.
22,34-40	30. So. i.J.
23,1-12	31. So. i.J.
24,37-44	1. Adventssonntag
25,1-13	32. So. i.J.
25,14-30	33. So. i.J.
25,31-46	Christkönig
26,14-27,66	Palmsonntag
28,1-10	Ostersonntag
28,8-15	Ostermontag
28,16-20	Christi Himmelfahrt

Lukas

2,1-14	Heilige Nacht
2,15-21	Weihnachtsmorgen, Neujahr
24,13-35	Ostermontag und 3. So. der Osterzeit

Johannes

1,1-18	1. Weihnachtstag und 2. So. nach Weihnachten
1,29-34	2. So. i.J.
3,16-18	Dreifaltigkeitssonntag
4,5-42	3. Fastensonntag
6,51-58	Fronleichnam
7,37-39	Pfingsten
9,1-41	4. Fastensonntag
10,1-10	4. So. der Osterzeit
11,1-45	5. Fastensonntag
13,1-15	Gründonnerstag
14,1-12	5. So. der Osterzeit
14,15-21	6. So. der Osterzeit
15,26 - 16,3.12-15	Pfingstmontag
17,1-11a	7. So. der Osterzeit
18,1-19,42	Karfreitag
20,1-18	Ostersonntag
20,19-23	Pfingsten
20,19-31	Weißer Sonntag
21,1-14	3. So. der Osterzeit